Harald Steffahn

„MEIN LEBEN IST MIR EIN RÄTSEL“

W0389804

Harald Steffahn

„MEIN LEBEN IST MIR EIN RÄTSEL“

Begegnungen mit Albert Schweitzer

NEUKIRCHENER
VERLAGSHAUS

Fotoabbildung Vorderseite:
Trotz intensiven Nachforschens war es nicht möglich, den Fotografen der Titelabbildung ausfindig zu machen.
Für diesbezügliche Hinweise oder Kontaktaufnahmen sind wir dankbar.

Fotoabbildung Rückseite:
Albert Schweitzer und Harald Steffahn.
Foto im Privatbesitz des Verfassers.

© Neukirchener Verlagshaus 2005
Verlagsgesellschaft des Erziehungsvereins mbH,
Neukirchen-Vluyn
Umschlaggestaltung: Hartmut Namislow
Gesamtherstellung: Druckerei Lokay e. K., Reinheim
Printed in Germany
ISBN 3-7975-0112-9
Bestell-Nr.: 600 112

INHALT

VORWORT

Vierzig Jahre nach Albert Schweitzers Tod steht wohl zwingend fest: Diejenigen unter uns, die ihn noch gekannt haben, sind ihm alle erst in seinem hohen Alter begegnet – von Familienangehörigen abgesehen. Demgemäß können in den entsprechenden Kapiteln dieses Buches nur Erlebnisse aus der Spätzeit wiedergeben werden: von den beiden Besuchen in Lambarene 1961 und 1964. Ihr Verfasser ist inzwischen unvermeidlich zu den letzten schreibenden Zeitzeugen aufgerückt.

Zwei der hier vorliegenden Arbeiten hat der Urwalddoktor noch gelesen. Andere sind erst in jüngster Zeit entstanden. Zwischen den frühen und den späten: ein weites Zwischenfeld. Daraus ergibt sich, daß sich der Einzugsbereich ihres Entstehens über mehr als vier Jahrzehnte erstreckt. Einer breiteren Leserschaft ist davon wenig bekannt geworden. Mehrere der Essays sind nur in den Rundbriefen des deutschen Freundeskreises Albert Schweitzers erschienen, andere wurden in den vergangenen Jahren für Vortragszwecke verfaßt und werden hier erstmals gedruckt; das gilt auch für drei weitere Stücke. Nachweise im einzelnen liefert die Editorische Notiz am Schluß.

Bei so vielfältigen Äußerungen des Verfassers über Albert Schweitzer und Lambarene zu ganz verschiedenen Zeiten konnte nicht ausbleiben, daß Gedanken, Vergleiche, Zitate hier und da übereinstimmend oder ähnlich wiederkehren. Zwar habe ich versucht, ausgesprochene „Doubletten", wie der Journalist sagt, in dieser Sammlung durch Streichen zu vermeiden, doch manche Wiederholung blieb erhalten, mitunter sogar betont.

Hingegen ist nirgends in die Sichtweise von einst eingegriffen worden, soweit sie in den Erlebnisberichten erkennbar wird. Man mag heute über das politische Afrika anders urteilen, als Schweitzer es tat – und der Autor damals mit seinen Augen. Doch wäre es verfälschend, solche Ansichten nachträglich herauszunehmen oder zurechtzurücken. Dadurch verlöre die Atmosphäre, innerhalb derer die Aussagen angesiedelt sind, den authentischem Charakter. Sie sind vom Erlebnisumfeld nicht zu trennen.

„Begegnungen mit Albert Schweitzer". Der Untertitel verweist auf zwei Arten der Annäherung: auf die unmittelbare im Wortsinn und auf die geistige, die Deutung, Analyse, Interpretation. In diesem Sinne enthält das Buch also sowohl das persönliche Erleben als auch biographische Elemente und vielfältige Spiegelung Schweitzers in der Reflexion.

Im öffentlichen Bewußtsein ist es stiller geworden um seine Person, nicht verwunderlich bei so großem Abstand seit seinem Tod. Täuschen wir uns aber nicht! Unverändert gilt, daß es noch eine große, leise Gemeinschaft all derer gibt, inzwischen auch Nachgewachsener, die in ihm das große Vorbild eigenen Bemühens um ein menschenwürdiges Dasein ehren; solcher auch, die im lauten Getriebe, durch ihn ermutigt, zu sich selber fanden.

Von Albert Schweitzer wird mindestens immer das eine bleiben: die Erinnerung an eine ganz seltene Verbindung lebenslangen humanitären Denkens und lebenslanger humanitärer Tat. Und Gültigkeit behält das Schlußzitat aus meiner ersten Biographie von 1974: *Solange meine Gedanken lebendig bleiben, solange mein Geist in den Taten anderer Menschen am Werk ist, werde ich leben.*

DAS BRÜCKENLAND

Am 9. März 1888 kam der Direktor des Gymnasiums im elsässischen Mülhausen in der großen Pause mit einer Trauerbotschaft auf den Schulhof. Dort, wo die Quartaner sich balgten, sagte er bewegt: „Kinderchen, geht still nach Haus, unser lieber Kaiser ist tot.“ Auf den dreizehnjährigen Albert Schweitzer muß die Szene stark gewirkt haben; noch mit sechsundachtzig Jahren erinnerte er sich genau daran. An der Art der Rückschau ließ sich erkennen, daß der Heranwachsende damals seine nationale Zugehörigkeit eher auf rechtsrheinischer Seite gefunden hatte. Bei einem jungen Elsässer in einer deutschen Schule und mit erklärtem Interesse für Geschichte und Politik war dies vielleicht nicht verwunderlich. Doch die intellektuellen Schichten des Grenzlandes waren zu jener Zeit, siebzehn Jahre nach der Reichsgründung, keineswegs „gut kaiserlich“. Das hat Gründe, die eine Rückblende verdeutlichen soll.

Als Goethe am Ende der Napoleonzeit den dritten Teil seiner frühen Lebenserinnerngen diktierte, erwähnte er im Zusammenhang mit seinen elsässischen Erlebnissen der Jahre 1770/71 auch die Bindungen an das deutsche Volkstum, wie sie sich ihm damals mitgeteilt hatten, knapp hundert Jahre nach den „Réunionen“ Ludwigs des Vierzehnten: „Elsaß war noch nicht lange genug mit Frankreich verbunden, als daß nicht noch bei alt und jung eine liebevolle Anhänglichkeit an alte Verfassung, Sitte, Sprache, Tracht sollte übriggeblieben sein.“

Daß aber das Bild sich änderte, war bei Friederikes Besuch in Straßburg zu erkennen. Sie und ihre Schwester „waren die einzigen in der Gesellschaft, welche sich deutsch trugen, ... aber Olivien war es ganz unerträglich, so mägdehaft ausgezeichnet in dieser vornehm erscheinenden Gesellschaft einherzugehen.“ Die städtische Oberschicht nahm sich im äußeren Lebensstil schon Paris zum Vorbild, während die Landbevölkerung dem überkommenen treu blieb.

Besonders der Bereich, den Goethe als „alte Verfassung" umschrieb, erfuhr bald eine tiefgreifende Wandlung. Symbolhaft ist, daß die Marseillaise in Straßburg entstand und hier zum ersten Mal gesungen wurde, ehe sie in Marseille ihren Siegeszug antrat. Das Land zwischen Rhein und Vogesenkamm wuchs im Verlauf der Revolution und der Napoleonzeit in den französischen Staatsgedanken hinein. Der Anspruch der Größe, die Ideen der neuen Zeit, der Aufbruch der Nation, die hervorragenden Positionen, die das Land auch für deutschstämmige Franzosen bereithielt, mußten die kümmerlichen Beschränktheiten der deutschen Kleinstaat-Enge in den Schatten stellen.

Die Romantik entdeckte dann Straßburg wieder, „die wunderschöne Stadt" des Volksliedes; nicht ohne Zutun Goethes, der gerade zu der Zeit schilderte, wie eben dort unter Herders Einfluß sein „deutsches" Kunstverständnis wach geworden war. Doch die Romantiker und auch Preußen, als es 1815 vergeblich das Elsaß zurückforderte, übersahen, was zwanzig Jahre später mit brutaler Deutlichkeit der elsässische Pfarrer und Schriftsteller Adolf Stöber, der im übrigen betont für die Erhaltung des alemannischen Volkstums wirkte, gegenüber einem Deutschen so formulierte:

„Schau auf deines Deutschlands zerrissene Landkarte und mute uns nicht zu, etwa ein neues Steinchen oder Ringlein zu bilden zu den Sigmaringlein und Liechtensteinchen oder uns gar von den großen Ungeheuern des Nordens oder Ostens auffressen zu lassen! Ja, werde du mit den Deinen erst eins und groß und stark, dann komm und sag deinen Spruch!"

Als diese Aufforderung sich, einer Prophetie gleich, erfüllte und der „Spruch" gesagt wurde (Bismarck zum französischen Außenminister Jules Favre: „Geben Sie den Schlüssel zu unserem Hause!"), da begannen härter als in den zurückliegenden Zeiten mit ihren kaum merklichen Wandlungen Wille und Gegenwehr aufeinander zu prallen.

Denn der Nationalismus, der Zwillingsbruder der Demokratie, war unterdessen in die Geschichte eingetreten und ließ für die Zukunft des Brückenlandes nichts Gutes ahnen.

Bismarck selber war kein Chauvinist. Hier aber gab er zweifach nach, nicht nur dem Druck des Militärs, das ein altes Einfallstor französischer Truppen versperren wollte, vor allem mit Hilfe der Festung Metz, sondern auch der öffentlichen Meinung. Deren Ungestüm begründete Leopold von Ranke in einem Gespräch mit seinem Historiker-Kollegen Adolphe Thiers (demnächst erster Präsident der Dritten Republik) mit den Worten, Deutschland führe Krieg gegen Ludwig den Vierzehnten. Der Sonnenkönig hatte ja seine oberrheinischen Annexionen mit dürftigen Rechtstiteln gestützt, nicht anders als Friedrich von Preußen, dessen Wegnahme Schlesiens, als er noch lange nicht „der Große" war, völkerrechtlich kaum bestehen konnte. Beide Male aber setzten sich gegen allen Protest die stärkeren Machtmittel durch, und die Zeit veränderte dann mit geduldigem Meißel das Geschichtsbild der bürgerlichen Kreise.

Eine Abstimmung der Bevölkerung im Elsaß hätte diese verlorenen Söhne 1871 nicht zur Mutter Germania zurückgebracht, urteilte der Historiker Paul Joachimsen rückblickend 1920 mit dem Objektivitätsbemühen, das ihm auch zu diesem Zeitpunkt der tiefverletzten nationalen Würde geblieben war. Die Trompeten von Vionville, die Siegesfanfaren von Sedan indes hatten alle Bedenken übertönt. Die wirklichen oder vermeintlichen Bande der geschichtlichen Volkspersönlichkeit – und eben die strategischen Beweggründe – wogen den Siegern von 1871 schwerer als die Bewußtseinslage in der elsässischen Bevölkerung.

Für Heinrich von Treitschke, dessen Stilart immer einem gezogenen Degen gleicht, war es die Aufgabe Deutschlands, den Elsässern „auch wider ihren Willen ihr eigenes Selbst zurückzugeben". Den Unwillen nahm er also wahr. Und in einiger Überschätzung der Beliebtheit der glasharten preußischen Dienstgesinnung in Regionen wärmerer Gemütsart prophezeite er kühn: „Sie werden uns lieben lernen, wenn Preußens starke Hand sie erzogen hat.“

Dieses Preußen also führte die liebenswürdige und fruchtbare Provinz gegen erbitterten Widerstand der Sozialdemokraten unter August Bebel im Reichstag mit dem Anspruch „heim ins Reich“, sie mit der Morgengabe eines jungen, kraftvollen Staatsgefühls zu fesseln, verkannte nur, daß hier schon achtzig Jahre zuvor der moderne französische Nationalbegriff seinen Antrittsbesuch abgestattet hatte.

Léon Gambettas Verschwörerparole für die Rückgewinnung der verlorenen Gebiete („Immer daran denken, nie davon sprechen!“) hing als Damoklesschwert über dem äußerlich langdauernden und von großem wirtschaftlichen Aufschwung begleiteten Frieden der Doppelprovinz Elsaß-Lothringen. Es kam darauf an, wo und in welchen Kreisen man lebte, um den französischen Willen einer Reconquista, wie in Spanien im Spätmittelalter gegenüber den Arabern, stärker oder geringer zu spüren.

In zwei Kulturkreisen zuhause

Albert Schweitzer wurde in diese Spannungszeit hineingeboren. Er kam am 14. Januar 1875 in Kaysersberg im Oberelsaß zur Welt, somit als deutscher Staatsbürger. Wer seine späteren Selbstzeugnisse nach 1918 auf sich wirken läßt, sieht keinen Grund, den Einfluß des Freund-Feind-Verhältnisses auf seine Werdezeit zu überschätzen. Sein Kriseninstinkt ist viel später erwacht, obwohl er schon als Kind die Zeitereignisse *mit Eifer verfolgt und denkend miterlebt* hat. In den Schilderungen der Jugendjahre ist der Ton politischer Unbeschwertheit sicher zeitgemäß echt wiedergegeben, umso mehr, als der Autobiograph während der Niederschrift einem von Haß vergifteten Klima der großen Nachbarn ausgeliefert war. Dieses hätte vergleichbare Erinnerungen aus der Vergangenheit gewiß neu belebt.

Auf dem Lande, wo er aufgewachsen war, ging das Leben in dem gleichen Rhythmus weiter, den von jeher nicht die

Haupt- und Staatsaktionen, sondern die Jahreszeiten diktierten. Speziell in Günsbach, wohin die Eltern schon in Alberts Geburtsjahr übersiedelten und der Vater die frei gewordene evangelische Pfarrstelle übernahm, drehte das Dasein sich um die unverrückbare Achse des Kirchenjahres.

Nirgends verlautet, wie die Eltern auf den Wechsel der Nationalität reagierten und welchen Einfluß das Zeitgeschehen auf die Erziehung der fünf Kinder nahm. Spätere Tagebucheinträge des Vaters Ludwig Schweitzer lassen aber eine Gesinnung heraushören, die wir heute europäisch nennen würden. Jedenfalls wuchs das zweitgeborene Kind ohne die geringsten erkennbaren Beschwernisse in die zwei Kulturkreise hinein, die die Völkerbrücke zwischen Saar und Burgundischer Pforte in sich beherbergt und miteinander vereint.

Zuhause wurde Elsässer Dialekt gesprochen, in der Schule Hochdeutsch, doch die Briefe an die Eltern schrieb der Mülhauser Gymnasiast französisch, weil dies so Brauch in der Familie war. Die linguistische Dreispurigkeit behielt dann auch der Erwachsene sein ganzes Leben bei. Mit elässischen Ärzten und Krankenschwestern in Lambarene redete er nie anders als im vertrauten Idiom der Kindheit. Hochdeutsch und Französisch standen im Austausch zur Wahl, je nachdem, wo der Gesprächspartner zuhause war. Mit den Schwarzen im Spital konnte er sich großenteils französisch verständigen, notfalls per Dolmetscher, weil er die vorherrschenden Eingeborenen-Sprachen im Gabon, Galoa und Fang, nicht verstand und sprach, einzelne Worte ausgenommen. Englisch ließ er sich übersetzen, um dann deutsch oder französisch zu antworten, je, wie es dem Vermittler entgegenkam.

Die Zweisprachigkeit – bei tieferer Verankerung im Deutschen, weil der alemannische Wurzelgrund deutsch ist – war das Handwerkszeug, mit dem der junge Elsässer in beiden Kulturkreisen nach Schätzen grub und in überreichem Maß ans Licht beförderte. Für diese Doppelbindung, schon äußerlich sichtbar in je einem Studiensemester in Paris und Berlin, gibt es eine Fülle von Beispielen. Musikalisch verschrieb er sich Bach, empfing aber bei einem Franzosen die höheren Weihen der Orgelkunst. Dem französischen Orgelbau damaliger Zeit erkannte er einen Vorzug gegenüber dem zeitgleichen deutschen zu und wirkte damit beeinflussend in Deutschland. In Straßburg verfaßte er sein erstes Bach-Buch in Französisch, schrieb aber in Paris seine philosophische Dissertation über Kant in Deutsch. In den Straßburger – also deutschsprachigen – philosophischen Seminaren wurde er in Auflehnung gegen Nietzsches Herrenmoral zum philosophischen Ethiker und hielt in Paris eine Gedenkrede auf den *Gedankenaufwühler*. Unter deutscher Staatszugehörigkeit entschied er sich für eine ärztliche Tätigkeit im französischen Kolonialgebiet; als aber seine Nationalität durch den Versailler Vertrag wechselte, schleppte er Rucksäcke voller Lebensmittel über die Rheinbrücke von Kehl zu hungernden deutschen Freunden. Seine Predigten hielt der lutherische Theologe und Pfarrer in Straßburg in Deutsch und in Afrika in Französisch. Der Friedensnobelpreis des Jahres 1952 wurde dem „Genie der Menschlichkeit“ (Churchill) als französischem Staatsbürger verliehen, doch Schweitzers Person und Werk waren, neben der Schweiz und Schweden, zuerst und vor allem in Deutschland bekannt und berühmt geworden.

Diese kulturell-humanitäre Dialektik zeigt, wie ein von Großmachtinteressen hin und her gerissenes Land die Not in Tugend verwandelte und in seinen besten Repräsentanten das Erbe der Rivalen fruchtbar werden ließ. Beiden zugehörig, von beiden nehmend und jedem das Empfangene erstattend, wurde ihnen das Geburtsland zu Weg und Brücke in einen größeren geistigen Lebensraum.

Zweimal verheerte die Feuerwalze der Weltkriege die Heimatprovinz, nachdem sie schon 1870 Kriegsschauplatz gewesen war. Durch Glück blieb das eigene Dorf verschont. Doch dem Günsbacher Pfarrerssohn wurde persönlichstes

Opfer abverlangt. 1916 überrannte ein scheuendes Militärpferd die Mutter und verletzte sie tödlich. Er selber mußte 1917 Afrika verlassen und verbrachte mit seiner Frau Helene einige Zeit in französischen Internierungslagern. Im Zweiten Weltkrieg blieb ihm dergleichen erspart, dafür pfiffen ihm in Lambarene Kugeln um die Ohren, weil Truppen des unterworfenen Frankreich und Anhänger de Gaulles sich auch in den Kolonien bekämpften. Sicher ist, daß Schweitzers spätere Friedensappelle von Lambarene aus nicht nur ethischer Grundanlage entsprangen, sondern ebenso der erlebten Existenznot des Bewohners einer strategischen Interessenzone.

Äußerlich gab es in Schweitzers Jugend kaum Anzeichen, daß das alte Europa im Abendglanz stand. Links des Rheins waren sogar mehr als früher Bestrebungen im Gange, einander näher zu kommen, den Nationalismus zu überwinden. Wortführer war die Jugend. Die Stimmung gibt anschaulich ein Aufsatz wieder, den Otto Flake nach der Mitte des vorigen Jahrhunderts schrieb und mit dem Titel „Um 1900" versah. Gebürtig aus Metz, gehörte er der Generation an, die wie Schweitzer ihr Weltbild erst im deutschen Kaiserreich gewonnen hatte. Gemessen an den siebziger Jahren, lag hier schon eine Antithese zu der Zurückhaltung, ja, dem Widerstand der Älteren vor.

Umgekehrt wuchsen die im Elsaß geborenen Kinder der reichsdeutschen Professoren und der Beamten der Zivilverwaltung – die sich weithin korrekt und rechtschaffen verhielt – mühelos in die elsässische Atmosphäre hinein. Für sie wurde das „Reichsland" die Heimat. Dafür steht zum Beispiel Elly Heuss-Knapp mit ihrem reizvollen Erinnerungsbuch „Ausblick vom Münsterturm". Der Nachwuchs beider Seiten verbündete sich zu einer künstlerisch-literarischen Bewegung, die dem elsässischen Kulturleben neue Impulse gab.

Die porösen Grenzen des liberalen Zeitalters begünstigten den freien Austausch des Geistes. Kein schönerer Nachruf ist dafür zu finden als Stefan Zweigs letztes Buch „Die Welt von gestern“, bevor er 1942 im Exil den Freitod wählte. So war jener Zeitabschnitt ein Paradies auch der Wissenschaft, die ihre reifsten Früchte dort pflückt, wo sie ein freies und sturmgeschütztes Wachstum entfalten konnten. Schweitzer selber sammelte schon früh reiche Ernte. In der Spätblüte des Humboldtschen Bildungsideals, im Ausklang der klassischen Forscherepoche mit noch überschaubaren Wissenskomplexen, steht seine eigene Lern- und Lehrzeit als ihr gelungenes Erinnerungsmal, als ihr besonders glücklicher Ausdruck. Sie war begünstigt von einer äußeren Friedenszeit, für deren Würdigung uns erst das 20. Jahrhundert das rechte Organ gegeben hat.

Noch war durch nichts das düstere Prophetenwort bestätigt, das Jacob Burckhardt 1870 der kommenden Generation in die Wiege gelegt hatte: „Das Bedenklichste ist aber nicht der jetzige Krieg, sondern die Ära von Kriegen, in welche wir eingetreten sind, und auf diese muß sich der neue Geist einrichten.“

Der letzte Triumph

Wer von den Elsässern hätte um 1900 schon ahnen können, daß nach dem Zweiten Weltkrieg noch alte Bewohner der Provinz leben würden, die viermal die Staatsangehörigkeit gewechselt haben, nämlich 1918 erneut, 1940 abermals und 1944 ein letztes Mal. Im Rückblick sieht es aus wie ein Würfelspiel des Schicksals. Je nach der Augenzahl der kullernden Steine gehörte man zu diesem oder jenem Staat. Einer dieser vom Weltgang hin und her Geschleuderten hatte im Deutschen Reichstag gesessen und in der Pariser Kammer, war mit dem Roten Adlerorden ausgezeichnet worden und mit dem Kreuz der Ehrenlegion. Elsässer-Leben...

Nach dem Ersten Weltkrieg sehnten sich viele Bewohner zwischen Rhein und Vogesen gar nicht nach Frankreich; vor allem scheuten sie den straffen Pariser Zentralismus, der sich in alten Zeiten hier noch nicht geltend gemacht hatte.

Von 1945 an wurde dem Einebnungsbestreben weit weniger Widerstand entgegengesetzt; zu groß war die Ernüchterung nach den Nazijahren samt den Zwangsrekrutierungen für Hitlers Ostlandzug. Viele französische Verwaltungsbeamte, Richter, Lehrer wurden ins Elsaß versetzt, um die deutschstämmige Provinz endlich von Grund auf französisch zu machen.

Ein halbes Jahrhundert später, 1994, starb, fast sinnbildhaft zu sehen, der Dialektdichter Germain Muller, eine Straßburger literarische Institution. Eines seiner Lieder trägt den Titel „D'Letschte“ – Die Letzten, worin es heißt, es sei bitter, wenn man seiner eigenen Sprache den Grabgesang singen müsse, „synere ajene Sprooch e Lied ins Grab nynn singe muess“. Eigentlich eine traurige Ironie, daß Muller seit 1959 zugleich Stadtrat mit der Zuständigkeit für Kunst und Kultur gewesen war. So mußte er mitverantwortlich beziehungsweise machtlos dem Verfall elsässischer Eigenart zusehen. Er gab allerdings auch zu, daß seine Landsleute unter einem Identitätsproblem litten: „Es ist das Deutsche in ihnen selbst, das sie so schwer ertragen“ – zumindest heute im Gegensatz zu einst. Dahinter stand eine Art Schuldgefühl, nicht so vollgültige Franzosen zu sein, wie es ihre patriotischen Gefühle eigentlich von ihnen verlangen.

Die Einbahnstraße, fort von deutscher Kulturtradition, war klar vorgezeichnet. Dem französischen zentralistischen Selbstbewußtsein erscheint alles Regionalsprachliche wie das linguistische Halbdunkel einer Vorzivilisation. In der mundartlichen Vielgestalt sieht man nicht Bereicherung und kulturellen Zufluß zur Hochsprache wie in der deutschen Stammespolyphonie, sondern nur die Vorstufe zum wahren citoyen. So wird im Elsaß zuende romanisiert, vor Jahrzehnten noch eher geleitet von Ressentiments und Siegerbewußtsein, heute ausschließlich aus dem urfranzösischen Einheitsgedanken, der hierzulande immer mit leichtem Unbegreifen betrachtet wird.

Der Widersinn liegt zutage: Man wurde und wird Zeuge

des tragischen Widerspruchs, daß die lange Feindschaft das Elsaß inwendig deutsch erhalten hatte (bei Umgangs-Zweisprachigkeit), während die Freundschaft den alemannischen Wurzelboden ausdörrt. Heute muß er kunstgedüngt werden: Deutsch als Fremdsprache... Wenn es noch die selbstverständliche erste wäre! Aber mittlerweile bevorzugen viele Schüler zwischen Mülhausen im Süden und Niederbronn im Norden das Englische, weil es im Elementarbereich rascher erlernbar ist. Der Europagedanke wird zwar immerfort in hehren Verlautbarungen strapaziert, wozu auch Sprachautonomie gehört. Aber ihre Aktien gleichsam – wie soll man sie an der Europabörse zum Nennwert nehmen, wenn sie zuhause keine Kaufkraft besitzen?

Nach anderthalb Jahrtausenden sterben Kultur und Sprache des einstigen Brückenlandes. Frankreich hat die Chancen, die das Geschenk der Doppelzunge gerade heute bietet, leichtfertig verschleudert. Der Pariser Zentralismus feiert seinen letzten Triumph. Es ist kein glorreicher Sieg.

DER RUF

Das Jahrzehnt vor Lambarene

Albert Schweitzers Weltruhm kam spät. Niemand aber kann behaupten, daß er zuvor eine verkannte Größe gewesen sei. Schon frühzeitig wurde man seiner Talentevielfalt staunend gewahr. Im November 1911 schrieb die elsässische Zeitung *Straßburger Post* über den Sechsunddreißigjährigen:

„Es wird wohl an keiner Universität und in keiner Kirche sonst der Fall zu verzeichnen sein, daß ein Mediziner, der sein Staatsexamen hinter sich hat, zugleich Privatdozent der Theologie und Vikar an einer Stadtkirche ist. Es wird eine noch größere Seltenheit sein, daß ein und derselbe Autor schon in jungen Jahren vielbeachtete und zum Teil leidenschaftlich erörterte Bücher über Kants Religionsphilosophie, Johann Sebastian Bach und über das Leben-Jesu-Problem geschrieben hat. Der elsässische Pfarrerssohn ... darf sich das Verdienst zuschreiben, in diesen verschiedenen Richtungen der Philosophie, der Musikwissenschaft und der Theologie gedient zu haben, ganz abgesehen von dem internationalen Ruf, den er als Orgelvirtuose genießt."

Daß jemand mit so vielfältigen Gaben, zugleich erfolgsverwöhnt, seine Doppelkarriere in Kunst und Wissenschaft aufgab, um statt dessen Kranke im Urwald zu heilen, gehört zu den humanitären Beispielen großer Opfergesinnung. Die Gründe dafür und den Weg vom Willensakt zur Tat über alle Mühsale hinweg kannte man nur aus der autobiographischen Rückschau des Urwalddoktors, lange nach dem Aufbruch von 1913. Seit 1992 aber liegt ein Buch vor, das die Jahre der Selbstfindung, der Suche nach dem menschlichen Dienst offenlegt als unmittelbare zeitgleiche Briefquelle, nicht erst als Selbstzeugnis über das weit zurückliegende und glücklich Erreichte.

Mehr noch: Der Briefwechsel in dem Jahrzehnt vor Lambarene erweitert auch außerordentlich das Bild von Helene. Hatte der Vielschreibende über die Frau an seiner Seite stets nur spärlich Auskunft gegeben, sich auf aberhunderten Seiten nur mit wenigen Sätzen begnügt, so gewinnt man nun vollgerundeten Umriß, aus seinen Worten wie aus ihren.

Jetzt erst tritt hervor, welch starken Einfluß die vier Jahre jüngere, in Berlin geborene Tochter des in Straßburg lehrenden Mittelalter-Historikers Harry Bresslau auf Schweitzer ausgeübt hat, wie groß ihr prüfendes Zutun an seinen Büchern war und wie tief sie einander verbunden wußten. Zu sehen, wie zwei Gleichgesinnte zu innerstem Verstehen fanden und zu unverrückbarem Zusammengehören, das ist der zweite große Gewinn aus den vierhundert Druckseiten.

Vor dem Auffinden der verlorenen geglaubten Korrespondenz waren die zehn Freundschaftsjahre bis zur Heirat 1912 selbst für Nächststehende unerforschtes biographisches Land. Die Mitherausgeberin Rhena Schweitzer-Miller, zusammen mit ihrem Vetter Gustav Woytt, schreibt im Vorwort: „Für mich waren diese Briefe eine Offenbarung. Ich hatte meine Eltern nur als ältere Menschen gekannt, da mein Vater vierundvierzig und meine Mutter vierzig Jahre alt war, als ich zur Welt kam. In diesen Briefen lernte ich meine Eltern als junge Menschen kennen, mit ihrem Idealismus, ihren Kämpfen und ihrem starken Willen, der sie trotz aller Widerstände ihr Ziel, zusammen nach Afrika zu gehen, erreichen ließ."

Die Briefe in ihrer ganz eigenen und unvergleichlichen Tonart von persönlicher Freiheit und Herzensnähe, von Ungebundensein und Untrennbarkeit, lassen eines überwältigend hervortreten: das Glück des entdeckten Weges zum einfachen Menschsein unter dem Gebot Jesu *Du aber folge mir nach!* Der Zaubertrank „Ideal der Pflicht" wird mit solchem Wonnegefühl geschlürft, daß man den Geschmack auf der Zunge spürt. Nirgends ist Christsein von fröhlicherer Weltnähe, dabei im Wissen um so vielerlei Verzicht. Und bedürfte es eines Beweises gegen den Vorwurf aller Verwandten und Freunde, Albert Schweitzer mit seinen schon so trittfesten Verwirklichungen in mehreren Berufen zugleich lasse sich aus der Bahn werfen – hier, über zehn Jahre hin, wird der Vorwurf entkräftet. Und noch in hohem Alter wird er sagen: *Ich mußte es ja tun.*

Die Pfingsterweckung

Als der Briefwechsel im frühen Jahrhundert einsetzte, war eine Entscheidung längst gefallen: daß der werdende Privatdozent für Neues Testament nach dem 30. Geburtstag einen Dienstberuf erwählen wollte, welcher Art er auch sein werde. Die Habilitation 1902 erfolgte also in der Gewißheit, daß er aus dem Wissenschaftsgebäude, kaum daß es wohnlich eingerichtet, wieder ausziehen würde. Ein ausgesprochenes Forschertalent (mit einer theologischen Schlüsselerkenntnis schon im ersten Studienjahr, worum ergraute Gelehrte ihn hätten beneiden können) sah sich bereits an der Eintrittspforte zur Gelehrtenlaufbahn auf Abruf. Das erfuhr man allerdings erst 1931 in der Rückschau des Mittfünfzigers in dem Buch Aus meinem Leben und Denken.

Es kam mir unfaßlich vor, heißt es da, *daß ich, wo ich so viele Menschen um mich herum mit Leid und Sorge ringen sah, ein glückliches Leben führen durfte. Schon auf der Schule hatte es mich bewegt, wenn ich Einblick in traurige Familienverhältnisse von Klassenkameraden gewann und die geradezu idealen, in denen wir Kinder des Pfarrhauses zu Günsbach lebten, damit verglich. Auf der Universität mußte ich in meinem Glücke, studieren zu dürfen und in Wissenschaft und Kunst etwas leisten zu können, immer an die denken, denen materielle Umstände oder die Gesundheit solches nicht erlaubten. An einem strahlenden Sommermorgen, als ich – es war im Jahre 1896 – in den Pfingstferien zu Günsbach erwachte, überfiel mich der Gedanke, daß ich dieses Glück nicht als etwas Selbstverständliches hinnehmen dürfe, sondern etwas dafür geben müsse.*

Weiter liest man, daß er in ruhigem Überlegen mit sich selber dahin eins geworden sei, bis zum dreißigsten Lebensjahr der Wissenschaft und Kunst zu leben, um sich von da an einem unmittelbaren menschlichen Dienst zu weihen – ein Ausdruck, der ganz betont an religiöse Gelöbnisse erinnert. Viel hatte ihn beschäftigt, welche Bedeutung für ihn selbst dem Jesus-Wort zukomme: „Wer sein Leben behalten will, der wird es verlieren, und wer sein Leben verliert um meinet- und des Evangeliums willen, der wird es behalten." Jetzt, heißt es abschließend, war die Bedeutung gefunden. *Zu dem äußeren Glücke besaß ich nun das innerliche.*

Treffend bemerkte viel später die amerikanische Zeitschrift Time hierzu: „Für einen einundzwanzigjährigen Schwärmer war nichts Besonderes an einer solchen Entscheidung – außer, daß er entsprechend handelte." Mit einem Gleichmut, als ginge es um die Auswahl der Vorlesungen, werden Lebensweichen gestellt. Schweitzer muß mit den ihn lenkenden Schicksalsmächten immer auf gutem Fuß gestanden haben. Nirgends grüblerische Gewissenserforschung, quälendes Hin-und-her-Wälzen. Seine wenngleich komplizierte, so doch harmonisch geschlossene Natur wußte sich irrational aufgehoben und geführt. Er besaß die Gabe der echten Demut, die sich im gegebenen Moment kampflos überlassen kann und sich nicht stemmt. Er erkannte intuitiv ein fernes Ziel, zu dem der Weg erst noch gesucht werden mußte – übrigens eine Art der Wegfindung, die auch seine wichtigsten Forschungsergebnisse befördert hat. Normalerweise erfolgen erst die Denkschritte, aus denen dann das Resultat hervorgeht. Bei Schweitzer stand wiederholt am Anfang eine zentrale Erkenntnis, gleichsam das Dach, unter dem dünne Stützwände ächzten, die erst im Verlauf des thematischen Durchdringens verstärkt und gefestigt wurden.

Schweitzer hatte Helene im August 1898 auf einer Hochzeit kennengelernt, damals als Lehrvikar nach dem ersten theologischen Examen. Jahre vergingen, bis der Siebenundzwanzigjährige im März 1902, drei Wochen nach der Habilitation, mit Helene, der examinierten Lehrerin für Höhere Mädchenschulen, mit dem Fahrrad in den Rheinwald nahe Straßburg fuhr, wo sie ihren Freundschaftsbund schlossen. Die Herausgeber mutmaßen, daß der Privatdozent der jungen Frau bei der Gelegenheit seinen Lebensplan entwickelt habe, nämlich sich der Erziehung verwahrloster Knaben zu widmen und deshalb nicht zu heiraten.

Ein Freundschaftsgelöbnis, das von vornherein das *happy end* vor dem Traualtar ausschloß und zwei reife junge Persönlichkeiten mit hohen Moralansprüchen aneinanderband, zumal in einer Epoche mit puritanischem Sittenkodex – ein solches Bündnis untersagte erotische Freizügigkeit. Allerdings wurde die Zölibatsklausel im Freundschaftsvertrag spätestens 1906 gestrichen. Bis zur Heirat vergingen dann noch sechs Jahre.

Helene, bei Beginn des vertraulichen Briefwechsels dreiundzwanzig Jahre alt, schon damals im Äußeren fraulich, nicht mädchenhaft, schien für sich gleichfalls gespürt zu haben, daß ihr aufgegeben sei, einen anderen als den normalen Weg zu gehen, einen anderen „als all die tausend Mädchen, die da glücklich werden dürfen." Sie fragte nur, und es klingt wie ein Rückzugsgefecht zu endgültigem Verzicht, warum Gott uns unbändige Sehnsucht nach dem Glück ins Herz lege, wenn er uns die Erfüllung verweigere.

Obwohl derartige Empfindungen nach ihren Worten überwunden und begraben waren, sorgte der Freund sich darum, ob er nicht ihr Leben ruiniere. *Bestimmt hätten Sie Heim und Familie gefunden, all das – und jetzt denke ich, ich habe Sie von Ihrem Weg abgebracht, und alles, was ich von Ihnen annehme, wird Ihrem Glück gestohlen.*

Doch er stahl es gern und bekannte am Silvesterabend 1904, als das Jahr anbrach, das für ihn lebensentscheidend werden sollte: *Sie sind das Kostbarste, das ich auf Erden habe, ... die Person, die ich am meisten verehre, die die größte Macht über mich hat. Sie haben etwas Einfaches, etwas Großes und Reines, das mich zu Ihnen hinzieht.* Solche

Äußerungen, ergänzt durch vergleichbare von seiten Helenes über „den besten, edelsten, reinsten Menschen", lassen wenig Platz für die Erwägung, einer von beiden könnte den Bund kündigen.

Auch verlieren sich die Belege seines Kummers in dem Maße, wie die ganz selbständige Professorentochter, die sogar allein nach Rußland reiste, den allgemein noch sehr engen beruflichen Spielraum der Frau ausdehnte mit geradezu praller Betätigungsenergie. Zwar übte sie die erlernte Pädagogik nicht öffentlich, nur privat, ließ sich aber zusätzlich zur Krankenschwester ausbilden, noch ohne Zusammenhang mit Schweitzers späterem Afrika-Werk, das unerkannt im Schoß der Zukunft schlief. Ihr ausgeprägtes soziales Bedürfnis zu helfen führte sie anschließend auf den Posten einer Waiseninspektorin der Stadt Straßburg. Dort regte sie die Gründung eines Heims für minderbemittelte – meist ledige – Mütter an. Ende 1907 wurde es eröffnet. Man müßte sehr fehlgehen, hierin nicht die Urzelle des Müttergenesungswerkes zu erkennen, das ihre Straßburger Freundin Elly Heuss-Knapp nach dem Zweiten Weltkrieg gegründet hat, als ganz fern nachwirkende Inspiration.

Wer sich als erster von beiden, Schweitzer oder Helene, gedanklich über den Status quo der bindungsfreien Verbundenheit hinausgewagt hat, muß unentschieden bleiben. Schweitzer aber tat es als erster in Worten, und zwar im Juni 1905. Da heißt es in einem Brief: *Ich denke nämlich, daß ich vielleicht eines Tages eine große Aufgabe zu erfüllen haben werde, bei der ich Dich brauche – und Dich einfach bitten werde, auf demselben Gebiet zu arbeiten wie ich.*

Die berichtigte Autobiographie

War etwas geschehen, um plötzlich andere, neue Ausblicke zu eröffnen im Leben des Privatdozenten, Organisten, Leben-Jesu-Forschers und Predigers? Wer die lebenskundlichen Schriften kennt, erinnert den Aufruf der Pariser evangelischen Missionsgesellschaft vom Sommer 1904 und verbindet den eben zitierten Satz sogleich mit Afrika. Verspätet gelangte der Appell vor die Augen des Überbeschäftigten. Dann las er, daß es der Mission an Leuten fehle, um ihr Werk in Gabun, der nördlichen Provinz der französischen Kongo-Kolonie, zu betreiben. Aus dem Appell spricht die Hoffnung, daß solche, „auf denen bereits der Blick des Meisters ruht", ermutigt werden mögen, sich für diese dringende Aufgabe anzubieten. Abschließend heißt es: „menschen, die auf den Wink des Meisters einfach mit: Herr, ich mache mich auf den Weg, antworten, dieser bedarf die Kirche." Schweitzer fügt den Textzitaten den Satz an: *Als ich mit dem Lesen fertig war, nahm ich ruhig meine Arbeit vor. Das Suchen hatte ein Ende.*

Der Zeugungsakt des Jahrhundertwerkes Lambarene. Bleibt man einen Moment im zoologischen Bildvergleich, dann folgte allerdings ein Stadium der Keimruhe wie bei manchen Tierarten. Das Suchen hatte nämlich nicht so definitiv aufgehört, wie die Rückschau nach einem Vierteljahrhundert glauben läßt. Das Vorhaben, Jungen aus unglücklichen Lebensumständen aufzuziehen, verabschiedete sich nicht sofort aus dem fürsorgerischen Lebensplan. Denn erst im Februar des folgenden Jahres 1905 teilte er Helene tieftraurig mit: *Wenn Sie bei mir wären, hätten Sie Mühe, mich zu trösten. Alles ist gescheitert. Ich habe umsonst gesucht. Entweder gibt es die Kinder nicht, die ich suche, oder, wieder an anderen Stellen, will man sie mir nicht geben und hält meinen Plan für Phantasterei.*

Seit der Publikation dieser Briefe haben wir also umlernen müssen. Tatsache bleibt nur, daß er dem Aufruf am Ende tatsächlich gefolgt ist. So mochte er sich beim autobiographischen Abschreiten seiner frühen Lebensstationen gesagt haben, daß man den Umweg nach Lambarene weglassen könne, weil er letztlich belanglos geworden war. Die Rückschau gleicht einer Landkarte, deren größerer Maßstab manche Zickzacklinie der Natur karthographisch begradigt.

Jener Augenblick an einem Herbsttag 1904 im Straßburger Thomasstift zählt zu den Geschichts- und Lebensmomenten, welche Stefan Zweig Sternstunden nennt. Zweierlei ist hervorzuheben an diesem Urdokument, das später einen Urwalddoktor hervorbrachte. Der Ruf aus Paris erreichte seinen wohl schicksalhaft vorgesehenen Empfänger genau vor Ablauf des dreißigsten Lebensjahres, bis zu welchem er der Wissenschaft und Kunst dienen wollte, und: Der Verfasser, der Missionsdirektor Boegner, der den Sucher nach humanitärer Aufgabe nicht kannte, obwohl beide Elsässer waren, traf auf eigentümliche Weise genau die Tonschwingung, auf die sein Ohr gestimmt war.

- Weihnachten 1902: .... *daß er vor uns hintritt und sagt: ich will dich, du mußt –*

- Mai 1904: *Aber ich diene ihm doch, seinetwegen, allein seinetwegen –, denn er ist die einzige Wahrheit, das einzige Glück.*

- Weihnachten 1904: *Es ist merkwürdig, einen Menschen zu betrachten und zu wissen, daß man sein Sklave ist.*

Das sind Nachweise *vor* der endgültigen Entscheidung, Etliche gleichartige folgen. Trotzdem blieb der dreizehnte Jünger, wie man ihn später nannte, noch schwankend, wohin er dem Meister folgen sollte; nur *daß* er ihm folgen werde, war unzweifelhaft. Wir begreifen die anfängliche Sorge, sich schlichtes Dienen sofort schon überseeisch vorzustellen, wo doch gewiß näherliegender Bedarf an Menschlichkeit zu befriedigen wäre. Der Bewerber mußte aber einsehen, daß er für einen sozialen Dienst bestimmte Laufbahn-Erfordernisse hätte erfüllt haben müssen. Im modernen Staat mit seinen Fürsorge-Einrichtungen genügt nicht das einfache „Herr, ich mache mich auf den Weg“, selbst nicht bei der berufseigenen Menschennähe eines Vikars.

Ende Februar 1905 deuteten sich erste Folgerungen daraus an: *Eines weiß ich: wenn ich meinen Plan, Jungen aufzuziehen, nicht ausführen kann, dann bleibe ich nicht hier; ich würde daran zugrunde gehen. Ich ... würde mich der französischen Mission im Kongo oder am Sambesi zur Verfügung stellen, denn dort werden Menschen gebraucht.* Helene wußte spätestens seit Weihnachten 1904 von dieser humanitären Zweit-Option, auch von ihrer gefährlichen Verführungskraft. Hatte der Freund doch geschrieben, er wage nicht mehr die Zeitschriften der französischen Missionsgesellschaft zu lesen, denn jedesmal stehe da: Wir brauchen Menschen!

Ein halbes Jahr später, im Juni 1905, folgten dann die Briefzeilen, die schon erwähnt worden sind: wonach der vom Menschenfischer Jesus Gefangene seine Gefährtin darauf vorbereitete, daß er sie vielleicht eines Tages für eine große Aufgabe benötigen könnte. Die Briefpassage gehört in die Reihe der Äußerungen, aus denen dem Leser der Lockruf nach Afrika zunehmend vernehmlicher klingt. Wir kennen nicht den Stichtag der Entscheidung, doch fiel sie wahrscheinlich Anfang März 1905. Denn als am 9. Juli das Anerbieten hinausging an die Pariser Mission, sich ihr verfügbar zu machen, wird darin von einem Entschluß *vor vier Monaten* gesprochen. Um den Plan aber reifen zu lassen, ergehe die Anfrage erst jetzt, nach nochmaliger gründlicher Prüfung an diesem Abend: *mein Enschluß ist gefaßt, nichts kann ihn mehr ändern.*

Der Brief an den Direktor Alfred Boegner wurde erst aus dem Nachlaß bekannt, eines der großen Zeugnisse der abendländischen Briefliteratur:

Ja, ich habe alles gekannt: die Wissenschaft, die Kunst, die Freuden der Wissenschaft, die Freuden der Kunst, ich kenne das erhebende Gefühl des Erfolges, und mit wahrem Stolz habe ich meine Antrittsvorlesung mit 27 Jahren gehalten. Aber das alles hat meinen Durst nicht gestillt, ich fühle, daß das nicht alles ist, daß es nichts ist. Ich bin immer einfacher, immer mehr Kind geworden, und ich habe immer deutlicher erkannt, daß die einzige Wahrheit und das einzige Glück darin besteht, unserem Herrn Jesus Christus dort zu dienen, wo er uns braucht. Hundert Mal habe ich darüber nachgedacht, ich habe meditiert in Gedanken an Jesus, ich habe mich gefragt, ob ich leben könnte ohne Wissenschaft, ohne Kunst, ohne die intellektuelle Umgebung, in der ich mich befinde – und immer, am Ende aller Überlegungen, ein freudiges Ja.

Der Bewerber bittet, ihn anzunehmen, wenn nicht im Kongo, dann anderswo. Er spricht die Hoffnung aus, daß der eine oder andere seiner Studenten früher oder später nachfolgen werde, damit die Zeit wiederkehre, in der das Elsaß von neuem sein Kontingent an Missionaren stellen werde.

Wer diese Ausführungen erstmals 1976 im 41. Rundbrief des Schweitzer-Freundeskreises vor Augen hatte. mußte spätestens an dieser Stelle stutzig werden. Missionar Albert Schweitzer? Hatte er nicht in seinem am meisten verbreiteten Buch *Aus meinem Leben und Denken* Generationen von Lesern wissen lassen, daß er von vornherein als Arzt nach Afrika gehen wollte? Lesen wir doch an der entsprechenden Stelle, er habe Arzt werden wollen, um ohne irgendein Reden wirken zu können. Jahrelang habe er sich in Worten ausgegeben. Das neue Tun könne er sich aber nicht als ein bloßes Reden von der Religion der Liebe vorstellen, sondern nur als ihr reines Verwirklichen.

Hieraus wird klar: In einem Bewerbungsschreiben, in welchem man den zukünftigen Urwalddoktor anzutreffen glaubt, tritt wie durch Zaubertrick ein Missionar aus der Kulisse hervor; jedenfalls der Wunsch, es zu werden. Schweitzer hatte uns vorher stets glauben lassen, daß zwar christlicher *Geist* seinen Weggang nach Afrika bestimmt hatte, die *Tat* dagegen von Anbeginn profan gedacht gewesen sei. In unserem Durchgang wird also zum zweitenmal die Autobiographie berichtigt. In der Zeitfolge der Nachlaß-

Veröffentlichungen freilich war dies die *erste* Korrektur; denn der Brief an Boegner wurde sechzehn Jahre vor dem Briefwechsel mit Helene bekannt.

Unverständlich ist die ursprünglich missionarisch gedachte Aufgabe in Afrika keineswegs, denn schon in den Kindheitserinnerungen von 1924 steht: Auf die Nachmittagsgottesdienste in Günsbach gehe sein Interesse für die Mission zurück. Daß dieser Gedankenumweg bei der Niederschrift der Erinnerungen völlig ausgelassen wurde, ist auch diesmal mit dem Wunsch nach geraffter Schrittfolge zu erklären; vergleichbar einem Autofahrer, der vom Erwerb seines Führerscheins erzählt und dabei stillschweigend übergeht, daß er beim erstenmal durchgefallen war. Denn auch Schweitzer ist „durchgefallen", nämlich bei der Mission. Diaspora-Gemeinden in fremdkonfessioneller Umgebung sind aus Gründen der Selbstbehauptung besonders glaubensstreng. Als Dozent wie als Prediger war der Missionar-Anwärter in Straßburg der Pariser evangelischen Gesellschaft zu liberal. Deshalb hat er sich umentschieden und wurde Arzt.

Doch bleiben wir noch ein wenig beim ursprünglichen Plan. Schweitzer besaß nämlich detaillierte Vorstellungen über das Procedere. Er müsse noch ein Werk über Dogmengeschichte fertigstellen, heißt es weiter in dem Brief vom 9. Juli 1905, und benötige danach weitere sechs Monate, um sich allgemeine Kenntnisse anzueignen, die für die Mission nötig seien, vor allem, *um etwas Medizin zu treiben.* Im kommenden Winter wolle er ärztliches Elementarwissen erwerben. *Finden Sie nicht auch*, fragt er Boegner, *daß medizinische Kenntnisse unbedingt nötig sind?* Am Schluß des Schreibens steht die Bitte, *unser Herr* möge ihn würdig machen, in aller Demut für das Kommen seines Reiches zu wirken.

Die mit Verzögerung eingetroffene Antwort aus Paris war hinhaltend. Denn der Missionsdirektor eröffnete seinem Landsmann, daß vorerst schwere Bedenken von Mitgliedern des Komitees gegen seinen, Schweitzers, theologischen Standort geltend gemacht werden. Die jahrelangen Auseinandersetzungen beider Seiten kennen wir erst seit den frühen neunziger Jahren, nachdem Schweitzers Neffe Gustav Woytt in Straßburg sie aus den erhaltenen Schriftwechseln offengelegt hat. Woytt selber fand die Argumentation der Pariser „eigentlich erstaunlich", nicht von der Sache her, aber von der Kenntnis der Sache. Sein Onkel nämlich sei doch zu der Zeit ein ziemlich unbekannter Privatdozent gewesen, und sein bis dahin einziges theologisches Werk, die Habilitationsschrift über das *Messianitäts- und Leidensgeheimnis*, noch dazu in Deutsch verfaßt, habe an der Seine doch wohl kaum jemand gelesen. Hatte Boegner, fragt Woytt, ohne sich selber Antwort zu geben, im Elsaß Nachforschungen anstellen lassen? „Wie dem auch sei", setzt er fort, „in Paris wollte man den liberalen Theologen aus Straßburg nicht."

Erinnerung an Hannibal

In den Anfängen dieser schier endlosen Geschichte zwischen einem ethischen Voluntaristen und einem engen Buchstaben-Christentum machte sich Helene bereits viele Gedanken um Afrika. Während eines England-Aufenthaltes fragte sie den Freund im August 1905 brieflich, was er tun werde, wenn er hier alles aufgegeben habe und dann das Klima nicht vertrage. Er neige doch zum Fieber. Dann folgt der Satz: „Ich bin sicher, daß ich viel geeigneter wäre, weil ich nicht leicht Fieber bekomme." Man gewinnt den Eindruck, daß sie sich gedanklich bereits in das afrikanische Vorhaben einverwoben sah, selbst wenn vielleicht noch gar keine ausdrückliche Bitte an sie ergangen war; jedenfalls erfahren wir nicht, wann sie erging.

Sehr beziehungsvoll klingt nur, wenn Schweitzer kurz nach jenem Brief von einem Konzert berichtet, worin er jemanden zu Bachs Arie *Bist du bei mir* begleitet und dabei ganz vergessen habe, *wen* er begleitete, so *abwesend war meine Seele.* Weiter steht da: *Danke für alles, was Du mir über den Kongo schreibst*, aber unterzeichnet wird hier mit: *der Ihre Albert.* In der Weise modulieren die Briefe noch jahrelang zwischen *Sie* und *Du*, eine Gepflogenheit, die von der französischen Briefkultur übernommen ist. Auch wechseln die beiden Bewohner des Brückenlandes Elsaß in der Sprache oft zwischen West und Ost.

Während der quälenden Zeit des Wartens auf eine Entscheidung von seiten der Mission wurde die *Geschichte der Leben-Jesu-Forschung* fortgesetzt. In diesen Monaten muß der Bewerber sich umentschieden haben. Professoren der medizinischen Fakultät in Straßburg hatten ihrem Kollegen von der Theologie dazu geraten, es nicht bei lückenhafter Ausbildung in der Heilkunde bewenden zu lassen, sondern das Studium regulär, rite, zu betreiben. Als es nun Mitte Oktober 1905 zum ersten direkten Gespräch mit Boegner kam, auf einer Parkbank in Paris, eröffnete der Besucher ihm, daß er *nur als Arzt* in den Kongo gehen wolle, woraufhin dem Missionsdirektor *ein Stein vom Herzen* gefallen sei.

Eigentümlich allerdings, daß trotz dieser Festlegung immer noch ein innerer Vorbehalt gegen die reine Medizin verblieb, wie Helene nach dem Gespräch erfuhr. Seine religiöse Überzeugung, so heißt es zwar in diesem Brief, werde also *dann Privatsache sein.* Doch fährt er fort: *Aber wenn man schon früher einen Missionar braucht, beende ich das Studium nicht.* Darin liegt ein Widerspruch. Zweierlei geht daraus hervor. Offensichtlich trennte Schweitzer sich nur schwer von dem Gedanken, dem Ruf des Meisters nicht als Prediger und Lehrer folgen zu dürfen. Und immer noch unterschätzte der liberale Vikar und Dozent den Widerstand an der theologischen Front in Paris.

Seine Zuversicht erhielt einen weiteren Stoß, als Boegner mitteilte, daß einige Mitglieder des maßgebenden Komitees der Gesellschaft sich sogar dagegen wehrten, ihn als Arzt anzunehmen, weil er, nach eigenen Worten, *nur die rechte christliche Liebe, nicht aber auch den rechten Glauben* besaß. Doch beide, Schweitzer und Boegner, der hierin auf seiner Seite stand, vertrauten einstweilen darauf, *daß die Betreffenden noch einige Zeit hätten, um zur rechten christlichen Vernunft zu kommen.*

Das in Arbeit befindliche Buch über Dogmengeschichte, so läßt sich anfügen, hätte noch mit einem besonderen Erfahrungskapitel versehen werden können: über die Behinderung christlicher Nächstenliebe durch christliche Strenggläubigkeit...

Der Entschluß zu einem vierten Studium – nach der Theologie, Philosophie, Musik – wurde dem Dreißigjährige erleichtert durch sein Rückbesinnen auf eine Ausdauerleistung in der römischen Antike. Er hielt sich tröstend vor Augen, daß Hamilkar und Hannibal erst langwierig Spanien erobert hatten, bevor der letztere über Gallien nach Italien zog.

Noch etwas verband den Medizinstudenten mit dem Karthager: Kämpfen mußte auch er, wenngleich an der zivilen Front. Als er sich beim Dekan der medizinischen Fakultät, Professor Fehling, anmeldete, hätte der ihn, so lesen wir, am liebsten seinem Kollegen von der Psychiatrie überwiesen; so abenteuerlich erschien ihm das Vorhaben. Doch an der Hartnäckigkeit des endgültig Entschlossenen prallten nicht nur Fehlings Einwände ab und die des Orgelmeisters Widor, ebenso diejenigen der Verwandten und Freunde und zuletzt sogar die zähen Vorbehalte dogmatisch ausgeruhter Missionsverantwortlicher in Paris. Aber bis dahin war es noch weit.

An einem der letzten Oktobertage des Jahres 1905 begab sich der Straßburger Medizinstudent zu seinem ersten Kolleg in Anatomie. Auf diesem Weg in dichtem Nebel, was mag ihm durch den Kopf gegangen sein? Vielleicht der in Stein gehauene Schwarze auf dem Marsfeld in Colmar, am Denkmal des Admirals Bruat? Der Neger, wie man damals sagte, mit dem sinnenden, traurigen Ausdruck hatte schon das Kind Albert beschäftigt. In der Rückschau schreibt der knapp Fünfzigjährige: Sooft er damals nach Colmar gekommen sei, habe er Gelegenheit gesucht, ihn zu beschauen. *Sein Antlitz sprach mir von dem Elend des dunklen Erdteils.* Und jetzt ließ sich der erwachsen Gewordene dazu ausbilden, etwas von diesem Elend mildern zu können.

Hier nun trat ein, was Jahre später die *Straßburger Post* als einzigartig hervorhob: daß ein Mediziner gleichzeitig neutestamentliche Vorlesungen hielt, sonntags predigte, Orgelkonzerte verantaltete, das großes Buch zur Leben-Jesu-Forschung beendete und anschließend ein noch umfangreicheres Werk verfaßte, ein musizierpraktisches, bekannt unter dem schlichten Titel *J. S. Bach*, die wesentlich erweiterte Fassung der französischen Ausgabe. Und selbst dieses Übermaß an außer-medizinischer Beschäftigung war nicht alles. *Gar manche Nächte verbrachte ich über Orgelplänen, die ich zu begutachten oder zu überarbeiten hatte. Gar manche Fahrten unternahm ich, um die Fragen zu restaurierender oder neu zu erbauender Orgeln an Ort und Stelle zu studieren.*

In Straßburgs Bürgerkreisen, vornehmlich in seiner Gemeinde St. Nicolai, werden viele gewußt haben, daß dieser außerordentliche Zeitgenosse tätigkeitsbedingt dauernd seine Kleidung wechselte: vom Talar des Predigers zum weißen Kittel am Krankenbett (jedenfalls nach dem Physikum) und zum Abendanzug für die Orgelbank. Als er 1908 Elly Knapp mit Theodor Heuss traute, war er eben von einer Operation gekommen und, wie Heuss in seinen Memoiren erzählt, noch nicht ganz frei vom Geruch nach Lysoform.

Niemanden kann unter solchen Umständen verwundern, wenn er in den Lebenserinnerungen des Urwalddoktors über diese erneute Studienzeit liest: *Nun begann Jahre hindurch ein Ringen mit der Müdigkeit.* Das Naturgschenk seiner ganz außergewöhnlichen Robustheit, Arbeitskraft und Nervenstärke stellte er bis an die äußersten Leistungsgrenzen in den Dienst seiner selbstgewählten Pflichten, bekannte aber nach dem Physikum 1908: *Die drei Jahre, die hinter mir liegen, sind grausig.*

Doch die zeitgleichen Briefe sind durchdrungen vom gleichbleibenden inneren Glücksgefühl, das Richtige zu tun. Im Februar 1906 heißt es: *Und jetzt gehe ich ruhig, nachdenklich und lächelnd hinaus ins Leben, wie es mir bestimmt ist.* Im November: *Schau, nichts ist verloren in unserem Leben: kein Umweg, keine Anstrengung, kein Kampf, kein Zögern ... glaube es mir.* Schließlich, ein Jahr später, zu Silvester 1907: *Es ist, als hätten wir unsere Richtung gefunden und als segelten wir in der Mündung eines großen Flusses dem Meer entgegen...*

Die Politik spielt mit

Ob es möglich sein würde, das heißt, ob man ihn dorthin ließe, wohin es ihn zog, war ja noch nicht entschieden. Der Medizinstudent kümmerte sich einstweilen nicht weiter darum, weil er viel zu beansprucht war. Er hatte allerdings dem Missionsdirektor empfohlen, sich an seinen vorgesetzten Pfarrer Michel Knittel zu wenden, um theologische Auskunft über ihn einzuholen. Schwer ersichtlich, warum er gerade auf ihn verwies, denn Knittel gehörte der konservativen Richtung an. Ebenso gut könnte man einen Guttempler prüfen lassen, ob Alkohol bekömmlich sei. Knittel urteilte über seinen Vikar, daß er, bevor er den Leuten im Kongo Grundlagen des Evangelium vermittle, sich selber gerettet fühlen müsse und wiedergeboren; was wohl heißt: auf den Tugendpfad herkömmlicher Verkündigung einzuschwenken habe.

Ein in seinem Sinne vollgültiger Glaubensvermittler durfte nicht die Beziehung zu Jesus über diejenige zu Christus erheben, nicht vom nachösterlich Verkündeten zum vorösterlichen Verkünder zurückkehren. In der *Geschichte der Leben-Jesu-Forschung* steht zum Beispiel der Kernsatz: *Denn alles, was man wirklich über Erlösung aussagen kann, geht zuletzt darauf zurück, daß wir in der Willensgemeinschaft mit Jesus von der Welt und uns selbst frei werden und Kraft und Frieden und Mut zum Leben finden.*

Zugegeben, Luther hätte nicht durchgehen lassen, daß das Gerechtwerden, Angenommenwerden, die Erlösung „allein durch den Glauben“ sich wundersam in eine Erlösung durch Willensgemeinschaft mit Jesus verwandelte. Mit der Direktanbindung an den Stifter unserer Religion ohne den Umweg über Golgatha brachte Schweitzer den übergeordneten Amtsbruder gegen sich auf. Ein Tadelbrief ist erhalten, worin Knittel sich über eine Predigt vom Vortage erregt, im Juni 1907. Geradezu entsetzt habe ihn die Erlösungstheorie, die darin aufgestellt werde im Gegensatz zu den Evangelien, den Aposteln, den Kirchenvätern, den Reformatoren. Eine solche Predigt seines Vikars, egal, wer er sei, könne er nicht dulden; sie sei keine gesunde Nahrung für seine Pfarrkinder. Und entsprechend war das Gutachten, das er im Vorjahr nach Paris gesandt hatte, auch keine gesunde Nahrung für das Komitee, ungeachtet mancher würdigenden Aussagen darin.

Als das Studium im Dezember 1910 mit dem Staatsexamen und der Gesamtnote Sehr gut beendet war, trat die unentschiedene Bewerbungs- und Berufungsfrage wieder in den Vordergrund. Nicht genug, daß auch jetzt noch zwei unversöhnte konfessionelle Anschauungsweisen des Ausgleichs harrten, spielte nun auch noch die Politik belastend hinein. Deutschland sah seine wirtschaftlichen Interessen in Marokko durch Frankreichs Expansion gefährdet und spitzte die Situation zu durch Entsendung des Kanonenbootes „Panther“ nach Agadir. Der *Panthersprung* 1911 stürzte Europa in die zweite Marokkokrise. Am Ende nahm die Reichsregierung hin, daß Marokko französisches Protektorat wurde. Deutschland erhielt im Gegenzug einen Teil des französischen Kongo-Gebietes.

Die wortwörtliche Kanonenbootpolitik belastete die deutsch-französischen Beziehungen. Und da wollte nun ein elsässischer Arzt deutscher Staatsangehörigkeit in das französische Kolonialgebiet ziehen, obendrein ohne medizinisches Diplom einer französischen Universität. Dieses zusätzliche Problem meisterte er aber aufgrund seiner guten Verbindungen in Paris, zumal das Ansehen der deutschen ärztlichen Wissenschaft damals in der Welt überragend war.

An der Glaubensfront erwiesen die Kämpfe sich härter als an der politischen. Zunächst unterrichtete Schweitzer im März 1911 Boegner von seinem erfolgreich beendeten Studium und fügte an, so als wäre schon alles geklärt: *Suchen Sie mir noch keine Pflegerin, ich habe schon eine.* Hiermit war natürlich Helene gemeint, die ihrerseits in Stettin und Frankfurt die Krankenpflege erlernt hatte. Er bat darum, dem Komitee seine Bewerbung als Arzt für eine Missionsstation der Gesellschaft im Kongo nun offiziell zu unterbreiten. Wobei er hinzufügte, daß er das aufzubauende Werk nach Möglichkeit aus eigenen Mitteln finanzieren wolle. Er hatte schon Geld zurückgelegt aus den Erträgen seiner Bücher und dachte überdies an Spenden der Freunde *aus der Welt der Musik und der Schriftstellerei.* Der Pariser Mission käme dieses Anerbieten angesichts ihrer chronischen Geldmisere sicher gelegen, durfte er vermuten.

Zu diesem Zeitpunkt wollte er der Gesellschaft noch überlassen, wohin innerhalb des französischen Kongo sie ihn entsenden werde. Das änderte sich erst, als Ende 1911 der elsässische Missionar Léon Morel zu einem Urlaub aus dem Gabon nach Hause kam und seine Frau auf einem medizinischen Lehrgang den Assistenzarzt Schweitzer kennenlernte. Dieser erzählte in einer Rede zum Goldenen Afrika-Jubiläum im April 1963 erstmals, daß Morel ihm damals gesagt habe, es gebe im ganzen Einzugsgebiet des Ogowe (von der Länge der Oder) nur einen einzigen regulären Arzt, einen militärischen, in der Hauptstadt Libreville. Aufgrund des medizinischen Notstandes im gesamten Stromgebiet hatte Morel den Landsmann gebeten: *Kommen Sie doch zu uns!* Der überlegte nicht lange, sondern versprach ihm: *Ich gehe dorthin!*

Im Hochsommer 1911 antwortete Boegner im Namen des Komitees auf die offizielle Bewerbung, wobei viele Höflichkeiten – edler Charakter, selbstlose Haltung, Größe des Verzichts – nicht darüber täuschten, daß die Vorbehalte wegen der unterschiedlichen theologischen Standorte fortbestanden. Schweitzer spielte den Ball ins andere Feld zurück, indem er fragte, ob nicht das Vertrauen in den Geist Christi auch diejenigen verbinden könne, die im Wortgehalt nicht ganz übereinstimmen? Zugleich entschuldigt er sich, seine Gedanken vor Müdigkeit nicht recht ordnen zu können: *Ich schlafe vier Stunden und arbeite dreizehn bis vierzehn Stunden täglich.*

Bald darauf, im Februar 1912, starb Boegner, womit dem Tropenarzt in spe eine starke Stütze wegbrach; allerdings wurde sie schnell ersetzt. In seinem letzten Brief hatte er dem Siebenunddreißigjährigen noch zur Verlobung gratuliert. Das beiderseitige Eheversprechen, folgt man Gustav Woytt, lag drei Jahre zurück und ist danach auf den Januar 1909 einzugrenzen. Bis zur Heirat vergingen nun allerdings weniger als sechs Monate, bis zum 18. Juni 1912. Nachfolger Boegners wurde Jean Bianquis, *dessen phrasenlose Frömmigkeit* in der Autobiographie *Aus meinem Leben und Denken* gerühmt wird. Er setzte sich genau wie der Vorgänger energisch dafür ein, daß die Kongomission einen Arzt – *diesen* Arzt – bekomme.

Der Durchbruch

Dem Bemühen erwuchs eine weitere Schwierigkeit, welche diesmal von der Gegenseite, der schweitzerischen, ins Spiel kam. Durch eine vermögende Gönnerin, Annie Fischer, Schwester des Ruhrindustriellen Hugo Stinnes, bestand begründete Aussicht, die Arbeit im Gabon in dem Maße unabhängig zu gestalten, daß an ein eigenständiges Spital gedacht werden konnte. Der Antragsteller deutete erstmals an, nicht als Arzt der Missionsgesellschaft hinauszugehen, sondern nur als „Gast“ in einer ihrer Dschungelstationen zu praktizieren. In einem Brief an den neuen Missionsdirektor im Mai 1912 faßt er zusammen: *Die Mission gibt mir die Wohnung. Ich meinerseits gebe meine Person, mein medizinisches Wissen, meine vollständige Einrichtung (Instrumente und so weiter), und ich koste nichts.*

Die veränderte Statusfrage löste neue Irritationen aus. Diejenigen, die ohnehin gegen den unsicheren Kantonisten waren, verstärkten ihre Opposition, weil er dem Anschein nach künftig in religiöser Hinsicht noch schwerer einzubinden war – besser gesagt: anzubinden. Allerdings hatte er diesen vorauszusehenden Einwand schon durch die Bemerkung zu unterlaufen versucht: Wenn man ihn stumm wie einen Fisch haben wolle, sei er einverstanden. *Ich mußte so viel von Theologie und Religion reden – seit mehr als fünfzehn Jahren –, daß es für mich eine Erleichterung ist, Christus schweigend zu dienen.* Hier wird nach langen Umwegen erstmals angedeutet, was Schweitzers Lesergemeinde lange Zeit von vornherein so verstanden hatte: daß er eben *nur* ärztlich tätig sein wolle.

Bianquis empfahl ihm, die Komitee-Mitglieder einzeln zu besuchen, um auf diese Weise im persönlichen Gespräch Bedenken auszuräumen. Das geschah, wie ja in *Leben und Denken* auch zu lesen steht: *Mit einer Reihe von Mitgliedern ... kam ich durch diese Besuche sogar in ein herzliches Verhältnis... Einige wenige empfingen mich kalt.* Von den schriftlichen Rückäußerungen, die Bianquis erbeten hatte, waren acht (von elf) zustimmend, zwei zustimmend mit Vorbehalten, eines ablehnend.

Damit ist der Durchbruch geschafft. Am 13. Mai 1912 stimmt die Leitung der Missionsgesellschaft dem Antrag Albert Schweitzers zu, ihm ohne gegenseitige Verpflichtungen Gastfreundschaft auf der Station Lambarene zu gewähren. Hier fällt erstmals der Name, der in der Welt zu einem Symbol der Nächstenliebe geworden ist. Das Komitee, so heißt es am Schluß, übermittle den Ausdruck seiner besten Gefühle „und erfleht für Sie, für diejenige, die Ihre Gefährtin sein wird, und für Ihre Arbeit die kostbarsten Segnungen Unseres Himmlischen Vaters."

Im Briefwechsel mit Helene ist die entscheidende Zeitspanne im Frühjahr 1912 nicht dokumentiert. So erfährt man auch *hier*aus nicht, was in der Autobiographie ohnehin unerwähnt bleibt: daß die außerordentliche Nervenbelastung während der dramatischen Entscheidungsphase zu einem Zusammenbruch führte. Auf der Walstatt zurück blieb ein körperlich schwer geschwächter, in Depressionen versinkender Patient, der wochenlang fiebernd im Bett lag und auf dem Familienphoto anläßlich der Hochzeit in Günsbach ziemlich grimmig dreinblickt. Die Nachwirkungen der Verwundungen an der theologischen Front spiegeln sich noch nach Jahrzehnten in dem Bemerken, daß jemand, der sich vornehme, Gutes zu wirken, nicht erwarten dürfe, daß die Menschen ihm zu diesem Zweck die Steine aus dem Wege räumen. Im Gegenteil müsse er darauf gefaßt sein, daß sie ihm noch welche daraufrollen.

Verfolgt man den Weg seit 1904, so haben sich gewaltige Hindernisse vor dem endlichen Ziel Lambarene aufgetürmt: das neue Studium neben allen fortbestehenden Pflichten, die Verwicklungen aus der Gretchenfrage: „Nun sag, wie hast du´s mit der Religion?“, der belastende Nationenstreit um Marokko und zuletzt noch die Gesundheit, die alles schon Geregelte wieder infrage stellte; übrigens nicht allein auf *seiner* Seite. Helene erkrankte an Tuberkulose und mußte im Schwarzwald auskuriert werden, ganz abgesehen davon, daß ein früherer Skiunfall einen Rückenwirbel verletzt hatte und chronische Schlaflosigkeit hinterließ.

Im Spätwinter 1912/13 schloß Albert Schweitzer seine medizinische Dissertation ab und erwarb den dritten Doktorgrad. Zugleich, wenige Tage vor der Ausreise nach Afrika, beendete er die erweiterte Fassung der *Leben-Jesu-Forschung*. Wiederholt sind darin die Schlußworte der Erstausgabe von 1906, jener ergreifende Abschnitt, in welchem die Wissenschaft unvermittelt überleitet in ethischen Voluntarismus. Man liest die Zeilen wie das hallende Echo auf den Aufruf von 1904, überzeugender jetzt noch durch den bestandenen Glaubwürdigkeitstest der sieben harten Prüfungsjahre, die der Meister seinen Berufenen auferlegt hatte:

Als ein Unbekannter und Namenloser kommt er zu uns, wie er am Gestade des Sees an jene Männer, die nicht wußten, wer er war, herantrat. Er sagt dasselbe Wort: Du aber folge mir nach! Und stellt uns vor die Aufgaben, die er in unserer Zeit lösen muß. Er gebietet. Und denjenigen, welche ihm gehorchen, Weisen und Unweisen, wird er sich offenbaren in dem, was sie in seiner Gemeinschaft an Frieden, Wirken, Kämpfen und Leiden erleben dürfen, und als ein unaussprechliches Geheimnis werden sie erfahren, wer er ist.

DER „GEFÄHRLICHE“ SCHWEITZER

Ruhm und Anfechtung

Biographische Szenenfolge mit Sprecherwechsel

1. Lambarene

Zitator:

Den Arzt von Lambarene kenn ich nicht,
der Orgel spielt, den Meister Bach versteht,
als Deutender durch Christi Leben geht,
der Inder Denken prüft in klarem Licht.

Nur lebt er, in der Ferne lang verweilend,
am dunklen Kongo. Gerne fragt ich ihn,
warum er sich dem Abendland entziehn,
sich läutern mußte, kranke Neger heilend.

Ich wüßt ihn gerne frei von allem Streit.
Vielleicht verwies auf des Herzens Drang,
das ihn zu Dienst in schlichter Güte zwang.

Vielleicht verwies er auf die wirre Zeit,
vielleicht auch lächelt er: Du blinder Tor!
und spielte mir die „Kunst der Fuge“ vor.

1. Biograph:

Albert Schweitzer in einem Sonett von Albrecht Haushofer, geschrieben im Gefängnis Berlin-Moabit kurz vor der Ermordung durch die Gestapo oder SS. Die später berühmt gewordenen *Moabiter Sonette* fand man kurz vor Kriegsende in der Kleidung des Toten in einem Ruinengrundstück. Schweitzer also, der gerade Siebzigjährige, in der Sicht des Geographie-Professors, Dichters und Widerständlers, damals zweiundvierzig Jahre alt. Das Gedicht liefert schon einen halben biographischen Umriß. Da ist die Rede vom Orgelspieler, vom „Deutenden“ in der Jesus-Forschung, also ein Hinweis auf den Wissenschaftler in der neutestamentlichen Theologie. Er prüft „der Inder Denken“, womit ein weiteres Fachgebiet angesprochen wird, die Philosophie. Und schließlich der Arzt, der kranke „Neger“ heilt; ein Ausdruck, der damals üblich war, im heutigen Gebrauch hingegen abfällig klingen würde.

2. Biograph:

Ein vielseitig befähigter Mann, der Schweitzer; das geht allein aus den Andeutungen im Gedicht hervor. Dabei ist noch kein Wort darüber gefallen, daß er lutherischer Pfarrer war, ferner ein ausgezeichneter Orgelkenner, der viel für die Erhaltung und Wiederherstellung alter Orgeln getan hat. Er war der Baumeister seines eigenen Spitals, verfügte selten über ausgebildete Handwerker, mußte die meisten Bauten mit ungelernten Kräften errichten. Und dann war er ein hervorragender und äußerst schaffensfreudiger Schriftsteller, der mehr Bücher verfaßt hat als die meisten Autoren im Hauptberuf.

1. Biograph:

Ein so umfassend begabter Mensch ist ein Geschenk für die Welt, eine Gnade der Schöpfung. Aber Vielseitigkeit ist auch eine Bürde für den, der sie trägt. Er muß innere Spannngen ausbalancieren, rationell und ökonomisch mit seinen Kräften umgehen, um nicht von seinen Talenten zerrissen zu werden. Genies, auch solche der Multibefähigung, sind selten pflegeleichte Naturen. Sie sind schwierige Charaktere, eckig, sperrig, unbequem, erst recht, wenn sie wie Schweitzer sich einem unerbittlichen Gewissen und kompromißlosen Wahrheitsstreben unterworfen fühlen. *Die Welt braucht Dickschädel*, verteidigte er seinen Widerspruchsgeist.

Zu den Gewissenshandlungen gehörten auch seine Appelle gegen die Gefahren der Atombombenversuche in den fünfziger und frühen sechziger Jahren. Die Warnungen paßten vielen Zeitgenossen nicht. Sie meinten, damit schwäche der anscheinend etwas senil gewordene Urwalddoktor die westliche Verteidigung und nütze nur dem Weltanschauungsgegner im Osten. Die so dachten, eine große Anzahl, hielten Schweitzer damals für ausgesprochen gefährlich.

2. Biograph:

Nicht nur in der Atomfrage, er hat auf vielen Gebieten Anstoß erregt und Gegnerschaft erlebt. Wir werden dem nachgehen, Schritt für Schritt. Aber zunächst, um auf Haushofer zurückzukommen: Warum entzog er sich, wie es im Gedicht heißt, dem Abendland? Ein so reich Begabter, so ausfüllend tätig, voller Berufs- und Verdienstaussichten, mit allen Chancen, ein berühmter Musiker und Wissenschaftler zu werden: Warum ließ er all das beiseite und wurde Arzt, um „kranke Neger" zu heilen?

Zitator:

Die Lehrtätigkeit an der Universität Straßburg, die Orgelkunst und die Schriftstellerei verließ ich, um als Arzt nach Äquatorialafrika zu gehen. Wie kam es dazu? Ich hatte von dem körperlichen Elende der Eingeborenen des Urwaldes gelesen und durch Missionare davon gehört. Je mehr ich darüber nachdachte, desto unbegreiflicher kam es mir vor, daß wir Europäer uns um die große humanitäre Aufgabe, die sich uns in der Ferne stellt, so wenig bekümmern. Das Gleichnis vom reichen Mann und vom armen Lazarus schien mir auf uns geredet zu sein. Wir sind der reiche Mann, weil wir durch die Fortschritte der Medizin im Besitze vieler Kenntnisse und Mittel gegen Krankheit und Schmerz sind. Die unermeßlichen Vorteile dieses Reichtums nehmen wir als etwas Selbstverständliches hin. Draußen in Kolonien aber sitzt der arme Lazarus, das Volk der Farbigen, das der

Krankheit und dem Schmerz ebenso wie wir, ja noch mehr als wir unterworfen ist und kein Mittel besitzt, um ihnen zu begegnen. Wie der Reiche sich aus Gedankenlosigkeit gegen den Armen vor seiner Türe versündigte, weil er sich nicht in seine Lage versetzte und sein Herz nicht reden ließ, also auch wir. Von diesen Gedanken bewegt, beschloß ich, bereits dreißig Jahre alt, Medizin zu studieren und draußen die Idee in der Wirklichkeit zu erproben.

1. Biograph:

Die Sätze wurden 1920 geschrieben, nach dem ersten Wirken in Lambarene. Wir haben aber seit längerem Gelegenheit, über den Entschluß nicht nur in der Rückschau des Urwalddoktors zu lesen, sondern uns mitten in die Suche und Entscheidungsphase einzublenden. Seit der Briefwechsel zwischen Schweitzer und seiner späteren Frau Helene Bresslau gedruckt ist, liegt ein bewegendes Quellengut vor. Schritt für Schritt kann man jetzt den Weg dieses Christen der Tat „auf Lambarene zu" nacherleben. Und da tritt uns überwältigend entgegen, wie stark die Gestalt Jesu für Schweitzers Lebensweg maßgebend war, wie er sich von ihm geführt wußte und sich buchstäblich als sein Jünger betrachtete, zweitausend Jahre danach.

2. Biograph:

Aber da war noch ein anderer Beweggrund. Man könnte ihn Sühne nennen: für die Ausbeutung der Kolonialvölker durch die Kolonialmächte. Davon spricht eine Predigt im Januar 1907 in der Straßburger Kirche St. Nicolai, als der Pfarrer im dritten Semester des Medizinstudiums stand. Da rechnete er mit der Kolonialpolitik ab:

Zitator:

O, diese vornehme Kultur, die so erbaulich von Menschenwürde und Menschenrechten zu reden weiß und diese Menschenrechte und Menschenwürde an Millionen und

Millionen mißachtet und mit Füßen tritt, nur weil sie über dem Meere wohnen, eine andere Hautfarbe haben, sich nicht helfen können; diese Kultur, die nicht weiß, wie hohl und erbärmlich, wie phrasenhaft und gemein sie vor denjenigen steht, die ihr über die Meere nachgehen und sehen, was sie dort leistet...

1. Biograph:

So kannte sie ihren Vikar sonst nicht, die Gemeinde von St. Nicolai: anklagend, gewitternd, ergrimmt wie Mose bei der Rückkehr vom Sinai. Der evangelische Prediger, dreitausend Jahre danach, sah ebenfalls ein goldenes Kalb angebetet, den Profit. Denn die Völker, so fuhr er fort, sännen immer nur, welche Vorteile sie aus den Kolonien ziehen könnten. Unsere Kulturstaaten, die vielgerühmten, seien draußen nur Raubstaaten. Er erinnerte in diesem Zusammenhang an den vor zweieinhalb Jahren niedergeschlagenen Herero-Aufstand in Deutsch-Südwest. Was haben wir, das Deutsche Reich, getan, um diese Empörung hervorzurufen, fragte er; um nur noch zu bemerken, daß die Hereros in dem Kampf aufgerieben und anschließend völlig enteignet worden seien.

2. Biograph:

Seine Hörergemeinde vernahm die herausfordernde Erkundigung, wo in unseren Kulturstaaten die Menschen seien, die die langwierige, selbstlose Arbeit auf sich nehmen, jenen Völkern die Segnungen einer Kultur zu bringen, von deren grundsätzlichem Exportwert er überzeugt war. Wo seien die Arbeiter, Handwerker, Lehrer, Gelehrten, Ärzte, die um dieser Aufgaben willen hinausgehen? Wo unternehme unsere Gesellschaft Anstrengungen? *Nichts und wieder nichts.* Das Christentum, so gipfelte die Kapuzinerpredigt des Lutheraners,

Zitator:

– wird zur Lüge und Schande, wenn nicht für jeden Gewalttätigen im Namen Jesu ein Helfer im Namen Jesu kommt, für jeden, der etwas raubt, einer, der etwas bringt, für jeden, der flucht, einer, der segnet.

1. Biograph:

Hierbei sprach er zugleich verhüllt von sich selber, außer für diejenigen, die wußten, daß der Mann im schwarzen Talar morgen, am Montag, im Hörsaal oder im weißen Kittel in der Anatomie sein werde, um sich auf seinen persönlichen Christendienst vorzubereiten. Die gedenkwürdige Kanzelrede wäre der erste Aufruf zur Entwicklungshilfe gewesen, hätte es den Ausdruck schon gegeben. Und mehr: ein erster unausgesprochener Vollzug. Denn Schweitzer predigte nicht nur seiner Gemeinde, was zu tun sei, sondern wollte tun, was er gepredigt.

2. Biograph:

Übrigens war dreizehn Jahre zuvor ein Text geschrieben worden, der schon in ganz ähnlichem Tonfall die Frevel der Weißen an den Farbigen angeprangert hatte, dort, wo man es am wenigsten erwarten würde – in einem Abenteuerbuch. Karl May war der Ankläger gewesen, einer, der nicht nur spannend zu erzählen wußte, sondern in seinen Wild-West-Romanen stets mitleidvoll der verdrängten und entrechteten Indianer gedachte. In einem der Bände *Old Shurehand* von 1894 stehen diese Sätze:

Zitator:

Geht mir mit einer Zivilisation, die sich nur vom Länderaub ernährt und nur im Blute watet! Wir wollen da gar nicht etwa nur von der roten Rasse reden, o nein. Schaut in alle Erdteile... Wird da nicht überall und allerwärts grad von den Zivilisiertesten der Zivilisierten ein fortgesetzter Raub, ein gewalttätiger Länderdiebstahl ausgeführt, durch welche Reiche gestürzt, Nationen vernichtet und Millionen und Abermillionen von Menschen um ihre angestammten Rechte betrogen werden?

Der Zeitgeist:

Das Kaiserreich stand glänzend da;
wer dachte schon an Afrika ...
Doch ja, es gab dort Kolonien,
geeignet, draus Profit zu ziehn.
Ostafrika und Deutsch-Südwest,
bedienten solchen Wunsch aufs best´.
Auch Togo deutsche Herrschaft sah
und Kamerun, äquatornah.
Die Kolonien, die hier genannten:
begehrt als Rohstofflieferanten.
Nicht nur die Deutschen dachten so,
auch England, Frankreich blickten froh
auf ihre eignen Beutestücke,
erworben oft mit List und Tücke.
Die Schwarzen hatten wenig Wert;
zwar nicht als Sklaven mehr begehrt,
war´n sie doch gänzlich ohne Rechte:
der weißen Herrschaft schwarze Knechte.

2. Musik

1. Biograph

Der künstlerisch-geistige Aufbruch Albert Schweitzers, diese überwältigend arbeitsintensive Lebensphase, hatte als Kulisse die vielbesungene alte Reichsstadt: Noch Festung mit Wällen und Gräben, mit Nutz- und Blumengärten vor dem Tor, idyllisch, versponnen, mit zahllosen Spitzweg-Motiven, träumte Straßburg von sehr alter Zeit. Aber es wurde modern und sozial aufgeschlossen verwaltet und besaß zugleich eine geistig erneuerte Universität. Die medizinische Fakultät genoß besonderen Ruf.

2. Biograph:

Der Musiker Albert Schweitzer, der in der Theologie etwas leisten wollte und nach eigenen Worten bereits ein Suchender in der Philosophie geworden war, ahnte noch nicht, daß er sich bald seinem vierten Fachgebiet – in eben jener Fakultät – zuwenden würde; nicht aus innerem Drängen, sondern aus Gewissenszwang. Innerhalb des dreifachen Studienganges war die Musik nach Profil um Umriß am frühesten ein fertiges Ganzes.

Und sie blieb der ausdauerndste Weggenosse, tatsächlich fünfundachtzig Jahre lang. Der Fünfjährige lernte die ersten Fingerübungen auf dem Tafelklavier vom Großvater Schillinger; der Neunzigjährige trennte sich erst wenige Wochen vor dem Tod von dem, was ihm im tropischen Alltag das liebste war: die abendliche Andacht, deren Eingangs- und Ausgangslied er auf dem Klavier begleitete.

Zitator

Mit acht Jahren, kaum daß die Füße lang genug waren, um die Pedaltasten zu erreichen, begann ich Orgel zu spielen.

1. Biograph:

Damit ist der Grundakkord angeschlagen. Der Pfarrersjunge vertrat schon mit neun Jahren den Organisten im Gottesdienst. Doch erst in Mülhausen, wo er das Gymnasium besuchte, wurde das Talent geformt. Schweitzer, der wiederholt das Glück hatte, seine Gaben in ausgezeichneten Händen disziplinieren zu lassen, fand als Orgellehrer Eugen Münch. Dem allerdings war sein Schüler anfangs eine Qual, weil er in seiner Schüchternheit kein Gefühl zu zeigen wagte. Als schließlich Mendelssohn den Bann gebrochen hatte, begann ein so fruchtbares Arbeitsverhältnis, daß schon dem Sechzehnjährigen der Orgelpart im Requiem von Brahms anvertraut wurde.

Zitator:

Damals kannte ich zum ersten Male die Wonne, die ich seither so oft durchgekostet habe, die Orgel in den Klang von Orchester und Chor hineinfluten zu lassen.

2. Biograph:

Während der nachfolgenden Universitätsjahre begleitete der junge Organist unter der Leitung von Ernst Münch, Bruder des frühverstorbenem Eugen, die Bach-Kantaten auf der Silbermann-Orgel zu St. Wilhelm in Straßburg. Auf der anderen Seite blieb er Lernender, der sich im Reich der Königin der Instrumente „habilitieren" wollte.

1. Biograph:

Im Leben des berühmten Meisters Charles Marie Widor in Paris und des dreißig Jahre jüngeren Elsässers war es ein denkwürdiges Datum, jener Herbsttag 1893, an dem dieser den Franzosen auf der Orgel-Empore von St. Sulpice aufsuchte und bat, ihm vorspielen zu dürfen („Was denn?" – *Bach natürlich!*). Denn ihre Begegnung hat nicht nur Lehrer und Schüler gleichermaßen bereichert, sondern auch die allgemeine Kenntnis und das Verständnis Bachs vornehmlich für die linksrheinische Seite. Widor wurde Schweitzers eigentlicher Mentor in der Musik, Förderer und Freund auch im privaten Bereich Gustave Bret schreibt:

Zitator:

So sehr Widor und Schweitzer durch den Altersunterschied und mindestens ebenso durch Geschmack und Lebensstil verschieden waren, besaßen sie doch gemeinsam die Leidenschaft für die Orgel, die maßgeblich mitzuprägen.

2. Biograph:

Am Anfang hatte wie zufällig eine Frage Widors gestanden. Er selber legt in seiner Vorrede dar, wie der Schüler dem Lehrer an einem Tag des Jahres 1899 das Verständnis der Choralvorspiele aus ihren zugehörigen Texten erläutert hatte – sie könnten nur vom Wort her begriffen werden – und dem Meister dadurch völlig neue Perspektiven vermittelt worden waren; und wie dieser dann den Schüler gebeten habe, für die französischen Organisten eine kleine Abhandlung darüber zu schreiben. Als die „kleine Abhandlung" zu einem kapitalen Werk ausgewachsen war, in französischer Sprache, erfaßte Widor das freudige Gefühl, „daß durch dieses Buch dem Thomaskantor bei uns freie Bahn geschaffen werde". Das war 1904. Die umgearbeitete deutsche Fassung wuchs sich dann zu fast doppelter Länge aus.

1. Biograph:

Sie bot sich als Antithese dar zum dreißig Jahre alten Standardweg von Philipp Spitta. Wenngleich der Jüngere sich ausdrücklich als dessen Schuldner und in historisch-biographischen Fragen von ihm abhängig wußte, so wird doch der Charakter Bachscher Musik konträr gesehen. Spitta verstand die malerischen Eigenschaften als spielerisch-flüchtige Zutaten, aber ohne grundsätzliche Bedeutung für das Verstehen des jeweiligen Tonstückes. Dagegen verstand Schweitzer Bachs Tonsatz nur als *in Tönen gehärteten Wortsatz* und begriff das Orgelbüchlein mit seinen fünfundvierzig Chorälen geradezu als *das Wörterbuch seiner Tonsprache*, als Schlüssel zur Erkennntnis Bachscher Musik überhaupt. Der Gegensatz zu Spitta ist also unübersehbar. Und hierin folgte die Fachwelt dem Jüngeren und schrieb das Thema Bach-Ästhetik mit neuen Denkansätzen fort.

2. Biograph:

Dem zweiten Schritt folgte der dritte. Zum eigenen Handwerk und zur theoretischen Unterweisung darin folgte die Begutachtung des Handwerkzeugs. Orgelspiel und Bach-Pädagogik erweiterten sich zum Verständnis des Instruments, sozusagen zum Dreiklang. Schon als Kind hatte er das Innere des gewaltigen Tonkörpers kennenzulernen wollen; auch ein Erbe des Großvaters Schillinger, der sich mit Orgelbau beschäftigt hatte.

1. Biograph:

Auslösend für die aktive Beschäftigung auf diesem Gebiet war aber ein Schlüsselerlebnis des Einundzwanzigjährigen in der Stuttgarter Liederhalle. Als die gepriesene neue Orgel eine Bachsche Fuge mit hartem Klang in ein Chaos von Tönen verwandelte, so daß die einzelnen Stimmen nicht auseinanderzuhalten waren, wurde dem Zufallshörer zur Gewißheit,

Zitator:

... daß die moderne Orgel in klanglicher Hinsicht keinen Fortschritt, sondern eine Rückschritt bedeutete.

1. Biograph:

Dieses Damaskus, wie er das Erlebnis nennt, hatte zur Folge, daß er in den nächsten Jahren viele alte und neue Orgeln prüfte und den daraus gewonnenen Erfahrungsschatz 1906 – zwischem erstem und zweitem Bach-Buch – in einer Studie niederlegte, genannt *Deutsche und französische Orgelbaukunst und Orgelkunst.* Im Kampf gegen künstlerisch verfehlten Fortschrittsenthusiasmus geht aber diese Schrift – ebenso wie das drei Jahre jüngere *Internationale Regulativ für Orgelbau* – dennoch nicht so weit, die Orgel der Bach-Zeit als Ideal zu preisen. Vielmehr wird ein Kompromiß befürwortet: daß solche Instrumente die besten seien, die die Klangschönheit des 18. Jahrhunderts mit den technischen Errungenschaften des zwanzigsten verbinden.

2. Biograph:

Reine Denkmalpflege im Sinne eines Kults hätte Schweitzers Kunstverständnis ferngelegen. Die Kunst habe absolute Ideale, mahnte er, nicht archaistische. Eine schlichte Tatsache kam hinzu: Die damals modernen Orgelkomponisten wie César Franck, Widor, Max Reger setzten die Konstruktionen des 19. Jahrhunderts für die Wiedergabe ihrer Werke voraus. Gleichwohl verspottete er die moderne, prächtig anzusehende Fabrikorgel mit plastischem Witz:

Zitator:

Eine Orgel ist wie eine Kuh. Man beurteilt sie nicht nach den Hörnern, sondern nach der Milch.

1. Biograph:

Immerhin gab es auf dieser Walstatt wertvolle Siege, wenngleich manche Kirchenältesten, Pfarrer oder Organisten sich nur schwer überzeugen ließen.

Zitator:

Sie nahmen die Nachricht, daß die von ihnen wegen ihres Alters und ihres baufälligen Zustandes gering geschätzte Orgel schön sei und erhalten werden müsse, mit demselben ungläubigen Lachen auf wie Sarah die Verkündigung der ihr beschiedenen Nachkommenschaft.

2. Biograph:

Auch in der Musikwelt allgemein konnte die zähe Reformarbeit des alemannischen Dickschädels Erfolge verbuchen. Er wurde, wenn auch mit Verzug, zum Geburtshelfer der Orgelbewegung der zwanziger Jahre. Die Ideen der Jahrhundertwende fanden jetzt endlich weiten Widerhall. Einer der Jungen von damals, der Thomaskantor Karl Straube, nannte Schweitzer später die aus der Bach-Musik nicht wegzudenkende größte Autorität. Man muß sich solch Urteil einen Augenblick vergegenwärtigen, um auch und gerade von dieser Seite den Entschluß zu würdigen, all das aufzugeben und nach Afrika zu gehen. Wenn der Biograph Werner Picht das Wortbild verwendet hat, man müsse bei Schweitzer den Unterton der Orgel vernehmen, sonst komme die Symphonie dieses Lebens nicht zu Gehör, so war das aus dem Eindruck von achtzig Lebensjahren gesprochen. Der Dreißigjährige aber war bereit gewesen, wie Abraham das Opfer zu bringen.

1. Biograph:

Es wurde ihm erlassen, weil die Pariser Bach-Gesellschaft ihm beim Weggang ein Klavier mit Orgelpedal übereignet hat, mit Zinkblech verkleidet. So wurde ihm ermöglicht, nach der Tagesarbeit zu üben, in der Stille, *deren Bach bedarf*, und viele Orgelstücke *einfacher und innerlicher auf*zu*fassen als früher.*

2. Biograph:

Das Opfer verwandelte sich unverhofft in ein Geschenk, ein teures freilich, das ohne den Willen, zu entsagen, nicht zu haben gewesen war. Die Jahre in Afrika vermittelten Schweitzers Orgelspiel die Reife und Verinnerlichung, von denen in ungezählten Konzerten vor allem der zwanziger und dreißiger Jahre – in den Afrika-Pausen – Zeugnis gegeben wurde.

1. Biograph:

Orgelklang unter Palmen, Bach im Urwald – das Bild hat etwas Elementares, das der Erscheinung Schweitzers zugehört und doch einen adäquaten Ausdruck seiner Urwüchsigkeit sucht. Rilke bezog sich zwar auf Beethoven, in den „Aufzeichnungen des Malte Laurids Brigge" von 1910, aber die Worte sind durchaus übertragbar:

Zitator:

... Daß man dir ein Hammerklavier erbaut hätte in der Thebais, und ein Engel hätte dich hingeführt vor das einsame Instrument durch die Reihen der Wüstengebirge, wo Könige ruhen und Hetären und Anachoreten – einzelne Löwen nur hätten dich weit bei Nacht umkreist...

Der Zeitgeist:

Bach, daheim in deutschen Landen:
Ist er unser ganz allein?
Müßt´ er nicht, wie manche fanden,
auch in Frankreich heimisch sein?

Dafür stritt auch jener Lehrer,
Orgelmeister in Paris,
der als großer Bach-Verehrer
Schweitzer lange unterwies.

Und so kam´s zu einem Werke,
das dem Schüler er empfahl,
auf, daß Frankreich endlich merke:
Bach, das ist doch „erste Wahl"!

Freudig sprach Widor am Ende:
„Dieses Buch schafft freie Bahn!"
Und erlebte noch die Wende,
aller Wegbereiter Ahn´.

3. Jesus-Forschung

1. Biograph:

Forscher sind skeptisch und mißtrauisch gegenüber ihren Quellen. Das liegt in ihrem Beruf. Und besonders gilt dies für die Theologie im Umgang mit dem Neuen Testament. Aber daraus ergibt sich zugleich, daß viele kritische Lehrmeinungen mit dem traditionellen Glaubensverständnis der Kirchengemeinden nicht in Einklang zu bringen sind. Oder hätte etwa ein Geistlicher, der gerade aus der Schule Rudolf Bultmanns kam, im Gottesdienst predigen können, daß es eine leibliche Auferstehung und Himmelfahrt Christi nie gegeben habe; daß beide nicht als geschichtliche Ereignisse zu begreifen seien, sondern nur als glaubenstiftende Überlieferung der Urchristenheit?

2. Biograph:

Aber es besteht ja nicht allein das unaufgelöste Spannungsverhältnis zwischen Forschung und Gemeindekirche, zwischen drinnen und draußen. Auch innerhalb der Universität selbst verlaufen Zickzackgräben, von denen aus mit den Waffen der Gelehrsamkeit erbittert gestritten wird; wo die jeweiligen wissenschaftlichen Vorkämpfer und ihre Verbündeten einander bekämpfenden Heerscharen gleichen, sich Schlachten liefern.

1. Biograph:

Nach 1900 war Albert Schweitzer der Fahnenträger einer noch unsichtbaren Anhängerschaft; sie entwickelte sich erst nach und nach. Der Privatdozent für Neues Testament behauptete, daß Jesus in brennender Naherwartung auf das überweltliche Gottesreich gelebt habe. Vor allem aus dem Matthäus-Evangelium, Kapitel zehn und elf, las er ab, daß Jesus endzeitbewußt, eschatologisch, gedacht habe. Das war ein theologisches Minderheitsvotum. Vorherrschend galten damals andere Auffassungen: entweder, daß Jesus bestrebt gewesen sei, ein ethisches Gottesreich auf Erden zu gründen, oder daß er überhaupt nicht zielgerichtet gedacht habe. Mit seiner These, die nicht völlig neu war, aber konsequenter als die älteren, damals in der Forschung verdrängten eschatologischen Sichtweisen, eröffnete Schweitzer seinen wissenschaftlichen Weg. Sie liegt seiner Habilitationsschrift von 1902 zugrunde. Aber da gab es Widerstände.

Zitator:

Gegen meine Habilitation waren, wie ich später erfuhr, von zwei Mitgliedern der Fakultät Bedenken erhoben worden. Sie waren mit meiner Art, geschichtliche Forschung zu treiben, nicht einverstanden und befürchteten, daß ich mit meinen Ansichten die Studenten vewirren würde. Aber gegen die Autorität Holtzmanns, der sich für mich einsetzte, hatten sie nicht aufkommen können.

1. Biograph:

Die Verteidigung des Lehranwärters vor der Fakultät durch Professor Heinrich Julius Holtzmann verdient umso mehr Respekt, als er persönlich mit der Sichtweise seines Schülers gar nicht einverstanden war; doch wollte er einem starken Talent den Weg ebnen. Dessen konträre Auffassungen hinzunehmen und sich obendrein zum Fürsprecher des wissenschaftlichen Neulings zu machen, bezeugt menschliche Größe.

2. Biograph:

Aber es ging Schweitzer nicht nur um die Erforschung des historischen Jesus, sondern auch darum, was er unserer Zeit zu sagen habe. Wenn er an ein bevorstehendes Weltende geglaubt hat, das dann nicht eintrat; wenn er also als Irrender in der Geschichte steht in einer Denkweise, die der modernen völlig ferngerückt ist: Kann er dann ein überzeugendes religiöses und sittliches Vorbild bleiben? Diese Dinge beschäftigten ihn sehr.

Zitator:

Die Genugtuung, die ich darüber empfinden konnte, so manche historischen Rätsel der Existenz Jesu gelöst zu haben, war von dem schmerzlichen Bewußtsein begleitet, daß diese geschichtliche Existenz der christlichen Frömmigkeit Unruhe und Schwierigkeiten bereiten könnte.

1. Biograph:

Gerade die liberale Theologie, der Schweitzer selbst entstammte, hatte sich einen Jesus zurechtkonstruiert, der mit seinem ethischen Gottesreich auf Erden, mit einer nicht aufs unmittelbar bevorstehende Weltende gerichteten Denkweise bequem anzupassen, zu modernisieren war. Daß dies nicht mehr gelten sollte, mußte als befremdlich aufgefaßt werden. Der Eiferer für die Wahrhaftigkeit hielt dagegen:

Zitator:

Jesus ist unserer Welt etwas, weil eine gewaltige geistige Strömung von ihm ausgegangen ist und auch unsere Zeit durchflutet. Die Tatsache wird durch eine historische Erkenntnis weder erschüttert noch gefestigt. Nur daß man meinte, er könne unserer Zeit mehr werden dadurch, daß er lebendig als Mensch unserer Menschheit in sie hineintritt. Das aber ist nicht möglich.

1. Biograph:

In dem Zusammenhang steht ein wunderbarer Abschnitt in der *Geschichte der Leben-Jesu-Forschung*:

Zitator:

Es ist der Leben-Jesu-Forschung merkwürdig ergangen. Sie zog aus, um den historischen Jesus zu finden, und meinte, sie könnte ihn dann, wie er ist, als Lehrer und Heiland in unsere Zeit hineinstellen. Sie löste die Bande, mit denen er seit Jahrhunderten an den Felsen der Kirchenlehre gefesselt war, und freute sich, als wieder Leben und Bewegung in die Gestalt kam und sie den historischen Menschen Jesus auf sich zukommen sah. Aber er blieb nicht stehen, sondern ging an unserer Zeit vorüber und kehrte in die seinige zurück. Das eben befremdete und erschreckte die Theologie der letzten Jahrzehnte, daß sie ihn mit allem Deuteln und aller Gewalttat in unserer Zeit nicht festhalten konnte, sondern ihn ziehen lassen mußte. Er kehrte in die seine zurück mitderselben Notwendigkeit, mit der das Pendel sich in seine ursprüngliche Lage zurückbewegt.

2. Biograph:

Aber der Verlust, der daraus zu entstehen scheint, ist für den Verfechter der historischen Wahrheit kein wirklicher:

Zitator:

Was ist uns der geschichtliche Jesus, wenn wir ihn von

allen falschen Zurechtlegungen der Vergangenheit für die Gegenwart frei halten? Wir haben das unmittelbare Empfinden, daß seine Persönlichkeit trotz alles Fremdartigen und Rätselhaften allen Zeiten, solange die Welt besteht, ... etwas Großes zu sagen hat.

1. Biograph:

Das wahre Verstehen Jesu sei das von Wille zu Wille; wir müßten nur sein zeitunabhängiges und zeitüberdauerndes ethisches Wollen in unsere Begriffswelt übertragen. Er tat es für sich selber durch seinen Entschluß persönlicher Gefolgschaft.

2. Biograph:

Die Erforschung des Lebens Jesu nennt Schweitzer die größte Tat der deutschen – evangelischen – Theologie:

Zitator:

Sie stellt das Gewaltigste dar, was die religöse Selbstbesinnung je gewagt und getan hat, – eines der bedeutendsten Ereignisse in dem gesamten Geistesleben der Menschheit.

1. Biograph:

Dem Pathos der Einleitungsworte erweist sich die eigene *Geschichte der Leben-Jesu-Forschung* würdig. Sie zeigt Irrende und Sehende, Scheitern und Ruhm, heroische Einzelgänger und Verfemte und gibt Einblick, wie Generation auf Generation sich mit Meisterwerken des Scharfsinns durch die Probleme kämpft – auch solche, die nicht mehr zur Debatte stehen, aber einmal bezwungen werden mußten: etwa, wie das vierte Evangelium als Geschichtsquelle zu den übrigen stehe. Theodor Heuss brachte das Buch, als sein Verfasser 1951 den Friedenspreis des deutschen Buchhandels empfing, auf die Formel, es handele sich

Zitator:

...um eine sublime Geistesgeschichte von hundertfünfzig Jahren Europa ... in dieser eigentümlichen Spannung vom sauberen Rationalismus zur individuellen Mystik.

2. Biograph:

In Dutzenden Portraits des einen Mannes aus Galiläa gestaltete sich eine Gemäldegalerie, wie sie im theologisch-historischen Raum nicht wieder zu finden sein wird. Das ist keine Voraussage qualitativer Unwiederholbarkeit. Wissenschaft ist bescheiden. Wie sie sich selbst in ihren Spitzenleistungen als Schuldner der Vorgänger sieht, bleibt sie auch immer der Nachfolge gewärtig. Wenn dieses große Werk dennoch als Abschluß zu sehen ist, so liegen die Gründe in der Wissenschft selber und den Wegen, die sie von da an eingeschlagen hat.

1. Biograph:

Es war, als hätte Schweitzer die historisch-biographische Leidenschaft erschöpft. Die nachfolgenden Vertreter der sogenannten formgeschichtlichen Schule wagten keine Totalentwürfe mehr. Sie gingen mit immer feineren Methoden an die Texte heran, klopften Wort für Wort mit äußerster Vorsicht ab wie Archäologen einen kostbaren Fund und zweifelten schließlich, daß Jesus überhaupt noch geschichtlich faßbar sei. Immer mehr verflüchtigten sich ihnen die so gesichert gedachten Selbstaussagen von seinem Wirken zu Glaubenshilfen und Verklärungen der urchristlichen Predigt. Die Berichte über Jesus galten schließlich nur noch als Botschaft der Urgemeinde, als Kerygma.

2. Biograph:

Aus dem verkündigenden Jesus wurde der verkündigte Christus; wobei diese Theologie ihrem liberalen Herkommen nur insoweit die Treue hielt, als sie dogmen- und wunderfeindlich auftrat und überall dort „entmythologisierte“, wo ihr ein überlebtes Weltbild im Gewande des Glaubens konserviert und für den modernen Menschen nicht mehr annehmbar erschien.

1. Biograph:

Freilich, eine theologische Schule, in der über der Verkündigung der Verkünder verlorenging, ja, die am Ende sogar bei sich selber „das Interesse an der Persönlichkeit Jesu ausgeschaltet" sah (Bultmann) – eine solche Lehrmeinung mußte Gefahr laufen, an ihrem ursprünglichen christlichen Auftrag vorbeizulehren. Sie verschüttete den Zugang zu den Quellwassern, auf die religiöses Selbstverständnis angewiesen bleibt. Es war, als spielte man „Hamlet ohne den Prinzen von Dänemark" (Golo Mann). Ein Erlöser, der so dünnblütig wird, daß der Suchende von ihm keine Kraftströme mehr empfängt, verliert die Macht über die Herzen. „Kerygma" konnte auf die Dauer kein Ersatz dafür sein.

2. Biograph:

Solch Mißbehagen führte zu Rückbesinnungen. Zehn Jahre nach dem letzten Krieg mißfiel dem Heidelberger Neutestamentler Günther Bornkamm, daß auf der einst so detailliert gezeichneten Karte der Geschichte Jesu „nur noch ein weißer Fleck angegeben werden sollte". Doch setzte er bündig hinzu, niemand sei mehr in der Lage, ein Leben Jesu zu schreiben. Viele Perikopen der Evangelien sind dem Zwielicht der Ungewißheit einfach nicht mehr zu entreißen, die Lösungen im großen Ratespiel „echte oder unechte Jesusworte" gehen nie mehr so gefällig auf ohne Rest wie in Schweitzers *Konsequenter Eschatologie*.

1. Biograph:

Allenthalben wird aber festgehalten, die Ansicht vom endzeitlichen Charakter der Denkweise Jesu habe sich durchgesetzt. Willi Bremi in der Schweiz sah diese Auffassung so allgemein anerkannt, daß Schweitzers Name dabei gar nicht mehr erwähnt werde. Die Vibration des Motors, so ergänzte Helmut Thielicke, sei spürbar, aber man frage nicht mehr nach dem Fabrikat.

Der Zeitgeist:

Welch Scharfsinn, welche Forschermühen,
um Jesu Denken zu erkunden!
Man sieht Erkenntnis leuchtend blühen
und ahnt des Irrtums bitt´re Stunden.

Spät im 19. Jahrhundert
fanden Forscher eine Sicht,
die uns heute sehr verwundert,
denn sehr lange hielt sie nicht.

Sie schrieben, Jesus wollte schaffen
ein ethisch Gottesreich auf Erden.
Indes, den scharfen Geisteswaffen
war auferlegt, bald stumpf zu werden.

Schweitzer nämlich hielt dagegen,
Jesus habe klar empfunden,
daß auf unsern Erdenwegen
schon gezählt die letzten Stunden.

Das war die Sicht, die Rang und Dauer
im Fachgelehrtenkreise fand.
Sie blickte tiefer, sah genauer
und hielt im wesentlichen stand.

4. Philosophie

Zitator:

„Komm, jetzt gehen wir in den Rebberg und schießen Vögel!“

1. Biograph:

Wer Schweitzers Schrift *Aus meiner Kindheit und Jugendzeit* kennt, erinnert, daß von dem Schlüsselerlebnis aus seinem siebenten oder achten Lebensjahr die Rede ist.

Zitator:

Dieser Vorschlag war mir schrecklich, aber ich wagte nicht zu widersprechen, aus Angst, er könnte mich auslachen. So kamen wir in die Nähe eines kahlen Baumes, auf dem Vögel, ohne sich vor uns zu fürchten, lieblich in den Morgen hinaussangen. Sich wie ein jagender Indianer duckend, legte mein Begleiter einen Kiesel in das Leder seiner Schleuder und spannte sie. Seinem gebieterischen Blick gehorchend, tat ich unter furchtbaren Gewissensbissen dasselbe, mir fest gelobend, danebenzuschießen. In demselben Augenblicke fingen die Kirchenglocken an, in den Sonnenschein und in den Gesang der Vögel hineinzuläuten ... Für mich war es eine Stimme aus dem Himmel. Ich tat die Schleuder weg, scheuchte die Vögel auf ... und floh nach Hause.

Von jenem Tage an habe ich gewagt, mich von der Menschenfurcht zu befreien. Wo meine innerste Überzeugung im Spiele war, gab ich jetzt auf die Meinung anderer weniger als vorher. Die Scheu vor dem Ausgelachtwerden durch die Kameraden suchte ich zu verlieren. Die Art, wie das Gebot, daß wir nicht töten und quälen sollen, an mir arbeitete, ist das große Erlebnis meiner Kindheit und Jugend. Neben ihm verblassen alle anderen.

2. Biograph:

In der Szene der frühen achtziger Jahre des 19. Jahrhunderts liegen die elementaren Anfänge des Kulturphilosophen Albert Schweitzer. Daß er auf diesem Gebiet etwas zu sagen habe, dämmerte ihm inmitten ganz anderer Tätigkeiten erstmals als Fünfundzwanzigjährigem, um 1900. Da ging es ihm aber zunächst noch um die allgemeine Erkenntnis vom moralischen Niedergang der Gesellschaft. Er glaubte wahrzunehmen, daß das Feuer der Ideale niedergebrannt sei; abzulesen namentlich daran, daß die Öffentlichkeit keine Anstrengungen unternahm, gegen Nietzsches kompromißlose Lehre vom heldischen Individualismus, vom heroischen Herrenmenschentum Gegenposition zu beziehen. Daß dieser bestechende Denker in seinem Wertetausch alles von sich tat, was dem abendländischen Menschen zwei Jahrtausende lang von den besten Geistern anerzogen worden war, und er darin nicht widerlegt wurde, dünkte den jungen Zeitbetrachter ein böses Zeichen ethischen Verfalls.

Zitator:

Durch Nietzsche war ich schon als Student mit dem Problem von Kultur und Ethik beschäftigt. Das war entscheidend für meine Zukunft, daß ich die Philosophie, ohne viel davon zu reden, als meine Hauptaufgabe betrachtete.

1. Biograph:

Eine resignierende Schrift *Wir Epigonen* blieb in den Anfängen stecken. Nach Kriegsausbruch wurde der Urwalddoktor als deutscher Staatsbürger im französischen Kolonialgebiet an weiterer Tätigkeit gehindert, durfte sie dann wegen Unentbehrlichkeit fortsetzen und nutzte die – kriegsbedingt mehr als zuvor – verfügbare freie Zeit zu einem kulturphilosophischen Entwurf.

2. Biograph:

Nachdem der Niedergang sich in der Katastrophe vollendet hatte – warum noch *Wir Epigonen* fortsetzen? Warum nicht moralischen Wiederaufbau betreiben? Das war die Stimmungslage, in welcher der einsame Denker im tropischen Regenwald einen Schlüsselbegriff suchte, welcher sein Bestreben zusammenfaßte.

Zitator:

In diesem Zustande mußte ich eine längere Fahrt auf dem

Fluß unternehmen... Geistesabwesend saß ich auf dem Deck des Schleppkahnes, um den elementaren und universellen Begriff des Ethischen ringend, den ich in keiner Philosphie gefunden hatte... Am Abend des dritten Tages, als wir bei Sonnenuntergang gerade durch eine Herde Nilpferde hindurchfuhren, stand urplötzlich ... das Wort „Ehrfurcht vor dem Leben“ vor mir. Das eiserne Tor hatte nachgegeben; der Pfad im Dickicht war sichtbar geworden...

1. Biograph:

In einem Begegnungsmoment vitaler, naturhafter Lebensfreude den angemessenen Ausdruck zu finden für die Achtung vor allem Lebendigen – was konnte glückhafter sein? Generationen haben es so gelesen. Verblüfft entdeckt man nun aber im Nachlaßband *Straßburger Vorlesungen,* herausgegeben 1997, daß der Schlüsselbegriff schon am 13. Februar 1912, dreieinhalb Jahre vor dem Fluß-Erlebnis auf dem Ogowe, verwendet worden ist. Da sagte der Dozent Schweitzer, dessen Theologie im Kern immer spätjüdische Ethik war, in einer Vorlesung:

Zitator:

Was Leben ist, ist uns nicht nur ein Rätsel, sondern ein Geheimnis – wir kennen es nur durch Intuition und sind unendlich weit davon entfernt, es etwa mit den von uns beherrschten Naturkräften herstellen zu können. Daher die Ehrfurcht vor dem Leben, von der auch der überzeugteste Materialist beseelt ist, wenn er es vermeidet, den Wurm auf der Straße zu zertreten oder Blumen zwecklos abzupflücken. Und diese Ehrfurcht ist der Grundton aller Kultur – in ihr liegt die Größe der indischen Kultur. Dem zwischen Steinwänden aufgewachsenen Städter ist es sehr erschwert, zur wahren Humanität zu gelangen; er hat nie mit der Natur gelebt, deren Einheit nie in sich empfunden, er weiß nichts vom Seufzer der Kreatur.

2. Biograph:

Wie konnte geschehen, daß der prägende Begriff seinem Urheber so vollkommen abhanden gekommen war, daß er ihn erst in zähem Gedankenringen neu erfand? In jenem Februar 1912 war sein Förderer in der Pariser protestantischen Missionsgesellschaft, Alfred Boegner, gestorben. Die Frage, ob die Gesellschaft den Bewerber als Arzt auf einer ihrer Missionsstationen im französischen Kongo zulassen werde, war unentschieden und schien jetzt noch schwerer zu lösen zu sein; was sich allerdings unter dem neuen Vorsitzenden Bianquis nicht bestätigte. Doch die Spannungen blieben noch über Monate hin bestehen. Nach endlichem Einvernehmen wurde der zukünftige Missionsdoktor nach allen Aufregungen regelrecht krank. Der Philosoph Ernst Luther, der sich mit dem rätselhaften Vergessen beschäftigt hat, kommt aufgrund aller dieser Mißhelligkeiten zu dem Schluß:

Zitator:

Die Umstände zwischen dem Februar 1912 und der Abreise nach Afrika am 22. März 1913 sind also alles andere als günstig für eine Erinnerung an die wissenschaftlichen Probleme. Wahrscheinlich liegt hier der entscheidende Grund, daß Schweitzer an diese Zeit und diese Umstände sich nicht erinnerte und sie verdrängte.

1. Biograph:

Auch wenn den Nilpferden auf dem Ogowe nicht das Erstgeburtsrecht an der berühmten Begriffsprägung zukommt, sondern der Straßburger Gelehrtenklause bei Ausarbeitung der Vorlesungen – die *Ehrfurcht vor dem Leben* ist zum geflügelten Wort geworden, das seinen Urheber oft gar nicht mehr kennt. Diese Tatsache erfüllt zwar Schweitzers innerstes Bedürfnis, ins anonyme Weltgewissen einzugehen, doch galt der Wunsch eher posthumer Wirkung. Zu Lebzeiten war er unzufrieden, wenn die Formel oft beziehungslos, ohne Kontext, vagabundierte:

Zitator:

Es ist wahr, daß kein einziger Satz aus meiner eigenen Gedankenwelt meine ganze Philosophie so klar ausdrückt wie das Wort Ehrfurcht vor dem Leben. Aber diese Worte sind mit einer langen Gedankenkette verknüpft. Jedenfalls wäre es mir lieber, wenn die Menschen Einblick in den Sinn meines Werks als Ganzes gewönnen.

2. Biograph:

Wie sieht es im Kerngehalt damit aus? Was schon Schopenhauer mit geißelnden Worten emotional eingefordert hatte, wird bei Schweitzer rational in der europäischen Philosophie verankert, erstmalig und systematisch: der Abschied von der „anthropozentrischen Binnenethik" (Gotthard Teutsch). Die europäischen Denker, schreibt der Anwalt aller Kreatur ironisch,

Zitator:

– haben argwöhnisch darüber gewacht, daß ihnen keine Tiere in der Ethik herumlaufen, darin an die Hausfrau erinnernd, die die Stube gescheuert hat und verägert ist, wenn der Hund hereinkommt und mit seinen schmutzigen Pfoten ihr Werk zunichte macht.

1. Biograph:

Ethisch sei der Mensch nur, so hält der Kritiker unserer gattungsbezogenen abendländischen Philosophie entgegen, wenn ihm das Leben als solches heilig ist: dasjenige a l l e s Lebendigen. Die Lehre ist unbequem, weil sie Verantwortungsgefühl gegen Herrschaftsdenken setzt. Teils aus Abwehr gegen solche Beschränkung, teils in Unkenntnis der Gedankenzusammenhänge wird dem Künder der Lehre vorgehalten, sie komme einer Selbstaufgabe gleich. Demgegenüber steht klar geschrieben:

Zitator:

Nun sind wir aber alle dem rätselhaften und grausigen Schicksal unterworfen, in die Lage zu kommen, unser Leben nur auf Kosten anderen Lebens erhalten zu können und durch Schädigen, ja auch durch Vernichtung von Leben fort und fort schuldig zu werden.

2. Biograph:

Askese also hat dieser erdnahe Denker nie verlangt, nur das Eine: jedesmal sorgsam abzuwägen, ob Schädigen und Töten unvermeidlich sei oder nicht. Er verurteilt die Gedankenlosigkeit – so, wenn jemand, der gerade notwendigerweise seine Wiese gemäht hat, auf dem Nachhauseweg Blumen am Wegrand köpft. Auch Pflanzen sind für Schweitzer schützenswürdiges Dasein. Aber selbst für alles zwanghafte Beseitigen gilt: Das gute Gewissen sei eine Erfindung des Teufels. Daß Unabdingbarkeiten schuldfrei machen, läßt er nicht gelten.

1. Biograph:

Der unerbittliche Systematiker, der seinem Herzen immer mit dem Kompaß des Verstandes folgte, ficht den Sinnzwiespalt zwischen Erhaltenwollen und Vernichtenmüssen tapfer durch und macht ernüchternd klar, daß die Lebensganzheit der reinen Vernunft trotzt und die Ehrfurcht vor dem Leben nie lehrbuchhaft durchführbar macht. Solche beklagten Einschränkungen gegenüber dem selbstgesetzten Anspruch sind unter Philosophen nicht beliebt. Sie möchten gern Weltformeln prägen, die wie Gleichungen ohne Rest aufgehen. Da ist Schweitzers ethische Kompromißlösung störend, denn sie widersetzt sich keimfreien Abstraktionen und sauberen Kategorien. Noch heute straft man den Philosophen von Lambarene in dieser Zunft weithin mit völligem Übersehen.

2. Biograph:

Was ihn philosophisch unvollkommen macht nach den Regeln dieser Geistesdisziplin, gleicht er aus durch den Gewinn an Benutzbarkeit. Man kann mit Schweitzer leben, was sich von anderen Philosophen nicht durchweg behaupten läßt... Und immerwährende Aktualität ist *der Ehrfurcht vor dem Leben* gesichert, weil sie nicht wie normale Forschungsergebnisse überholbar ist, sondern mitten im Leben angesiedelt – wie ihr Urheber und Verfechter durch Jahrzehnte. Beschwörend fordert er:

Zitator:

Keiner von uns darf ein Weh ... geschehen lassen, soweit er es nur hindern kann. Keiner darf sich dabei beruhigen, daß er sich damit in Sachen mischen würde, die ihn nichts angehen. Keiner darf die Augen (ver)schließen und das Leiden, dessen Anblick er sich erspart, als nicht geschehen ansehen. Keiner mache sich die Last seiner Verantwortung leicht. Wenn so viel Mißhandlung der Kreatur vorkommt, wenn der Schrei der auf dem Eisenbahntransport verdurstenden Tiere ungehört verhallt, wenn in unseren Schlachthäusern so viel Rohheit waltet, wenn in unseren Küchen Tiere von ungeübten Händen qualvollen Tod empfangen, wenn Tiere durch unbarmherzige Menschen Unmögliches erdulden oder dem grausamen Spiele von Kindern ausgeliefert sind, tragen wir alle Schuld daran.

1. Biograph:

Als der Vierundachtzigjährige 1959 auf seiner letzten Europareise auch in Hamburg Station machte und ein Gymnasium, das seinen Namen trägt, besuchte, hielt er eine Ansprache, die im Originalton aufbewahrt ist. Ein Auszug daraus:

Zitator:

.... so müssen wir alles Leben, das sich um uns abspielt, das in Not ist, das unterdrückt wird, das in Angst ist, erle-

ben in unserem Leben. Dann haben wir eine Ethik, die eine Weltanschauung bedeutet und tragen kann. Und so habe ich dann den Gedanken auszusprechen gewagt, daß die Grundvorstellung, auf der das Gute beruht, die ist: eine Ehrfurcht vor allem Leben als dem großen Geheimnis, in dem wir uns mit der ganzen Kreatur befinden.

Der Zeitgeist:

Jahrtausendelang war die Philosophie
nur befaßt mit dem Menschen, denn sie richtete nie
den vergleichenden Blick auf die Tiere.
Die sind uns doch ähnlich, sie kennen den Schmerz,
doch der Denkenden Geist und der Denkenden Herz
galt nur eigener Art im Reviere.

Da ergrimmte ob solcher verengenden Sicht
mit ätzend-sarkastisch versengendem Licht
ein Weiser, des gern wir gedenken.
Des Schopenhauer besonderer Grimm
galt den Vivisektionen, die fand er ganz schlimm
und wollte den Blick darauf lenken.

Was der humanitäre Denker begehrt:
daß das humanitäre Gewissen sich wehrt.
Doch war´s nur Protest, keine Lehre.
Erst Schweitzer entwickelte – wenig bequem –
ein Herrscherbewußtseinsentsagungssystem:
bestrebt, daß es Willkür erschwere.

5. Kernproblem

1. Biograph:

Des Urwalddoktors Weltruhm begann exakt im August 1949. Damals entdeckte ihn Amerika wie die Sternwarte einen Kometen. Als der Vierundsiebzigjährige nach Aspen/Colorado reiste, um zu Goethes zweihundertstem

Geburtstag zu sprechen, lief seine Vita in Zeitungen und Rundfunkstationen im Lande um und versetzte die Amerikaner, welche Lebensleistungen nur in Begriffen von Geld und Karriere zu messen imstande sind, in grenzenloses Erstaunen. Ein Mann hatte glänzende Verdienst- und Laufbahnaussichten aufgegeben, um kranken Eingeborenen im Urwald beizustehen. Solch Glaubwürdigkeitserweis – mit zusätzlichem langen Studium – war einfach umwerfend. Der Gefeierte seufzte ob seiner plötzlichen Popularität:

Zitator:

Ich komme mir wie ein vom Weihrauch betäubter Esel vor.

2. Biograph:

Das widerwillige Empfinden, im Blendlicht des Weltruhms zu stehen, lastete auf Schweitzers ohnehin beladener Existenz, denn Ruhm wird rasch zur Bürde. Lambarene wurde zum humanitären Markenzeichen, mit allen lästigen Begleiterscheinungen solchen Herausgehobenseins. Dann kam sogar noch der Friedensnobelpreis, 1953 rückwirkend für 1952 zuerkannt und 1954 in Oslo überreicht, verbunden mit einer ergreifenden Huldigung der norwegischen Studentenschaft.

1. Biograph:

Dem „dreizehnten Jünger Jesu“, wie er in den Vereinigten Staaten genannt wurde in tatsächlichem Übereinssein mit seinen innersten Antrieben der Nachfolge – ihm war auferlegt, seinen Meister auch in anderer Weise nachzuahmen. Dem „Hosianna“ folgte das „Kreuziget ihn“, und diese Wendung kam so:

2. Biograph:

Eine wachsende Minderheit von Bürgern vor allem westlicher Länder, einschließlich des atomwaffenversehrten Japan, zeigte sich besorgt über die Auswirkungen der Atomwaffenversuche. Die USA und Sowjetrußland zündeten immer stärkere atomare Sprengladungen im beiderseitigen Rüstungswettlauf. Niemand war quälender heimgesucht als Albert Einstein, der nicht darüber hinweg kam, daß er einst mit seiner Empfehlung an Präsident Roosevelt den Anstoß zum Bau der Atombombe gegeben hatte – aus der (irrtümlichen) Sorge, andernfalls werde Hitlers Deutschland sie bauen. Einstein starb 1955.

1. Biograph:

Sein Gesinnungspartner in Lambarene teilte die Skrupel und Ängste, doch hatte er sich bisher zum Grundsatz gemacht, öffentliche Verlautbarungen zu meiden. Direkte politische Einflußnahme widersprach dem individualethischen Gesetz, wonach er angetreten. Da aber die menschliche Erfindungskraft zur weltweiten Bedrohung von Leben entartet war, schwand sein Widerstand, zumal der Druck von außen, tätig zu werden, zunahm.

2. Biograph:

1949, im Goethejahr hatte der Mittsiebziger angefangen, sich gegen Mephistos Spruch im „Faust" zu wehren:

Die Elemente sind mit uns verschworen,
Und auf Vernichtung läufts hinaus.

Anhand vielfältiger Lektüre hatte er sich in die physikalischen, genetischen, ethischen Zusammenhänge und Folgen der epochalen Entdeckung der atomaren Kräfte eingearbeitet. Hier erwuchs im Doppelsinn das Kernproblem seines Alters. Kurz vor seinem Tode hatte Einstein diese Zeilen aus Lambarene gelesen:

Zitator:

Wir erleben unsere furchtbare Zeit miteinander in derselben Weise und ängstigen uns miteinander um die Zukunft der Menschheit.. .Merkwürdig ist, wie oft in der Öffentlichkeit unsere Namen miteinander genannt werden... Ich bekomme Briefe, in denen verlangt wird, daß Sie und ich und andere mit uns die Stimme erheben.

1. Biograph:

In dieser für öffentliche Warnungen langsam gereiften Gemütslage gelang es einem amerikanischen Freund, Norman Cousins, die Widerstände des Einundachtzigjährigen endgültig zu überwinden; Widerstände auch solcher Art: Proteste gegen Atomversuche waren ja nur in Ländern mit Meinungsfreiheit möglich; sie dürften, sagte Schweitzer, nicht die Wirkung haben, den Westen in Nachteil gegen Sowjetrußland zu bringen. Denn:

Zitator:

Ich habe immer versucht, mich mit den Problemen der ganzen Menschheit in Beziehung zu setzen und mich nicht in Dispute der einen Gruppe mit der anderen hineinziehen zu lassen. Ich wollte der eine Mensch sein, der mit den anderen Menschen sprach.

2. Biograph:

Es war eine Illusion zu glauben, der redliche Allneutrale werde fernerhin als überparteilich betrachtet werden, sobald in der hocherhitzten Stimmungslage des Kalten Krieges Warnungen aus Lambarene zu hören und zu lesen sein würden, aber nur im Westen, nicht im Osten mit seinen streng zensierten Medien.

1. Biograph:

Im April 1957 sendete Radio Oslo Schweitzers ersten Appell gegen die Atomversuche, zufällig elf Tage nach dem Aufruf von achtzehn deutschen Wissenschaftlern von großer Autorität auf diesem Gebiet. So vereinigten sich der naturwissenschaftliche und der moralische Rang der Appellierenden in derselben Stoßrichtung. Im Aufruf aus Lambarene stehen Sätze wie diese:

Zitator:

Besonders gefährlich sind die Elemente, die bei einem relativ langen Bestehen eine relativ starke Strahlung aussenden. Unter diesen nimmt Strontium 90 die erste Stelle ein... Was unser Körper an radioaktiven Elementen aufnimmt, wird ... an besonderen Orten abgelagert, vornehmlich im Knochengewebe. Von diesen Orten aus findet dann eine von innen kommende Bestrahlung statt, durch welche die für sie empfindlichen Organe in besonderer Weise geschädigt werden... Zu bemerken ist, daß die von innen her kommende Bestrahlung sich auf die Nachkommen schädigend auswirken kann.

2. Biograph:

Die Enttäuschung über das Zögern der Atommächte bewirkte, daß die Stimme aus dem Urwald im nächstfolgenden Jahr 1958 nochmals im Sender Oslo zu hören war und der Text zusätzlich in Übersetzungen verlesen wurde – diesmal gleich in drei Teilen. In den drei Appellen, deren Wortlaut kurz darauf im Druck erschien unter dem Titel *Friede oder Atomkrieg*, geht der Tonfall mitunter ins Sarkastische:

Zitator:

Edward Tellers Hymnus auf den idyllischen Atomkrieg.

2. Biograph:

Der „Vater dem Wasserstoffbombe“ hatte allen Ernstes geäußert:

Zitator:

Die ganz reinen Bomben werden unnötige Zufälle in einem zukünftigen Krieg verhindern.

1. Biograph:

Im westlichen Frontabschnitt des Kalten Krieges wurde die Kritik an den Atomversuchen sehr ungnädig aufgenommen. Solche Warnungen galten als höchst anstößig, weil man meinte, sie schwächten die westliche Verteidigungsgemeinschaft. Besonders in den Vereinigten Staaten war das Mißfallen groß. So viel Gutes hatte man dem schnauzbärtigen Alten erwiesen; dafür zeigte er sich jetzt so undankbar... Hatte er von sich selber scherzend gesagt, er sei zu einem Drittel Arzt, zu einem Drittel Professor, zu einem Drittel Baumeister, und dazu komme ein Schuß „wilder Mann“, so meinten jetzt viele, der „wilde Mann“ bei ihm sei mindestens zu fünfzig Prozent zu veranschlagen. Sie hielten ihn für völlig falsch programmiert. Einer seiner Biographen, Werner Picht, schrieb damals:

Zitator:

Der große Mann hatte die Spielregeln verletzt.

2. Biograph:

Gemeint: diejenigen des Gesellschaftsspiels Atomrüstung. Aber auch das Gewissen hat seine Spielregeln, nur sind es andere als solche des Wohlverhaltens, der political correctness, der Tabus. Der Warnende in Äquatorialafrika hielt es für ehrenvoller, als Sprecher einer Minderheit für gefährlich zu gelten, statt ohne moralische Unkosten von den Zinsen seines Ruhms zu leben.

1. Biograph:

Öffentlicher Einfluß von Nichtpolitikern ist schwer meßbar. Doch darf man mutmaßen, daß Schweitzers Engagement in der Atomfrage atmosphärisch mit dazu beigetragen hat, das Moskauer Teststop-Abkommen von 1963 zu ermöglichen.

Der Zeitgeist:

Im Streit der Giganten
mit niemals gekannten
gefährlichen Waffen

sich Vorsprung zu schaffen,
ist jeder bedacht.
Erprobungsmethoden
am Himmel, am Boden
mit tödlichen Stoffen:
Von ihnen erhoffen
sie Vorsprung an Macht.

Da ist es nur störend
und schlechthin empörend,
die Leute zu hören,
die angstvoll beschwören
die Menschheitsgefahr.
Sie schaden dem Westen
mit ihren Protesten,
sie stärken den Osten
auf unsere Kosten,
gefährden uns gar.
So tönt es im Chore;
man hat noch im Ohre
die zornigen Stimmen,
daß alle die schlimmen
Prognosen verkehrt.
Daß dennoch so viele
Gewissen die Spiele
des Leichtsinnes schalten,
das wird nicht veralten,
das ist´s, was sie ehrt.

6. „Buschmedizin"

1. Biograph:

Auf jede Glorifizierung eines Menschen folgen Kritik und Widerstand. Das rührt zunächst einmal aus dem Prinzip des Spannungsausgleichs und der Gegensätze. Auch im Falle Schweitzers hätten man darauf warten können, daß sich unter die vielen Stimmen der Bewunderung und Verehrung früher oder später die Dissonanzen des Mißfallens mischen würden. In seinem Fall lagen die Gründe obendrein klar ersichtlich in seinen Warnungen vor den Atombombenversuchen. (Die friedliche Nutzung der Kernenergie mit ihrem eigenen Potential an Gefährdung hatte damals noch nicht begonnen.)

2. Biograph:

Da der Friedensnobelpreisträger moralisch nicht zu treffen war, suchten jene, die sein Ansehen untergraben wollten, Nebenkriegsschauplätze. Ein solcher Schauplatz war das Spital. Bisher gefeiert als humanitäre Großtat und als Christendienst am schwarzen Lazarus, erschien die Heilstätte am Ogowe-Strom den Blicken vieler Dreitagebesucher mit einem Mal als veraltet, rückständig, primitiv und von den amerikanischen wie europäischen Hygienevorstellungen bedenklich weit entfernt. Dabei hatte sich seit den vorherigen Lobpreisungen in Lambarene nichts geändert, nur manche Blickweise von außen.

1. Biograph:

Die Fehlperspektive lag darin, daß Maßstäbe der Hochzivilisation unzulässig in den Urwald übertragen wurden. Der weiße Medizinmann unterhielt aber kein Krankenhaus, sondern ein Krankendorf, worin die zivilisatorisch unentwickelten Schwarzen aus dem Innern Gabuns ihre gewohnte heimische Umgebung wiederfinden sollten. Der Psychologe im weißen Kittel wußte nämlich, daß Wohlbefinden Heilung fördere. Daraus rührte ein in unseren Augen sehr legeres Verhältnis zur Keimfreiheit im außerklinischen Bezirk. Da liefen im Spitalgelände auch Scharen von Hühnern, Ziegen, Hunden und Katzen herum. Ab und zu fiel eine hochgiftige grüne Bananenschlange aus einer Palme. Dann eilte die Hühnerpolizei gackernd herbei. Die Schlange hatte keine Chance. In Minutenschnelle war sie verspeist.

Vor den Hütten der Eingeborenen wurde auf offenem Feuer gekocht. Das Lepradorf, vom Friedennobelpreis „aus einem Guß“ errichtet und ungefähr einen Kilometer entfernt, war frei zugänglich. Kurzum, im Reiche Schweitzers ging es äußerlich sehr ungezwungen zu.

2. Biograph:

Wie sehr diese Bedingungen den Zustrom förderten und in welchem Maße eine importierte Nachahmung Europas und Nordamerikas geradezu abschreckte, ersah man daraus, daß das Regierungshospital im eigentlichen Ort Lambarene mit regelrechtem „Krankenhaus“-Betrieb halbleer stand...

1. Biograph:

Dem ersten Mißverständnis folgte das zweite. Erschien schon das äußere Bild der weltweit ersten Krankenstation privater Entwicklungshilfe ziemlich unkonventionell für hergebrachte Klinikbegriffe, so wurde von da her geschlossen, es könne ja wohl auch mit der Heilversorgung nicht weit her sein. Zu den journalistischen Erzeugnissen, die sich damals n i c h t an der Demontage des Monuments Schweitzer beteiligten, gehörte „Der Spiegel“. In einem Bericht vom Jahresende 1960 stand zu lesen:

Zitator:

Was in anderen Hospitälern als Unhygiene verdammt wird, erhält in Lambarene die Glorie des einfachen Lebens... Aber die Operationstechnik entspricht westlichem Standard, die Kindersterblichkeit ist so gering wie in irgendenem Tropenkrankenhaus der Ford-Foundation, und wenn überhaupt, dann haben die weißen Samariter, nicht ihre schwarzen Patienten, unter der malerischen Primitivität zu leiden.

2. Biograph:

Der Mediziner Rolf Müller aus der Schweiz, in den frühen sechziger Jahren Chefarzt, nachdem der Spitalgründer aufgehört hatte zu operieren, bewies 1963 in einer Fachzeitschrift, wie schlecht viele Kritiker informiert waren:

Zitator:

Vier Generatoren bürgen dafür, daß wir während der Arbeitszeit stets mit elektrischer Energie versorgt sind. Das Labor ist ausgerüstet mit einem elektrischen Photometer, einer elektrischen Zentrifuge, Kühlschrank, Wärmeschrank sowie verschiedenen Mikroskopen. Zur Röntgendiagnostik steht in einem klimatisierten Raum eine leistungsfähige stationäre Anlage zur Verfügung, während ein tragbares Gerät zu Aufnahmen am Krankenbett dient. Weitere diagnostische Hilfsmittel: EKG, Zytoskop, Ösophasoskop, Gastroskop, Gefrierschnittmikrotom. Die Zahnklinik ist mit einer elektrischen Bohrmaschine mit Preßluft und Aspirator ausgerüstet.

1. Biograph:

Der Kinderarzt und Münsteraner Professor Hermann Mai, der seit den fünfziger Jahren viel in Lambarene gearbeitet hat, schrieb 1961: Wer im dortigen Operationsraum zu tun habe, könne nur hochbefriedigt anerkennen, wie zweckmäßig dieser ausgestattet sei. Die apparativen Möglichkeiten im dortigen Spital übertrafen in seinen Augen viele der als modern geltenden Häuser in unserer Zivilisation.

Schweitzer selber zeigte sich darüber hinaus zufrieden, daß er die nötigen Ärzte von gutem Können habe. Das sei ein *Lichtblick* in seiner *trüben Existenz*.

2. Biograph:

Die „trübe Existenz“ des Patriarchen in Lambarene war nicht so gemeint, daß etwa Anfeindungen sein Gemüt belasteten:

Zitator:

Kritik läuft an mir ab wie das Wasser an der Gans.

1. Biograph:

Die selbstempfundenen Beschwernisse des hohen Alters lagen vielmehr in der sisyphusartigen Arbeitslast, immerfort an der notwendigen Vergrößerung des Spitals arbeiten zu müssen. Doch jede neue Unterkunft erwies sich schon bei Fertigstellung als nicht ausreichend. Der Bedarf eilte schneller voran als die Deckung. Daher auch Schweitzers äußerste Ökonomie in Neuerungen. Was nicht unumgänglich war an zivilisatorischem Fortschritt im Wohnen und Leben der Weißen, wurde verschoben. Die spärlichen Bretterbuden mit Toiletten waren dem Senior genug. Einem jungen Arzt, der, frisch importiert, den Zustand baldmöglichst geändert sehen wollte, beschied er mit den knappen Worten:

Zitator:

Sie können nach meinem Tode so viele Latrinen errichten, wie Sie wollen.

2. Biograph:

Bei neuen technischen Geräten sah er weniger den Fortschritt als die damit einhergehenden neuen Beschwernisse. Einem Reporter zeigte er einen ölverschmierten Europäer, der gerade mit aufgekrempelten Ärmeln einen Motor reparierte:

Zitator:

Das da ist Dr. Friedmann. Außer seinen Patienten muß er jetzt auch noch die Maschinen heilmachen. Und da soll ich mir mehr Maschinen anschaffen?

1. Biograph:

Nur im medizinischen Bereich wurde Modernität nicht verweigert. Hiervon abgesehen, bedeutete sie für das

Lambarene-Oberhaupt eine Minderung des Ideals vom einfachen Leben. Außerdem war ihm wichtig, mit den Spendengeldern so haushälterisch wie möglich umzugehen; denn staatliche Zuschüsse lehnte er ab, um nicht mit seiner humanitären Privatschöpfung in irgendeine Abhängigkeit zu geraten.

2. Biograph:

Und so saß er denn auch nicht bei elektrischem Licht, sondern beendete seinen sechzehnstündigen Arbeitstag unter der Petroleumlampe am Schreibtisch, konzentriert versenkt in die Lektüre zum Schicksalsthema Atom.

Der Zeitgeist:

Herrlich, die Victoriafälle
und des Blauen Niles Quelle!
Doch die größte Attraktion
ist des Elsaß großer Sohn.
Gäste kommen alle Tage,
werden bald zur Landesplage,
überfluten das Spital,
jährlich wachsend an der Zahl.
Auch viel´ Journalisten schauen,
ob dem Alten noch zu trauen.
Ist nicht längst total veraltet,
was der Schnauzbart da gestaltet?
Schmutzgewässer fließt in Rinnen,
die ganz offen sind, von hinnen.
Wäsche hängt zum Trocknen da,
und das Lepradorf ist nah,
ohne daß man vor den Kranken
abgeschirmt durch sichre Schranken.
Kochen auf dem offnen Feuer
ist so manchem nicht geheuer,
weil daneben Holzbaracken;
höchste Zeit, sie abzuwracken.

So, mit dem Drei-Tage-Blick,
kehren sie nach Haus zurück,
ohne tiefer auszuloten,
was den Kranken hier geboten.
Glauben, nur in weißen Betten
könnte man die Siechen retten,
nur auf dem Hygieneboden
europäischer Methoden.
Schweitzer wollte Heilung gründen
eigens auf das Wohlbefinden
seiner kranken Gabunesen,
die im Urwald stets gewesen
und von alledem nichts kennen,
was „zivilisiert" wir nennen.
Teil der Schweitzer-Therapie:
Trenne die Patienten nie
vom gewohnten Urwaldleben,
könnte sonst Probleme geben.
Was den Urwalddoktor ehrte,
waren hohe Heilungswerte.
Sterblichkeit war kleingeschrieben,
ist bis heute so geblieben.

7. „Kolonialismus"

Zitator:

Hat einer der Schwarzen bei mir im Spital gearbeitet, gilt er als „ausgebildet". Er wird leicht Arbeit finden, denn die Leute sagen: "Ja, wenn er's bei d e m ausgehalten hat..."

1. Biograph:

Und als wollte er die selbstironischen Worte durch Taten unterstreichen, rüffelt er diesen und rüttelt jenen. Und weil einer seiner schwarzen Arbeiter nicht tut, wie er soll, ermuntert er einen weißen Helfer mit den Worten:

Zitator:

Stoß ihn in die Rippen!

1. Biograph:

Einen Faulpelz schickt er vom Bauplatz weg:

Zitator:

Ich habe keine Geduld, mich mit dem Simpel abzugeben.

2. Biograph:

Aber seltsam, die Gescholtenen begegnen ihrem mitunter brummigen Oberherrn gleichwohl ohne Murren und mit so viel Respekt, daß man ihr Grundvertrauen ahnt. Sie spüren genau, daß der alte Mann eben für sie da ist – immer noch – und all diese Mühen uneigennützig auf sich nimmt zu ihrem Wohl. Was er einst aufgegeben hatte, um ihnen zu helfen, können sie nicht wissen; daß er sich aber für sie aufreibt und sich keine Muße gönnt, sieht jeder.

1. Biograph:

Und darin liegt die Fehlperspektive der Kritiker in fortgeschritteneren Regionen Afrikas: In seinem unbeirrt monarchischen Schalten und Walten ungeachtet der Unabhängigkeit der meisten ehemaligen Kolonien meinen sie anachronistische Knechtung zu erkennen, besonders herausfordernd auch noch durch den Tropenhelm, dem inzwischen verachteten Attribut der entthronten weißen Herrscher. Das eine wie das andere rundet sich zum Bild vom „Spätkolonialisten“ Schweitzer.

2. Biograph:

Den Tropenhelm trägt er einzig gegen die Gefahr des Sonnenstichs, dessen böse Folgen er jahrzehntelang an den Krankenbetten leichtsinniger Europäer erlebt hatte. Sein übriges Verhalten rührt ebenfalls aus Erfahrungen mit Menschen, die noch in anderer Währung zahlten als mit den neugeprägten Münzen der Emanzipation, Eigenverantwortung, Selbständigkeit. Er brauchte ja nur das Völkchen, das ihm seine Kranken schickte, und ihre Angehörigen, die ihnen die Nahrung kochten, im täglichen Umgang zu beobachten. Wenn er die Gesunden und Halbgesunden, die am Bau helfen mußten, um sich die kostenlose Heilung durch Mithilfe zu verdienen – wenn er sie zur Arbeit rief und antreten ließ auf dem Kasernenhof der Nächstenliebe, dann sprach unendliches Leiden aus ihren Gesichtern: Arbeiten müssen, war Heimsuchung Schicksalsschlag.

1. Biograph:

Und gar eine Baracke bauen für die Kranken von übermorgen? So viel Vorsorgedenken ging schwer in das Bewußtsein von Eingeborenen, die gewohnt waren, von der Hand in den Mund zu leben und nur so viel zur eigenen Erhaltung zu leisten wie unbedingt nötig. Kann man sich wundern, wenn ihr Wohltäter überzeugt blieb, sie seien für Selbstbestimmung noch nicht reif?

2. Biograph:

Daß der weiße Mann in ihrer Mitte mehr Fertigkeiten besitzt, ist den Waldbewohnern selbstverständlich. Daraus erwächst vielleicht Zuerkennen von Überlegenheit, aber nicht Bewunderung. Doch haben sie ein genaues Gespür, ob das Mehrkönnen von Moral und Glaubwürdigkeit gedeckt ist. Nur daraus erwächst Autorität.

1. Biograph:

Albert Schweitzer besaß die Autorität des Glaubwürdigen. Von da her leitete er die Berechtigung ab, seine Uhr weiterhin nachgehen zu lassen gegenüber der modernen schwarzafrikanischen Zeitrechnung. Und so kam es zu dem grotesken Mißverständnis vom Kolonialisten, der die Zeichen der Wende nicht begriffen habe.

2. Biograph:

Wir erinnern uns, daß dieser Europäer vom Oberrhein vor langer Zeit a u c h aus dem Gedanken der Sühne nach Afrika gegangen war: um Unrecht der Weißen durch das eigene Opfer ausgleichen zu helfen. Aber er hatte inzwischen gelernt, daß die Herrschaft der Kolonialmächte nicht nur Unglück gebracht, sondern zugleich befriedend gewirkt, die entvölkernden Stammeskriege unterbunden hatte. Gegenüber seiner Nichte hatte der Achtzigjährige, als sie den Onkel 1955 zu jenem Anlaß in Lambarene besuchte, vorausgesagt:

Zitator:

Du wirst sehen, daß, wenn diese Völker einmal ihre Unabhängkeit erlangen, die Stämme sich wieder bekriegen wie eh und je..., und sie werden sich aufreiben, wie dies früher geschah.

1. Biograph:

Einige Jahre davor, als die französische Ausgabe des Buches *Zwischen Wasser und Urwald* von 1920 gedruckt werden sollte, hatte der Verfasser ein Vorwort für die französischen Leser geschrieben. Damals, in den frühen fünfziger Jahren, sah er die Entkolonialisierung schon klar voraus und schrieb in bekümmertem Tonfall:

Zitator:

Zu der Zeit, von der dieses Buch handelt, hatten wir noch das Recht, uns den Eingeborenen gegenüber als älterer Bruder zu empfinden, der das Wohl des Jüngeren will und durch seine Kenntnisse und seinen Verstand fähig ist zu beurteilen, was für seine Entwicklung und seinen wirklichen Fortschritt am günstigsten ist... Es waren nicht nur Einzelne unter uns, die diese Überzeugung und diese geistige Haltung hatten und bestrebt waren, unsere Arbeit in den Kolonien mit ihr in Übereinstimmung zu bringen, sondern es gab deren eine große Anzahl: Gouverneure, Kolonialbeamte, Missionare, Ärzte,

Holzhändler, Kaufleute, Kolonisten aller Art. Mit Stolz konnten wir feststellen, daß die Vernünftigsten und Einsichtigsten unter den Eingeborenen uns als ältere Brüder betrachteten und anerkannten, daß es uns um ihr Wohl ... zu tun war. Als Zeuge der Bestrebungen jener Epoche wage ich zu behaupten, daß wir im Lauf dieser Jahre nicht nur auf wirtschaftlichem Gebiet, sondern auch auf dem der menschlichen und geistigen Beziehungen ... Erfolge erzielt haben.

... Jetzt müssen wir uns damit abfinden, daß wir uns nicht mehr als ältere Brüder fühlen und nicht mehr als solche handeln können. Nach der heute herrschenden Meinung kann die Ära des Fortschritts nur unter der Bedingung eintreten, daß der jüngere Bruder als mündig und ebenso der Einsicht fähig betrachtet wird wie der ältere und daß die Eingeborenen das Schicksal ihres Landes mehr und mehr selber in die Hand nehmen.

2. Biograph:

Das alles war im Grunde nur skeptisches Referieren einer Lehrmeinung, der der eigene Augenschein sich widersetzte und von der das persönliche Handeln unberührt blieb. Und daher wurde der Antikolonialist von einst, der 1907 eine flammende Predigt gegen das Unrecht der Weißen gehalten hatte und 1913 selber hinausgezogen war, nach der Freigabe der meisten Kolonien als Kolonialist verurteilt, als der gefährliche Schweitzer...

1. Biograph:

Dafür war er aber auch der einzige Kolonialismus-Verteidiger der Welt, der sich mit den von ihm Abhängigen so verbunden fühlte, daß er am Tage seines Goldenen Afrika-Jubiläums, im April 1963, zu den Eingeborenen in Lambarene sagte:

Zitator:

Hier unter euch fühle ich mich zu Hause ... Tatsache ist, daß ich zu euch gehöre bis zu meinem letzten Atemzug.

Der Zeitgeist:

Die Siege, die England im Weltkrieg errungen,
sie sind nicht zum wenigsten dadurch gelungen,
daß eng mit den eigenen Landeskindern
auch Einheiten kämpften von Schwarzen und Indern.

Der Preis für die Hilfe ist leicht zu erraten:
Man wünschte emanzipatorische Taten.
Man wollte von England und von den Franzosen
die wirkliche Freiheit und keine Almosen.

Nun lag im Kalkül der gebietenden Herren,
dem Freiheitsbegehren sich nicht zu versperren,
weil der nichtkolonial-kommunistische Osten
Propaganda versprühte auf westliche Kosten.

Im Weggang der Weißen sah Schweitzer nicht Segen.
Er war aus Vernunft und Erfahrung dagegen.
Die Urwaldbewohner mit Steinzeitverhalten:
Wie sollten denn die jetzt sich selber verwalten?

Sein Urteil entnahm er den eig´nen Regionen,
das muß man gerechtigkeitshalber betonen.
Die andern betrachteten solche Beharrung
als postkoloniale senile Erstarrung.

Doch das Zögern des patriachalischen Alten
– wir sollten das immer im Auge behalten –
war von Wohltun geleitet, nicht leichthin zu messen
nach dem üblichen Maßstab der Eigenint´ressen.

Im Opfer der Frühe liegt Größe und Adel.
Was gilt da die Schelte, was zählt da der Tadel...

IN DER NACHFOLGE JESU

Gedanken zu Schweitzers Glauben

Nicht jedes Kind, das andächtig in der Kirche sitzt, wird zu einem bedeutenden Christen der Tat. Bei einem bedeutenden Christen der Tat aber, der als Kind andächtig in der Kirche gesessen hatte, darf man rückschauend folgern, daß die Lebensrichtung frühzeitig vorbereitet und angelegt, nicht erst späteren Wendungen seines Schicksals zu verdanken war. Goethe hat diesen Umkehrschluß – ins Allgemeine erweitert – in die Worte gefaßt: „Wenn auch die menschlichen Anlagen im ganzen eine entschiedene Richtung haben, so wird es doch dem größten und erfahrensten Kenner schwer sein, sie mit Zuverlässigkeit voraus zu verkünden; doch kann man hinterdrein wohl bemerken, was auf ein Künftiges hingedeutet hat."

So gesehen, deutete „auf ein Künftiges" hin, daß das Pfarrersbüble Albert schon mit drei oder vier Jahren allsonntäglich mit in die Kirche durfte und sich die ganze Woche darauf freute. Mit acht Jahren las er eifrig im Neuen Testament, mit neun vertrat er bereits den Organisten im Gottesdienst. So selbstverständlich scheint er in das vom Elternhaus vorgegebene Kirchen- und Gemeindeleben hineingewachsen zu sein, daß Zweifel über die Berufswahl gar nicht aufgekommen sein dürften. Die Frage lautet allenfalls, ob von vornherein daran gedacht war, ein – mit seinen Worten – „gelehrter Pfarrer" zu werden; ob also das angestrebte Predigtamt zum Hochschullehramt ausgeweitet werden sollte. Spätestens mit der weitreichenden Erkenntnis schon des neunzehnjährigen Studienanfängers über die endzeitliche Denkweise Jesu können wir gewiß sein, daß die akademische Laufbahn zusätzlich zum Kanzeldienst im Blickfeld des Theologie-Studenten lag.

Allein, damals arbeiteten bereits ganz andere Gedanken

dunkel in dem vielseitigen Straßburger Studiosus, Gedanken, von denen er noch nicht ahnte, daß er sich ihnen *einst zu unterwerfen hätte.* Welcher Art sie sein würden, erfuhr der Einundzwanzigjährige zu Pfingsten 1896, als ihn das Bewußtsein *überfiel*, er dürfe das private Glück nicht einfach als Schicksalsgunst hinnehmen, sondern habe einen Preis dafür zu entrichten. An diesem Lebenseinschnitt wird erstmals seine an Jesus orientierte religiöse Ethik erkennbar. Fortan mangelt es nicht an Äußerungen, welche bestätigten, wie unbeirrbar er diesem Wegweiser gefolgt ist. In ganz unmittelbarer, zeitalterüberbrückender Weise erlebte er den Nazarener als seinen Herrn, als stünden sie beide am See Genezareth und jener spräche: „Du aber folge mir nach!“

Der Widerhall des Folgegebots zieht sich durch das ganze Leben; so, wenn in einem Brief von 1926, dreißig Jahre nach dem Pfingst-Erleben, zu lesen steht: *Es war nicht leicht für mich, meine Vorlesungen an der Universität Straßburg und meine Laufbahn als Musiker aufzugeben. Für beide Gebiete habe ich natürliche Begabung... Aber durch Jesu Geist wurde ich gewiß, daß ein Mensch an einen bestimmten Platz berufen werden kann und an keinen anderen.*

Schweitzer wäre nicht der Systematiker, als den man ihn kennt, wenn er sich damit begnügt hätte, dieses Verhältnis innerster Zugehörigkeit als ein rein persönliches aufzufassen; als eine Jüngerschaft, von der man Zeugnis ablegen könne, ohne daraus Allgemeingültiges abzuleiten. Das heißt nun aber nicht umgekehrt, er habe seine Berufung als ein Modell betrachtet, als biographische Vorlage für beliebige Wiederholbarkeit, als ethisches Stempelkissen. Dazu wußte er zu genau, welche Gunst- und Glücksumstände sich der inneren Bereitschaft zugesellen müssen. Er hat daher dem Idealismus genaue Selbstprüfung als Disziplinierungsaufgabe auferlegt – wie ja auch Mönchsgelübde strenge Kontrollen des Seelenröntgens durchlaufen.

Und dennoch: Jesus galt ihm grundsätzlich als ethische Antriebskraft, deren Übertragbarkeit er als Willenstransfusion verstand und damit zugleich von andersartigen Annäherungen trennte. Weder predigte er die Nähe zu Jesus Christus als Glauben an den auferstandenen Erlöser, noch sah er diese Nähe erreicht und erreichbar im Jesusverständnis der liberalen Theologie der Jahrhundertwende. Gerade dieser Richtung, in der er wissenschaftlich groß geworden, warf er irriges Bestreben vor, Jesus im Zuge des Entdogmatisierens, des gelehrten Freilegens seiner wahren Erscheinung, unseren religiösen Bedürfnissen anzupassen und ihn mit unserem modernen Lebensgefühl in Einklang zu bringen.

Sogar in einer Zeit, als man von Jesu überlieferten Worten weit mehr für echt und verbürgt hielt als heute, wies sein junger Interpret in Straßburg ein religiöses Einvernehmen mit dem vermeintlich authentischen Gedankengut des Mannes aus Galiläa zurück; denn wir könnten nicht mehr daran vorbei, daß seine und unsere Weltanschauung fundamental voneinander verschieden seien.

Überzeugt von Jesu endzeitbewußtem Daseinsgefühl – und darin von einer erst zögernden Kollegenschaft mehr und mehr bestätigt –, erklärte er bündig: Jesus sei uns nicht durch Wissenschaftserkenntnisse mit der Gefahr ihrer steten Ungesichertheit und Überholbarkeit nahezubringen, sondern allein durch die zeitüberdauernde, zeitunabhängige geistig-sittliche Ausstrahlung, durch seine ethischen Energien. Wir müßten uns seine Gewißheit einer übernatürlichen, kosmischen Weltvollendung, seine brennende Naherwartung in unser eigenes Vorstellungsmaterial umschmieden. Wir könnten Weltvollendung *nur als Resultat der sittlichen Arbeit begreifen*. Maßgeblich sei allein *das Verstehen von Wille zu Wille*.

Daran gemessen, nennt er das Trennen zwischen zeitbedingt Vergänglichem und Bleibendem in Jesu Verkündigung religiös bedeutungslos. *Nur darauf kommt es an, daß wir den Gedanken des durch sittliche Arbeit zu schaffenden Reiches* (Gottes) *mit derselben Vehemenz denken, mit der e r den* (Gedanken) *von göttlicher Intervention in sich bewegte.*

Wer sich in der geschilderten Weise sein religiöses Zuhause einrichtet, kann geborgen darin leben. Dieser Bewohner hatte, so scheint es, auf dem Wege seiner persönlichen Heilssuche das Osterlicht einfach ausgeschaltet und sich nicht mit der christlichen Grundsatzfrage belastet, wie die Orientierung zu finden sei zwischen den dreieinigen Größen Gott Vater, Sohn und Heiliger Geist. Er schien sich einig zu sein mit einer von dreien, dem Sohn – und dies nicht einmal in christlich-dogmatischer Auffassung von einer objektiven Gotteskindschaft Jesu, sondern einer subjektiven Gotteserwähltheit (von Jesus aus gesehen), die sich in gebietender Liebe verströmt hatte.

Schweitzer verkürzt den Weg dorthin um zweitausend Jahre, ohne Umweg über die geschichtliche Größenordnung „Kirche" mit jahrhundertelangen Lehrstreitigkeiten und der in Schritten erfolgten Vergöttlichung Jesu. Zur Willensgemeinschaft mit ihm benötigt er keine Lehrsätze. Leicht einzusehen, daß in dieser „Jesus-Mystik" eine Zäsur verläuft: welche den geschichtlichen Jesus von der auf seine Lehre gegründeten Kirche trennt. Zum Vorteil geriet dem Vikar in Straßburg, daß die elsässische Kirche zu jener Zeit das Apostolische Glaubensbekenntnis nicht als verbindliche Verkündigungsformel vorschrieb.

Frömmigkeit ohne Buchstabentreue

Solange uns allein die lebenskundliche Frage beschäftigt, wie der berühmte Urwalddoktor aus dem Günsbacher Pfarrhause, aufgewachsen in der bikonfessionellen Duldsamkeit des Gotteshauses und Heimatdorfes, seinen persönlichen Heilsweg gefunden hat, so lange können diese Auskünfte genügen. Anders verhält es sich damit, sobald derselbe Mensch als Geistlicher und Hochschullehrer ins Blickfeld gerät. Jetzt ist er auch einem Predigtamt und einem Lehrauftrag verpflichtet. Wenngleich die evangelische Kirche, deren lutherischem Zweig er angehörte, keine oberste Dogmeninstanz besitzt wie die katholische und deshalb ausgedehntere gotteskundliche Spielräume verfügbar macht, so sind sie doch nicht unbegrenzt, auf der Kanzel schon gar nicht.

Zuerst scheint der Neutestamentler an der Universität „angeeckt" zu sein. Denn sein wichtigster Lehrer Heinrich Julius Holtzmann mußte die Habilitation des jungen Wissenschaftlers gegen die Widerstände zweier Fakultätsmitglieder durchsetzen – wobei er die eigenen Vorbehalte großzügig übersah.

Über weitere universitätsinterne Unstimmigkeiten verlautet nichts, zumal die wissenschaftliche Einschätzung von Schweitzers Forschungsergebnissen und Interpretationen sich naturgemäß in den weiten Raum gelehrter Kontroversen verlagerte. Hingegen kam, wie schon an anderer Stelle – „Der Ruf" – ausführlicher dargelegt, verstärkter Widerspruch, als der ethische Voluntarist seine Dienste der Pariser evangelischen Missionsgesellschaft angeboten hatte, 1905. Manches Mitglied hat wohl auf die Frage, wie er´s mit der Religion halte, Gretchens selbsterteilte Antwort gleich mitgedacht: „Allein, ich glaub, du hälst nicht viel davon".

Nach allem, was wir uns inzwischen bewußt gemacht oder in Erinnerung gerufen haben, wäre Schweitzers ehrfurchsvolle Religiosität mit solchem Verdacht gründlich verkannt. Richtig aber ist, daß seine Frömmigkeit sich schon damals auf so wenig Buchstabentreue stützte, daß man Fausts Antwort auch einem von Gretchen katechesierten Schweitzer in den Mund legen dürfte, ohne seine Anschauungen ernstlich zu verfehlen. Hätte er auf die Frage nach Gott so viel anders reagiert?

> Wer darf ihn nennen
> Und wer bekennen,
> Ich glaub ihn!
> Wer empfinden
> Und sich unterwinden
> Zu sagen: ich glaub ihn nicht!

Der Allumfasser,
Der Allerhalter,
Faßt und erhält er nicht
Dich, mich, sich selbst?
Wölbt sich der Himmel nicht dadroben?
Liegt die Erde nicht hierunten fest?
Und steigen freundlich blinkend
Ewige Sterne nicht herauf?
... Erfüll davon dein Herz, so groß es ist,
Und wenn du ganz in dem Gefühle selig bist,
Nenn es dann, wie du willst:
Nenns Glück, Herz, Liebe, Gott!
Ich habe keinen Namen
Dafür! Gefühl ist alles;
Name ist Schall und Rauch,
Umnebelnd Himmelsglut.

Wie eine Bestätigung hierfür findet sich ein Beleg Schweitzers vom 20. Mai 1905, worin der Dreißigjährige in einem Brief an Helene ganz im Geiste dieser Zeilen, nur weniger formgebunden, ausruft: *Dank sei dir, Bestimmung. Die anderen werden dich Gott, Vorsehung, Zufall nennen – ich nenne dich Bestimmung, das ist dein schönster Name: du enthüllst uns, was du uns vorbestimmt hast.*

Zugegeben, eine Missionsgesellschaft, die ihren Auftrag darin sieht, Heiden in Christen zu verwandeln, könnte einen Missionar, der so großzügig mit dem christlichen Glaubensgut verfährt, nicht hinnehmen (und Missionar wollte ja der Bewerber zunächst tatsächlich werden). Man trug Bedenken, diesem allzu liberalen Theologen die Seelen der Naturkinder anzuvertrauen. Er hat sich dann umentschieden, wurde Arzt und überwand die fortbestehenden Bedenken zuletzt mit aller Willenskraft. Den Urwaldbewohnern des Gabun schlug der Fachwechsel zu ihrem Vorteil aus. Hegel hätte hier die „List der Vernunft" am Werk gesehen...

Die gegensätzlichen Auffassungen zwischen lehrfolgsamen Lutheranern und dem großzügigen Glaubensvermittler auf der Kanzel von St. Nicolai in Straßburg treten am auffallendsten im Kernbereich des Konfessionsstifters hervor. Wenn Schweitzer Erlösung letztlich nur in der Willensgemeinschaft mit Jesus finden kann, dann steht dem entgegen, daß Bruder Martin das „Gerechtwerden“, also die Erlösung und Gnade im irdischen Raum, allein dem rückhaltlosen Sichausliefern an Gott zuweist. Seine diesbezogene Lehrauffassung verdichtet er in den Versen:

> Bei dir gilt nichts denn Gnad und Gunst,
> die Sünde zu vergeben,
> es ist doch unser Tun umsonst
> auch in dem besten Leben.

Das bedingungslose Anheimgeben schließt „gute Werke“ nicht aus; insofern ist unser Tun keineswegs „umsonst“. Aber, so begreift es Luther, durch gute Werke liefern wir keine Vorbedingung, erst recht keinen Kaufpreis für das Heil, für Erlösung und Gnade. Indes, Erlösung zu erlangen durch Willensgemeinschaft mit Jesus: Davon ist bei keiner christlichen Lehrautorität je die Rede gewesen.

Auch in einem anderen wichtigen Punkt setzt Albert Schweitzer sich von den Überzeugungen aller christlichen Bekenntnisrichtungen ab. Wenn Gott überhaupt als faßbare Wesenheit zu denken ist, dann jedenfalls versteht ihn der evangelische Elsässer nicht als handelnd, in den Weltgang eingreifend. Einen tätigen, weltlenkenden Schöpfer konnte er theologisch nicht vertreten. In einer Predigt nach dem Ersten Weltkrieg heißt es bei ihm, es gehe nicht an, den Willen Gottes in allen Dingen entdecken zu wollen. Die Ansicht gerade damals war verständlich, nachdem die Geistlichen sämtlicher kriegführender Nationen dauernd „Gott mit uns!“ gerufen hatten, obwohl jener sich logischerweise nicht überall zugleich siegfördernd hätte einsetzen können und folglich die Siege den überlegeneren Waffen und Menschenreserven überlassen hatte. In dem Sinne war schon früher dem Agnostiker auf dem Preußenthron schwerlich zu widersprechen gewesen: „Der Herrgott ist immer bei den stärkeren Bataillonen."

In einem Gespräch im Alter mit dem amerikanischen Freund Norman Cousins, nach einem weiteren Weltkrieg, tritt Schweitzers Ansicht noch klarer hervor: Man könne nicht die Vorstellung eines Gottes aufrecht erhalten, der zugunsten der Gerechtigkeit interveniere. Gott gebe sich auf ganz andere Weise kund: durch die geistige Entfaltung des Menschen, dessen Aufgabe es sei, mit dem Bösen fertig zu werden und die Welt menschenwürdig einzurichten.

Theologisch ist dies ja der „deistische" Standort im Unterschied zum theistischen. Kant hat das Gegenüber so ausgedrückt: „Der Deist glaubt einen Gott, der Theist aber einen lebendigen Gott"; gemeint: einen aktiven, handelnden. Der Deist spielt den leichteren Part im Kirchenkonzert, muß doch der andere immerfort plausibel machen, warum Gott Unrecht dulde, die Redlichen leiden lasse und den Übelwichten oft noch ungestraftes Entkommen ermögliche. Spinoza hatte sein Nachdenken darüber auf die einfache Formel gebracht: „Wer Gott recht liebt, darf nicht verlangen, daß Gott ihn wiederliebt." Ob Gott Sittlichkeit belohne, ist hiernach völlig anheimgestellt: die Weltsicht des Deisten.

So leicht es ist, Belege für Schweitzers denkbetontes Gottesbild beizubringen, so überrascht er seine Leser zuweilen mit gegenteiligen Zeugnissen. In Augenblicken elementaren Erlebens wurde sein Rationalismus porös, da schwankte das Gebäude der Glaubensvernunft ein wenig. Da konnte es zu so spontanem Ausruf kommen wie 1927, als das neue, vergrößerte Spital errichtet war und der Urwaldbaumeister seine Kranken zum erstenmal angemessen untergebracht sah: *Voll Dank schaue ich zu Gott empor, der mich solche Freude erleben ließ!*"

Das ist der liebenswürdige Christenmensch, der einer

theologischen Gleichung spottet, die ohne Rest aufgeht (was auch für die Philosophie bei ihm gilt). Aber der „echte" Schweitzer ist es nicht; bei der theistischen Freuden- und Dankbekundung handelt es sich um eine Ausnahme. Dafür spricht auch die viel ältere fragend-zweifelnde Briefstelle im Oktober 1903: *Ich möchte wissen, was das ist, dieser Gott, den ich anrufe – gibt es ihn?*

Die Barriere des Denkens

Es lag im großzügigen Umgang mit dem christologischen Handwerkszeug in Schweitzers Glaubenswerkstatt, daß viele die daraus hervorgegangenen Produkte beanstandeten. Das war nicht nur in jungen Jahren so. In den späten wurden dogmatisch ausgeruhte Kirchenchristen von der (fälschlichen) Nachricht beunruhigt, der Urwalddoktor halte es mit den Unitariern, die die Dreieinigkeitslehre ablehnen, weil sie nicht zum urchristlichen Überlieferungsgut gehört.

Wenngleich sie auch für ihn nicht bindend war: Die irrtümliche oder lancierte Meldung wurde von Lambarene aus dementiert. Das Dementi überraschte auch niemanden, der Schweitzers ausgeprägtes Treueverhalten kannte; hatte er doch der „Protestantischen Kirche des Elsaß" achtzehn Jahre gedient. Aber das Gerücht hängte sich an ihn und rief verärgerte Kommentare hervor. So ließen die englischen Lutheraner wissen, sie betrachteten Schweitzer nicht mehr als Angehörigen der christlichen Glaubensgemeinschaft. Das war nun reichlich pharisäerhaft gesprochen einem Mann gegenüber, der Christentum im Tatsinn vorgelebt hatte wie wenige. Glaubenssätze sind ja nicht als Selbstzweck gedacht, sondern sollen letztlich nur die theologische Stütze eines religiösen Lebensweges sein. Insofern verbot sich der selbstherrliche Ausschluß schon aus Gründen des guten Geschmacks.

Das ändert nichts an der Einsicht, daß die Erosion der christlichen Lehrgehalte bei diesem Christen der Tat weit fortgeschritten war, oder eher noch: daß sie von früh an nicht sonderlich gefestigt gewesen waren; eben weil seine religiöse Bezugsperson im Grunde v o r den Glaubenssätzen dagewesen war. Helmut Groos, schärfster Kritiker des Theologen Schweitzer bei aller Hochachtung dem Christen Schweitzer gegenüber, schrieb 1975: „Seine geistige Gestalt, sieht man auf die Hauptmotive seines Wollens und die Grundzüge seines Denkens, fällt aus der christlichen Glaubenswelt heraus."

Schon fünf Jahre vor der Unitarier-Affaire hatte der Zweiundachtzigjährige den tadelnden Brief eines Konfirmanden erhalten, worin der angehende Christ – wohl nicht ohne Zutun seines Pfarrers und seiner Eltern – erklärte, er und seine Kameraden im Konfirmandenkreise müßten sich seinetwegen schämen, weil er nicht an die Dreieinigkeit glaube. Brav antwortete der Professor, ohne sich über die Kränkung vom „Schämen" gekränkt zu fühlen, aber doch mit der ihm eigenen Entschiedenheit:

Wenn der Herr Jesus gemeint hätte, daß es ganz darauf ankomme, wie wir es uns vorstellen können, wie diese Drei eine Einheit bilden, hätte er es uns gelehrt. Er hat es aber nicht getan. So glaube ich nicht, daß eine Lehre, die dann später in der Kirche aufgestellt wurde, das, was Jesus nicht gesagt hat, ersetzen kann. Und so lebe ich und versuche, in dem rechten Geiste fromm zu sein. Denn das ist die Hauptsache... Und ich bitte Euch: denkt immer in Eurem Leben daran, daß die Hauptsache die wahre Frömmigkeit ist und daß der Geist Gottes in Euren Herzen regiere... Und seid friedfertig und lieb mit denen, die anders denken in Sachen der Religion. Denn unser Herr Jesus hat uns zum Frieden berufen. Selig sind die Friedfertigen, hat er in der Bergpredigt gesagt.

Der Grundkonflikt ist unübersehbar. Er besteht nicht nur im Falle Albert Schweitzer, sondern überall im christlichen Lebensraum: aus dem einfachen Grunde, daß Jesus und die Kirche zweierlei sind. Jener hatte keine organisierte Glaubensgemeinschaft gründen wollen, sondern die vermeintlich kurze Restspanne der Menschheit mit ethischem Geist zu durchdringen versucht. Als das vorausverkündete Ende dann ausblieb, mußte die ur- und frühchristliche Gemeinde umdenken, und so wurde aus der lockeren, unverfaßten Gefolgschaft schrittweise die Institution. In jahrhundertelangen Lehrstreitigkeiten entstand so erst „das Christentum".

Die Geister scheiden sich nun daran, was vorrangig zu gelten habe: das ethische Wollen Jesu nachzuvollziehen, vorösterlich, ohne Rücksicht auf Lehrinhalte; oder vom nachöstlichen Christus aus christologisch, „glaubensgerecht" zu argumentieren (was sittliches Handeln natürlich einbegreift). Beide Seiten stehen in ihrem Recht, obwohl die erstere Partei die blutvollere, geistig unabhängigere Art des Christseins verkörpert. Zwischen beiden Lagern bestehen selbstverständlich auch Mischformen theologicher Lehranschauung und Predigtweise.

Beim alemannischen Querschädel aus Günsbach kommt etwas Wichtiges hinzu, wenn man nach den Gründen für sein lockeres Verhältnis zu den christlichen Dogmen fragt. Wollte man ihn überzeugen, so mußte es intellektuell nachvollziehbar und einzusehen sein. Vor den Glaubensgefilden erhebt sich sperrig die Barriere des Denkens. Wo jemand ein Entweder-Oder verlangt, macht er nicht mit. Er weigert sich zuzustimmen, daß vor dem Glauben das Denken verstummen müsse.

So früh scheint er vom Gegenteil überzeugt gewesen zu sein, daß bereits in der Konfirmandenzeit erste Konflikte daraus erwuchsen. Wie gern hätte er seinem Pfarrer Wennagel Fragen getellt. *Aber man durfte es nicht.* So hielt jener den Vierzehnjährigen für verstockt und gleichgültig, während dieser ganz im Gegenteil *von der Heiligkeit der Zeit so bewegt* war, daß er sich *fast krank fühlte...*

Der Grund- und Dauerkonflikt war damit eröffnet und währte lebenslang – bis Konfirmanden des Jahres 1957 ihm vorwarfen, er sei kein Christ.

Seine Unabhängigkeit gegenüber aller religiösen Orthodoxie beruhte neben dem elementaren, schon frühkindlichen Verhältnis zu Jesus von Nazareth zusätzlich auf zwei Säulen. Die eine war der elsässische Pietismus. Dafür stehen dort Namen wie Spener und Oberlin. Es war ja gerade ein Wesensmerkmal dieser Frömmigkeitsbewegung gewesen, daß sie als voluntaristische Gegenströmung zum dogmenhaft erstarrten Luthertum aufgekommen war. Zum anderen besaß er viel von der vernunftgläubigen Geistesnatur des „aufklärerischen" Großvaters Schillinger. Beide Spielarten seiner Weltanschauung faßte der Enkel einmal in den Satz: *Ich bin ein rationalistischer Pietist.* Pietismus und Aufklärung vertragen sich eben viel besser als Aufklärung und Strenggläubigkeit.

Und weil er die Ratio als Zugabe in den Glauben einbrachte, glückte ihm auch mühelos, Philosoph zu werden – was in der Kirche nicht so gern gesehen wird. Deshalb riet man ihm, sich lieber in Theologie als in Philosophie zu habilitieren. Was ihn nicht hinderte, auch ohne Lehrberechtigung Philosoph zu werden und die Religion der Liebe zu einem Grundgesetz des Guten zu erweitern. So entstand die *Ehrfurcht vor dem Leben.* Und pikanterweise erlebte sie ihre Geburtsstunde in einer theologischen Lehrvorbereitung (und wurde im Urwald erst gleichsam wiederentdeckt, wie wir inzwischen aus dem Nachlaß wissen).

Von der Jesus-Nähe wie vom ethischen Philosophieren aus war das Weltbild des frommen Denkers geschlossen und gefügt. Er lebte in Frieden mit dem Unerkennbaren und begnügte sich damit, pflegende Hand anzulegen im Weinberg des Herrn. Als Achtzigjähriger bestätigte Albert Schweitzer, daß das Wesen und das Wesentliche der Religion für ihn Ethik war und wir uns darüber hinaus damit zu begnügen haben, Nichtwissende zu sein:

Die theologische Frage des göttlichen Weltregiments kann niemand lösen, wie auch nicht die Frage des Weltverlaufs und der Art, in der wir Menschen durch ihn betroffen werden. Das einzige, was wir wissen, ist, daß wir durch die

Liebe, die wir in der Welt betätigen, mit ihm in Verbindung treten und etwas von der Seligkeit erleben. Alles andere müssen wir dahingestellt sein lassen.

Die dreifache Verkündigung

In all seiner Begabungsvielfalt hat Albert Schweitzer immer auch leidenschaftlich gern gepredigt. Er empfand es *als etwas Wunderbares, allsonntäglich zu gesammelten Menschen von den letzten Dingen des Daseins reden zu dürfen.* In Straßburg stand er fünfzehn Jahre auf der Kanzel, bis zur Abreise nach Afrika, danach nochmals von 1918 bis 1921, von da an nur noch ganz selten. Veröffentlicht wurde von alledem zu Lebzeiten nichts, so daß diese Seite des Wirkens weithin unbekannt blieb. Erst 1966 und 1974 erschienen erstmals zwei kleine Auswahlbände mit achtzehn beziehungsweise zwölf Einzelstücken.

Dann, am Anfang des neuen Jahrtausends, im Zusammenhang mit den großen Nachlaß-Editionen im Verlag Beck, gaben die Theologen Richard Brüllmann und Erich Gräßer sämtliche ausgearbeiteten Predigten von St. Nicolai heraus, auch die schon früher publizierten; zusammen dreihundertvierunddreißig auf fast tausendvierhundert Seiten. Wo es nur Skizzen gab, hat man auf die Hereinnahme verzichtet. Die afrikanischen Andachten in französischer Sprache blieben gleichfalls unberücksichtigt, weil sie allenfalls in Nachschriften von Mitarbeitern überliefert sind. Der Gesamtumfang der gedruckten Kanzelreden umfaßt ein halbes Jahrhundert, von 1898 bis 1948. Der Zeitumfang täuscht etwas; nur zwölf Predigten gehören den Jahren nach 1919 an.

Der Vikar Schweitzer faßte sein Hirtenamt als Wegweiser zum schlichten Menschsein auf. Das Bibelwort holte er aus der Geschichtsferne eines fast abtrakt gewordenen Lehrstoffes in jedermanns Alltag. In ganz unakademischer Einfachheit suchte er seine Hörerschaft zu erreichen: helfend, aufrichtend, erhellend. In der schlichten, jedem zugänglichen Sprache, reich an Bildern und Vergleichen, liegt viel von der überlieferten Redeweise des Nazareners. Zugleich spricht ein inneres Aufgehobensein, Geführtwissen aus diesen Predigten, verbunden mit höchst nüchterner Erkenntnis dessen, was die Stunde fordert.

Die kompromißlose Wahrheitssuche in den Vorlesungen und theologischen Büchern wich auf der Kanzel einem Tonfall des Seelsorgerischen. Der Wahrheit ging dadurch nichts verloren, nur wurde sie anders dargeboten, sozusagen statt in Feldgrau in Sonntagsschwarz. Kennt man die intellektuelle Unerbittlichkeit dieses religiösen Pfadfinders, dann wirken die vom Orgel-klang eingerahmten Ansprachen wie Urlaub von der Front.

Sie bestätigen, was er gelegentlich von sich sagte: Er predige nicht wie ein Theologe, sondern wie ein Laie. Er wollte etwas vom Wirken Jesu, von dem er zutiefst erfüllt war, in die Gemeinde hinüberbringen, ohne theologische Überfrachtung. Als der liberale Gottesknecht von einem Theologiestudenten erfuhr, daß ihm die Dogmatik am meisten Schwierigkeiten bereite, da sagte er augenzwinkernd: *Wenn der Herrgott in Dogmatik geprüft worden wäre, dann wäre er bestimmt durchgefallen.* In der Unbefangenheit dem Lehrgut gegenüber besaß er viel von seinem Vater. Über dem Schreibtisch des Pfarrers Ludwig Schweitzer in Günsbach hatte ein Bild des Nazareners gehangen. Manchmal hatte er auf ihn mit dem Bemerken gewiesen: „Ich bin nur ein Laie. Er war auch einer."

Während die Amtskirche beider großen Konfessionen sich gegen Anfechtungen behaupten muß und ihr christologisches Rüstzeug vielfach nicht mehr angenommen wird, die einst glühende Lava heiligen Glaubensgutes vielen nur noch als ausgebrannte Schlacke gilt, Christi Himmelfahrt etwa zum „Vatertags"-Vergnügen verkommen ist – da wirken Schweitzers geistliche Sonntagserholungen in ihrer Mischung von Frömmigkeit und Urteilskraft, von Alltagserfordernis und Ratgeberschaft erstaunlich unverbraucht.

Es ist, als steuerte man im Wettersturz, dem das verfaßte Christentum ausgeliefert ist, einen sturmgeschützten Hafen an.

In Afrika klang wiederum ganz anders als hier, was der weiße Fetischmann seinen schwarzen Urwaldkindern verkündete; was er übrigens von Anbeginn im Einvernehmen mit den Missionaren getan hatte. *Auf Vorposten Gottes* erschienen die Sorgen der heimischen Missionszentrale, die ihm jahrelang das Leben schwer gemacht hatte, belanglos. Dogmatische Fragen traten völlig zurück hinter die elementaren Wahrheiten und Forderungen aus dem Geist des Evangeliums.

Bei der Predigt muß ich mich der größten Einfachheit befleißigen. Ich darf nichts voraussetzen. Meine Hörer wissen nichts von Adam und Eva, den Erzvätern, dem Volke Israel, von Moses und den Propheten, vom Gesetz, von den Pharisäern, vom Messias, von den Aposteln. Und da meine Gemeinde sich ständig erneuert, darf ich auch nicht daran denken, ihnen das Elementarste dieser geschichtlichen, uns von Kind auf geläufigen Vorstellung beibringen zu wollen. Ich muß das Wort Gottes fast zeitlos zu ihnen reden lassen. Weil ich auf diese Art so vieles beim Reden vermeiden muß, komme ich mir vor, als spielte ich Klavier, ohne die schwarzen Tasten berühren zu dürfen.

In größter Schlichtheit wird an Beispielen aus ihrem Lebenskreis die Frage des Petrus behandelt, ob es genug sei, dem Bruder siebenmal zu vergeben. Der Prediger schildert, wie einer von ihnen beleidigt, betrogen und bestohlen wird. Sein neues Buschmesser vertauscht man ihm gegen ein altes, mit seinem Boot fährt ein anderer zum Fischen hinaus. Immer wieder *wird der Herr Jesus Meister über dein Herz* und kämpft den Zorn nieder. Für zehn Büschel Bananen bezahlt der Käufer nur neun; es seien nur neun Büschel gewesen. *Schon willst du ihm ins Gesicht schreien, daß er ein Lügner ist. Da mußt du aber daran denken, wieviele Lügen, die nur du allein kennst, dir der liebe Gott verzeihen muß, und gehst still in deine Hütte.* Auf Fragen, ob jemand etwas einzuwenden habe, antworten sie im Chor, daß es so recht sei, wie er es sage.

Schafe und Ziegen streifen blökend und meckernd zwischen der lockeren Gemeinde, in der das Zuhören nur eine von mancherlei Formen der Anwesenheit ist: Essen wird gekocht, Fischnetze werden geflickt, Kinder gewaschen und gekämmt. Der geduldige Mittler des Bibelwortes wehrt ihnen nicht. Dies würde mehr Unruhe verursachen, als sie gewähren zu lassen. Am Ende des Gottesdienstes lernen die, die zum erstenmal hier sind und auch sonst von der christlichen Mission beider Konfessionen nicht erreicht wurden, zu beten. *Lange bleiben nach dem Amen die Häupter über die Hände gebeugt.*

Albert Schweitzer verkündigte das Bibelwort dreifach. Zur Predigt auf der heimischen Kanzel und auf der tragbaren vor den Eingeborenen kam als dritte Variante jahrzehntelang die Abendandacht im Kreis der weißen Mitarbeiter. Hier las er in Deutsch (später, als Deutsch nicht mehr von allen verstanden wurde, auch noch in Französisch) einen Abschnitt aus dem Alten oder Neuen Testament (jeweils eine Weile fortlaufend), stellte ihn in die geschichtliche Situation und erklärte den Sinn einzelner Textstellen. Doch suchte er nicht im Predigtstil lehrhafte Bezugnahmen etwa vom Handeln Jesu zu unserem eigenen Leben – vielleicht aus dem Gefühl: diese alle folgen ihm ja schon auf ihre Weise nach.

Teilnehmern der Spätzeit, soweit sie von seinen Forschungen wußten, erging es hierbei seltsam. Er vermied jeden Hinweis darauf, schaltete das Licht der wissenschaftlichen Erhellung einfach aus. Es war, als wollte er sich am Abend seines Lebens den Texten in der gleichen Unbefangenheit nähern wie vor der Studienzeit. Die Hörer sollten sich am Bibelwort erfreuen, ohne daß die Deutung intellektuell befrachtet war.

Ein Helfer der letzten Lebensjahre, Siegfried Neukirch

aus Freiburg, unterzog sich während dieser Zeit der Mühe, die Interpretationen mitzustenographieren. In Langschrift übertragen, ergaben sie ein umfangreiches Schriftpaket. Doch blieben sie stets ungedruckt, und das ist gut so. Der grand docteur – hier der „alte" Doktor, nicht der „große" – wollte einer abendlichen Runde erschöpfter Mitarbeiter eine besinnliche Viertelstunde bereiten, ihr Kraft geben für den nächsten Tag. Da glich die Abendandacht eher einer musikalischen Improvisation, die verhallt. Als Druckwerk nüchtern auf sich gestellt, herausgelöst aus der wunderbaren atmosphärischen Einheit von Erscheinungsbild und Stimme, Petroleumlicht, Tischgemeinschaft und Urwaldgeschrei, würden diese biblischen Erholungspausen ein leinenes Abstraktum sein, denen das „Leben" fehlt. Sie würden verarmen wie ein herrliches Faschingskostüm, das man am Aschermittwoch noch einmal überstreift. Es hatte seine Stunde.

LEBEN MIT ALBERT SCHWEITZER

In der europäischen Philosophie verdient Schopenhauer den Lorbeer dafür, daß er infolge der Begegnung mit den östlichen Weltanschauungen als erster vom rein menschbezogenen Standpunkt abrückte. „Die von mir aufgestellte moralische Triebfeder bewährt sich als ächte ... dadurch, daß sie auch die Thiere in ihren Schutz nimmt, für welche in den anderen europäischen Moralsystemen so unverantwortlich schlecht gesorgt ist."

Die Rechtlosigkeit dieser Wesen, fährt er fort, begründe man allem Augenschein zum Trotz mit der gänzlichen Verschiedenheit zwischen Mensch und Tier, „welche bekanntlich am entschiedensten und grellsten von Kartesius ausgesprochen ward, als eine notwendige Konsequenz seiner Irrthümer." Mit erlerntem physiologischen Wissen ficht er gegen die Anhänger des von keiner Naturerfahrung behelligten Franzosen (Descartes): „Man muß wahrlich an allen Sinnen blind ... sein, um nicht zu erkennen, daß das Wesentliche und Hauptsächliche im Thiere und im Menschen das Selbe ist und daß, was Beide unterscheidet, nicht ... im Kern beider Erscheinungen liegt ... , sondern allein im Sekundären, im Intellekt, im Grad der Erkenntnißkraft... Hingegen ist des Gleichartigen zwischen Thier und Mensch, sowohl psychisch als somatisch, ohne allen Vergleich *mehr*."

Als er die Schrift, der diese Sätze entstammen, 1860, kurz vor seinem Tod, zur zweiten Auflage verabschiedete, da war gerade ein Jahr vergangen, daß Charles Darwin seine bahnbrechenden Entdeckungen veröffentlicht hatte. Schopenhauer, der im Begriff stand, die Abreise aus der für ihn schlechtesten aller Welten anzutreten, hat sie nicht mehr berücksichtigt. Der Philosoph hätte in dem Biologen einen unschlagbaren Bundesgenossen begrüßt. „Des Gleichartigen zwischen Thier und Mensch" ist deshalb so viel, weil wir Verwandte sind kraft Evolution.

Ohne Schopenhauers großes Verteidigungsplädoyer, ohne das ciceronische Feuer seiner Beredsamkeit, mit der er die Rechte für seine Mandantin, die Kreatur, einklagt, wäre nach ihm Albert Schweitzer nicht so, in der uns vertrauten Weise, möglich geworden. Er sah sich ja auch stets bescheiden auf den Denkfundamenten anderer fußen. Schopenhauer hatte den cartesianischen Bann durchbrochen, ohne ihn freilich aufheben zu können; dazu beherrschte er noch zu suggestiv die Gemüter der Zunft. In Schweitzers *Kulturphilosophie* von 1923 fällt manches dankbare Wort über den großen Kollegen aus dem 19. Jahrhundert. *Die anderen, um mit ihren Theorien nicht ins Gedränge zu kommen, müssen Ethik ausschließlich auf das Verhalten der Menschen zu den Menschen beschränken. Ängstlich schärfen sie ein, daß Mitleid mit den Tieren an sich nicht ethisch sei, sondern nur im Hinblick auf die Erhaltung der unter Menschen zu bewährenden gütigen Gesinnung eine Bedeutung habe. Schopenhauer reißt diese Zäune ein und lehrt Liebe zum armseligsten Geschöpf.*

Doch das Aber folgt sogleich. Eine Tatgesinnung so elementarer Kraft, wie sie in dem elsässischen Humanisten verkörpert war, mußte die Halbheit bemängeln, die in Schopenhauers Weltverneinung lag. Folglich verläßt er den Vorgänger an der Wegkreuzung, an der jener in die Resignation abbiegt, und sucht den weiteren Weg allein, überzeugt, daß das *Ideal der Tatenlosigkeit* in die falsche Richtung weise.

Allerdings schreibt er in seinen Kindheitserinnerungen: *Ich glaube nicht, daß man in einen Menschen Gedanken hineinbringen kann, die nicht in ihm sind.* Ernüchternd wirkt diese selbstbeschränkende Erkenntnis eines Mannes, dessen Glauben an den Geist und an die moralischen Fähigkeiten sonst immer an die hochgemuten Fortschrittsdenker des 18. Jahrhunderts erinnern. Das Bemühen, gerade sein Bemühen, verantwortungsbewußtes Handeln zu fördern, scheint hier an seine Grenzen zu stoßen. Doch diese Grenzen sind weit. Denn derselbe Denker ist überzeugt, daß die guten Gedanken gewöhnlich als Brennstoffe in uns vorhanden und lediglich darauf angewiesen seien, von außen entzündet zu werden. Das hieße also, im Sinne des Sokrates oder Sprangers, die schon angelegten Innenkräfte zu wecken und zu beleben.

Auf Schweitzers Denkpraxis bezogen, geht es vor allem darum, der Gedankenlosigkeit zu wehren, also jenem Gegner den Kampf anzusagen, der unserer natürlichen Gutwilligkeit immer so störend im Wege steht. Das beginnt mit der Spinne an der Wand, deren Schicksal es ist, daß sie ihrem Entdecker als erstes die Regung entlockt, sie zu erschlagen. Wir erwischen uns dabei, daß sie in unserer Wert- und Schönheitsskala einen mittleren Platz etwa zwischen Regenwürmern und Feuerquallen innehat. Goethe, obwohl kein eigentlicher Anwalt der Tiere, erfuhr gerade am vorliegenden Beispiel einen Gewissensanruf:

> Als ich einmal eine Spinne erschlagen,
> Dacht´ ich, ob ich das wohl gesollt?
> Hat Gott ihr doch wie mir gewollt
> Einen Anteil an diesen Tagen!

Erst wenn die Abwehrreaktion durch Verstandeskontrolle gezügelt wird, hat die Spinne eine Chance. Sie zieht dann Gewinn aus der Einsicht, daß es im Prinzip keine Wertunterschiede zwischen Leben und Leben gibt. Wer wisse denn, fragt ihr Verteidiger Schweitzer, welche Bedeutung das andere Lebewesen im Weltganzen besitze? Wertabstufungen einzuführen, laufe doch auf die Willkür hinaus, unser subjektives Empfinden zum Maßstab und Richter zu erheben. *Im Gefolge dieser Unterscheidung kommt dann die Ansicht auf, daß es wertloses Leben gebe, dessen Schädigung und Vernichtung nichts auf sich habe. Unter wertlosem Leben werden dann, je nach den* Umständen, *Arten von Insekten oder primitive Völker verstanden.*

Indem ich die eine Existenz neben anderen Existenzen bin, beide unter unenträtselbarem Lebensgesetz, hat jeder Teilhaber der existentiellen Gemeinschaft gleiche Rechte auf Dasein, Entfaltung, Glück (im Rahmen seiner Erlebensfähigkeit). *Ich bin Leben, das leben will, inmitten von Leben, das leben will,* lautet Schweitzers Schlußfolgerung aus dieser Tatsache. Der grundsätzliche Gleichrang bedingt, daß der einzige im Kollektiv der Lebenden, der kraft Vernunft und Gewissen über die animalische Selbstbezogenheit hinausreicht, Verantwortung für fremdes Leben trägt. *Denn er erlebt das andere Leben in dem seinen.* Das Schutzbedürfnis gegenüber dem schwächeren und schwächsten Schöpfungspartner ist *der denkend gewordene Wille zum Leben*, der blinden Durchsetzungsdrang zu beherrschen lernt. *Als gut gilt ihm: Leben erhalten, Leben fördern, entwickelbares Leben auf seinen höchsten Wert bringen; als böse: Leben vernichten, Leben schädigen, entwickelbares Leben niederhalten.* Das sei das *denknotwendige, absolute Prinzip des Sittlichen.*

Aber die Verstandeskontrolle weiß natürlich, daß dieses ethische Prinzip nicht zugleich eine mit Totalanspruch durchführbare Alltagsregel sein kann. Schweitzer hat die Fesseln seiner Ethik mit der Nüchternheit erkannt und benannt, die seinem Idealismus eigen war. Die Auseinandersetzung mit den naturgegebenen Widerständen finden wir einmal in philosophischen Zusammenhängen ausgebreitet, das andere Mal in der intimeren Ansprache des Predigers. Seine alte vertraute Gemeinde in Straßburg war es, zu der er 1919, bald nach der Zwangsrückkehr vom ersten Afrika-Aufenthalt, über die *Ehrfurcht vor dem Leben* sprach, als noch keine Zeile seiner kulturphilosophischen Einsichten gedruckt war. In diesen „Urlesungen“ stehen Sätze solchen Tonfalls:

Daß wir gezwungen sind, vielfältig Leben zu vernich-

ten, sei es für unsere Erhaltung, sei es, um die Tiere, die ... wir nicht erhalten können, abzuschaffen, sei es, um uns vor schädlichen Tieren zu schützen: das ist das furchtbare Gesetz der Entzweiung des Willens zum Leben, dem wir unterworfen sind.

Ein andermal äußerte sich der Vikar von der Kanzel so: *Die Natur kennt keine Ehrfurcht vor dem Leben. Sie bringt tausendfältig Leben hervor in der sinnvollsten Weise und zerstört es tausendfältig in der sinnlosesten Weise... Die Wesen leben auf Kosten des Lebens anderer Wesen. Die Natur läßt sie die furchtbarsten Grausamkeiten begehen... Schau der Spinne zu! Wie grauenvoll ist das Handwerk, das die Natur sie gelehrt hat! Die Natur ist schön und großartig, von außen betrachtet, aber in ihrem Buche zu lesen, ist schaurig.*

Aus dieser rätselhaften *Selbstentzweiung* darf nun der Mensch als einziges Wesen durch Miterleben und Mitleiden teilweise heraustreten. Aber er vermag die Absetzbewegung von der triebhaften Natur nicht bis zu einer geschlossenen Weltanschauung ethischen Verhaltens zuende zu bringen; die Widersprüche des eigenen Tuns und Müssens halten ihn fest.

Du gehst auf einem Waldpfad, die Vögel singen, tausend Insekten summen froh in der Luft. Aber dein Weg, ohne daß du etwas dafür kannst, ist Tod. Da quält sich eine Ameise, die du zertreten, dort ein Käferchen, das du zerquetschst, dort windet sich ein Wurm, über den dein Fuß gegangen. In das herrliche Lied vom Leben klingt die Melodie von dem Weh und dem Tod, die von dir, dem unschuldig Schuldigen, kommen, hinein. Und so fühlst du in allem, was du Gutes tun willst, die furchtbare Ohnmacht.

Die zahllosen Klein-Tragödien auf dem Waldpfad sind schon – dem Prediger bewußt oder unbewußt – in Goethes „Werther“ vorgeformt, poetischer natürlich, wie es im Wesen und Stil der Dichtung liegt im Gegensatz zur Predigt: „ ... der harmloseste Spaziergang kostet tausend armen Würmchen das Leben, es zerrüttet ein Fußtritt die mühseligen Gebäude der Ameisen und stampft eine kleine Welt in ein schmähliches Grab".

Leicht hat es, wer eine Stufenethik predigt: hier der Mensch, dort alles andere; hier der Herrschende, dort die Knechte. Daß auch das Christentum sich so schwer damit tut, vom hohen Podest herabzusteigen, liegt in seiner jüdischen Erbschaft begriffen; steht doch schon auf der ersten Seite des Alten Testaments die große Verfügbarkeitsvollmacht: ..."und füllet die Erde und machet sie euch untertan und herrschet über die Fische im Meer und über die Vögel unter dem Himmel und über alles Getier, das auf Erden kriecht". Davon sind die Kirchen beider Konfessionen trotz mancher Bekenntnisse zur Mitgeschöpflichkeit bis heute nicht so nachdrücklich abgerückt, daß man von einer veränderten Grundhaltung reden könnte.

Den Wertgleichheit allen Lebens, wie sie der Buddhismus lehrt, ebenso manche indianischen Kulturen der südwestlichen Vereinigten Staaten (sehr deutlich herausgarbeitet von dem Anglisten Rudolf Kaiser), hat im abendländichen Denken erst Albert Schweitzer zu seiner philosophischen Lebensaufgabe gemacht, nachdem er dem *Sinnzwiespalt* täglich in seiner *afrikanischen Prosa* begegnet war, in seiner *ethischen Improvisation,* und ihn im Nach-Denken durchfocht. Er wollte nicht als Schutzpatron jeder Kakerlake mißverstanden sein. Bei ausgesprochener Gefahr und Schädigung im menschlichen Lebensumkreis – in Feld und Garten, in Küche und Keller – verwehrte er niemandem das Unvermeidliche. Wie er aber einerseits duldete, daß eine bei Rodungsarbeiten auftauchende Giftschlange erschlagen wurde, so hob er den Regenwurm vom Wege auf, damit er nicht vertrocknete. Die Malariamücke erchlug er auf seinem Ärmel, fischte aber den Brummer aus dem Teich, bevor er ertrank. Für den elternlos aufgefundenen Pelikan mußte er Fische fangen lassen, um ihn zu füttern. Sinnzwiespalt...

Mit Schweitzers praxisgehärteter Philosophie verhält es sich so, daß nicht etwa der Rotstift der Realitäten ein irriges humanitäres Gedankenwerk korrigiert; vielmehr stellt sich der tatsachennächste ethische Entwurf nur unerbittlich der Lebenswirklichkeit in ihren unaufhebbaren Widersprüchen. Er ist ein im Durchgang durch Resignation gehärtetes Dennoch. Der einsame Denker unter Palmen lieferte kein „System“ ab, um uns dann damit allein zu lassen, sondern er ging – darin allen philosophischen Vorgängern Europas überlegen – „selbst in eine gequälte, unerlöste Welt“ (Helmut Thielicke). „Er tut den ersten Schritt, wir aber pflegen Ziele zu proklamieren. Das ist das Zeichenhafte seiner Gestalt. Das ist seine Glaubwürdigkeit.“

„Alles, was du tun kannst ... “

Fast jeder, der einmal Schweitzers Reich durchwandert hat, gehört ihm daraufhin für immer an. Irgendeine anonyme Instanz fordert seinen Paß. So ist ihm auferlegt, in diesen Grenzen zu siedeln. Es ist kein leichtes Ackern in diesem Land. Doch sein gleichmäßiges Klima, die weiten Horizonte, das klare Licht lassen den Zwangskolonisten immer heimischer werden, und am Ende will er nicht mehr fort.

Mit etwas anderen Worten: In den Kapiteln *Aus meiner Kindheit und Jugendzeit, Aus meinem Leben und Denken,* über *Die Geschichte der Leben-Jesu-Forschung, Zwischen Wasser und Urwald, Kultur und Ethik* und in den Predigten liegt mehr als Wissenschaft, Erzählung, Bericht oder Gottesdienst. Hier wird über die menschlichen Beziehungen und den Auftrag in der Welt mit einer Gewißheit und einer gesicherten Erfahrung gesprochen, als ginge es um die Ergebnisse eines physikalischen Experiments. Dabei wird nicht eifernd ins Gewissen geredet, nicht herrisch gefordert, noch weniger gibt es Patentrezepte, sondern eher Warnungen, wonach derjenige, der sich vornehme, Gutes zu tun, nicht erwarten dürfe, daß die Menschen ihm deshalb Steine aus dem Wege räumen – eher rollen sie ihm welche darauf.

Die Glaubwürdigkeit des Sprechers, der jedes Wort durch Erfahrung belegt, trägt zu der besonderen Anziehungskraft seiner Aussagen bei. Aber er sagt es auch in einer Art, die ihm allein gehört. Miterleben, Mitleiden, Schmerzbewußtsein hat in unserer Zeit kein anderer in dieser Weise vermittelt. Wer einmal davon ergriffen wird, gibt vielleicht ein Stück Unbefangenheit auf, aber der Zugewinn macht ihn reicher. Jedenfalls verliert er die Fähigkeit, über fernerliegenden Dingen, die ihn persönlich nicht betreffen, zur Tagesordnung überzugehen. Manchmal teilen sich dann Eindrücke mit, die 1919 in der Kirche St. Nicolai im Zusammenhang mit den ersten Ausführungen über die *Ehrfurcht vor dem Leben* so formuliert wurden:

Wer einmal das Weh der Welt in sich erlebt, der kann nicht mehr glücklich werden in dem Sinne, wie der Mensch es möchte. In Stunden, die ihm Zufriedenheit und Freude bringen, ist er nicht imstande, sich unbefangen dem Behagen hinzugeben, sondern das Weh, das er miterlebt, ist da. In der fröhlichen Gesellschaft wird er plötzlich abwesend, weil irgendein dunkles Bild ihn getroffen hat.

Kann man so leben? Will man so leben? Elend an sich bedeutet keinen Gewinn. Aber des nicht vermeidbaren Elends sich innerlich anzunehmen, bedeutet eine höhere Lebensqualität als Verdrängung und Flucht. Manche Besorgnis stellt sich vielleicht ein, ob man bei solchem Lehrherrn mit dem höchsten Anspruch an sich selber nicht überfordert werde; ob man den Gesellenbrief nicht woanders leichter erwerbe. Doch der Meister hat hier vorgesorgt, fand das schöne Wort vom *Nebenamt*, das jeder in seinem Alltag entdecken könne, unscheinbar, womöglich geheim, vielleicht mit Enttäuschungen verbunden; abschrecken dürften sie nicht. Man solle suchen, *wo ein Mensch ein bißchen Zeit, ein bißchen Teilnahme, ein bißchen Gesellschaft, ein bißchen Fürsorge braucht. Vielleicht ist es ein Einsamer, ein Verbitterter, ein Kranker, ein Ungeschickter, dem du etwas sein kannst...* Überall fehle es doch an dem kostbaren Betriebskapital, Mensch genannt. Wer könne die Verwendungen alle aufzählen...

In einer der Predigten von 1919 wird eine ganze – noch frühe – Lebensbilanz zu einer knappen Losung eingedampft: *Alles, was du tun kannst, wird in Anschauung dessen, was getan werden sollte, immer nur ein Tropfen statt eines Stromes sein. Aber es gibt deinem Leben den einzigen Sinn, den es haben kann, und macht es wertvoll.*

Helfen und Sinngebung sind hier zu einer Bedingungseinheit, einem Junktim verknüpft, stehen in wechselseitiger Abhängigkeit, wobei die Quantität des Einsatzes nicht gewogen wird. Man kann seinen Lebensweg darauf gründen und sicher sein, nicht fehlzugehen. Es ist Schweitzers hilfreichstes Wort. Er selber bekannte, sich bei aller Teilnahme gegenüber Bedrängnissen nicht in Grübeleien darüber zu verlieren, weil jedem von uns gegeben sei, ein Stück Not zum Aufhören zu bringen.

Aber man darf seine Ethik nicht nur als Unterweisung darin betrachten, *wissend zu werden im Mitleiden*, nicht nur als „des Lebens ernstes Führen“, wie Goethe in einer Verszeile von seinem Vater sagt. Sie ist eine Totalgesinnung, zunächst einmal ein Lehrgang in Lebenskunst und Humor; so, wenn er in das Gästebuch des Frankfurter Freundeskreises eintrug: *Auch ich gehöre zum Schweitzer-Kreis*; oder wenn er einen alten Freund beim Wiedersehen fragt, was für ein Mittel er nach seinem Schlaganfall einnehme, und auf die entsprechende Antwort fröhlich erklärt: *Ausgezeichnet! Das gebe ich auch meinen Geisteskranken.*

„Lebenskunst“ hieß bei ihm nicht nur, immer zur rechten Zeit das Richtige zu tun und seine Begabungsfülle ohne Zerrissenheit auszubalancieren; sie hieß ebenso, nachtwandlerisch sicher zu gehen, soweit es die Zwischentöne des menschlichen Miteinanders betrifft. Die schönste Klarschrift von Lebensregeln steht zusammengedrängt, oft gleichnishaft, im Schlußkapitel der Jugenderinnerungen, niedergeschrieben an einem Sonntagnachmittag kurz vor der zweiten Ausreise nach Afrika 1924. Die folgenden Sätze sind ein Extrakt:

... Es flutet viel Wasser unter dem Erdboden, das nicht als Quelle heraustritt. Manchmal auch will unser Licht verlöschen und wird durch ein Erlebnis an einem Menschen wieder neu angefacht. Das Wirken der Kraft ist geheimnisvoll. Nur wer Ehrfurcht vor dem geistigen Wesen anderer hat, kann andern wirklich etwas sein. Das Einzige, worauf es ankommt, ist, daß wir darum ringen, daß Licht in uns sei. Wo Licht in Menschen ist, scheint es aus ihnen heraus. Viel Kälte ist unter den Menschen, weil wir nicht wagen, uns so herzlich zu geben, wie wir sind. Im Jugendidealismus erschaut der Mensch die Wahrheit. Das große Wissen ist, mit den Enttäuschungen fertig zu werden. Das große Geheimnis ist, als unverbrauchter Mensch durchs Leben zu gehen. Was ein Mensch an Gütigkeit in die Welt hinausgibt, arbeitet an den Herzen und an dem Denken der Menschen. Wo Kraft ist, ist Wirkung von Kraft. Kein Sonnenstrahl geht verloren. Aber das Grün, das er weckt, braucht Zeit zum Sprießen, und dem Sämann ist nicht immer beschieden, die Ernte mitzuerleben. Alles wertvolle Tun ist Tun auf Glauben.

Das hat kein Illusionist geschrieben. Wer von sich sagt, er wäre mit weniger starken Nerven manchmal der Sorge, Not und Traurigkeit erlegen, und dennoch Worte so freudiger Zuversicht verschenkt, von dem nimmt man sie bereiter an. Daher ist Schweitzer am stärksten dort, wo er Lebenshilfe gibt; wird sie doch im immer komplizierter werdenden Gemeinschaftsleben für immer mehr Menschen immer nötiger. Er empfiehlt nicht nur die Marschroute, sondern liefert auch großartige Wegekarten. Als Moralist ist er nicht so abstrakt und unerbittlich wie Immanuel Kant. Er läßt ahnen, daß der Altruismus der Zwillingsbruder des Glückes ist, und entschädigt mit dem Wissen, daß auch die nicht erkennbar belohnte Mühe Früchte trägt.

Daher zielt ein Vergleich auch eher in andere Richtung als nach Königsberg. In der gleichnishaften Verkündigung, der sanften Entschiedenheit, auch im Hoffnungscharakter der wiedergegebenen Sentenzen liegt etwas vom Stil der Seligpreisungen. Schweitzer liebte das Matthäus-Evangelium am meisten. Wie er in der Jugendrückschau unbewußt den Ton der Bergpredigt modernisiert, so schließt er bewußt mit ihr; liege doch eine *unermeßlich tiefe Wahrheit in dem phantastischen Worte Jesu*: Selig sind die Sanftmütigen, denn sie werden das Erdreich besitzen.

„SITTLICHE WELTVOLLENDUNG“

Der philosophische Optimist und seine Grenzen

Den Geschichtsverlauf auf ein sinnvolles, gottgewolltes Endziel hin zu betrachten, war im mediterranen Altertum nur für eine Minderheit weltanschaulich bestimmend gewesen: für einen Teil der Juden und über sie für die Christen. Da Jesus von Nazareth als Jude in bevorzugten Schriften des Alten Testaments seine Glaubensheimstatt gefunden und weil besonders die Vorstellungswelt der Daniel-Apokalypse auf ihn eingewirkt hatte, ging diese Sichtweise nun in die Evangelien ein. Von da her wurde sie für das ganze christliche Mittelalter zum Leitmotiv.

Seit Jesus in die Welt gekommen war, hatte die Geschichte somit neue Qualität gewonnen; sie war „erfüllt“. Sein Versprechen der Wiederkehr gab dem verbleibenden Zeitverlauf den Charakter eines Geschichtsepilogs. Man lebte in der Endzeit, in der Naherwartung. Das Nichterscheinen des unmittelbar erhofften Gottesreiches, die Parusie-Verzögerung, mochte irritieren. Paulus aber „rettete“ dieses Endzeitgefühl durch den genialen Kunstgriff, man lebe ja bereits „in Christo“. Mit dieser Formel, die das Kommende gleichsam vorwegnahm, wurde der exakte Zeitpunkt unwesentlich. Dies führte zu einer entspannteren, weiträumigeren eschatologischen Weltsicht. Als solche aber blieb sie erhalten. Nahm zwar die Diesseitigkeit die Sinne zeitweilig voll in Anspruch und war das Leben hinter Klostermauern streckenweise durchaus nicht nur gottbezogen: Im Seelenhintergrund des ganzen Mittelalters blieb die jenseitsgerichtete Grundstimmung bestehen. In Krisenzeiten konnte sie zu heller Flamme auflodern, in politischen Erfolgsperioden sich hinter lebensfroher Weltnähe verbergen, ganz verlor sie sich nie.

Das unerbittliche Beharren der Welt, im Planetenkreise weiter ihre Bahn zu ziehen, mußte die Endzeitvisionen notgedrungen immer von neuem widerlegen. Christliche Gläubigkeit vermag solche Spielregelverletzungen lange gelassen zu ertragen. Irgendwann aber verliert auch die ehrwürdigste Lehrmeinung ihre Macht über die Gemüter, wenn die Voraussage niemals eingelöst wird. Natürlich hat zum Zurückweichen des christlichen Endzeitbewußtseins wesentlich beigetragen, daß das europäische Menschenbild mit dem Humanismus und der Renaissance neu vermessen wurde und langsam, in kleinsten Schritten, eine weltlichere Grundeinstellung vordrang.

Doch nun geschah Seltsames. Die christliche Eschatologie ging weithin verloren, mit Betonung auf „christlich"; aber nicht die Eschatologie an sich. Als das theologische Fundament der Apokalyptik brüchig wurde und man die Geschichte nicht mehr grundsätzlich als Erlösungs- und Heilsgeschehen mit überweltlichem Finale begriff, da wandelte sich diese Anschauung nicht radikal, sondern paßte sich an. Sie behielt den Rahmen bei und tauschte den Inhalt aus. Das Heilsgeschehen wurde verweltlicht, säkularisiert. So beherrschend war lange die Sichtweise von der Weltgeschichte als Heilsgeschichte mit klarem Richtungsverlauf gewesen, daß die nachfolgenden Jahrhunderte sie nicht aufgeben konnten. Sie reisten auch fernerhin im geschichtlichen Geradeausverkehr, nur, daß das christliche Gefährt nunmehr innerweltliche Geschichtsziele ansteuerte, Projekte profanen Heils.

Der Philosoph Karl Löwith hat den Vorgang nach dem Zweiten Weltkrieg so formuliert: Wenn der Glaube an Christi Wiederkehr einmal Fuß gefaßt und jahrhundertelang gültig gewesen sei, werde der Mensch schwerlich zu einer ziellosen, zyklischen Ansicht vom Verlauf der Geschichte – wie er besonders bei den Griechen geherrscht hatte – zurückfinden, selbst wenn er sich vom mittelalterlichen Vorstellungen gelöst habe. „Er wird versuchen, die Vorsehung zu ersetzen, doch innerhalb des vorgegebenen Horizontes, indem er die christliche Erwartung auf Erlösung zur unbestimmten Hoffnung einer besseren Welt verweltlicht. Der Glaube an die göttliche Vorsehung wird zum Glauben an die Fähigkeit des Menschen, für sein eigenes irdisches Glück vorsorglich sorgen zu können."

Geistesgeschichtlich fand hier ein Vorgang von äußerster Tragweite statt. Maßgeblich trug dazu ein geschichtliches Bündnis bei, das auf die Renaissance zurückgeht. Christentum und Philosophie nahmen im sechzehnten Jahrhundert Beziehungen miteinander auf, indem sie ihre beiderseitigen sittlichen Inhalte vereinigten. Im römischen Altertum hatten der ethisch grundierte Christenglaube und die ethische Philosophie der Stoa nicht zueinander finden können, weil das Denken der Antike grundsätzlich des Fortschrittsglaubens ermangelte. Die veränderte, optimistische, aufbruchfreudige Geisteskonstellation der Frühneuzeit erlöste beide, Christentum und Philosophie, aus den Fesseln der Passivität. Denker wie – zuerst – Erasmus von Rotterdam fingen an, die Religion Jesu als eine Religion des Wirkens in der Welt aufzufassen und zugleich für die moralischen Anrufe der griechischen und römischen Stoiker empfänglich zu werden. Es lag nahe, Synthesen beider zu versuchen. Jetzt gelang, was tausend und mehr Jahre zuvor nicht gelungen war.

Dieses Bemühen des Humanismus hätte sogleich viel breiter fruchtbar werden können, wäre da nicht ein Augustinermönch gewesen, welcher mit der qualvoll durchgefochtenen Frage nach der göttlichen Gnade eine religös-kirchliche Revolution in Gang gesetzt und den Humanismus zumindest im deutschsprachigen Raum zurückgedrängt, ja abgewürgt hat. Das hatte tiefgreifende Folgen für das deutsche Bildungsverständnis und Sittenideal. Luther und die neue evangelische Konfession, gewiß, sie predigten strenge Moral und entwarfen einen Pflichtenkanon, der die evangelische

Welt, insonderheit die preußische, stark prägen sollte. Aber es war ein andersartiger ethischer Appell als der humanistische. Dieser wurde erst mit hundertfünfzig Jahren Verzug wieder rege und nahm dabei die weltanschauliche Färbung der „Aufklärung“ an.

Zu immer lichteren Höhen

Männer wie Balthasar Bekker, Friedrich von Spee, Christian Thomasius bekämpften noch unter erheblichem persönlichen Risiko den Aberglauben, die Knebelung des vernunftgemäßen Denkens, die Ketzer- und Hexenverfolgungen, die vorrangig nicht dem „finsteren Mittelalter“, sondern der erleuchteten Neuzeit angehörten. Der Hauptantrieb dazu, der Teufelsglaube, *der* allerdings war vom Mittelalter herübergenommen. Als schließlich im frühen 18. Jahrhundert die letzten Scheiterhaufen verglüht waren, ging der Kampf weiter: für Glaubensfreiheit und andere Menschenrechte, für Gewaltenteilung, für die Verbesserung der öffentlichen Zustände und die Humanisierung der Justiz, für Völkerverständgung und fortschrittliche Pädagogik.

Natürlich mußten die Kritiker immer störender Eingriffe von seiten der obrigkeitlichen Zensur gewärtig sein. Als Montesquieu 1748 sein zweibändiges Werk über den Geist der Gesetze, „De l'Esprit des Lois“, veröffentlichte, wich er bei der Behandlung des Absolutismus lieber in halbexotische Regionen aus: „Bei den Türken, wo die drei Gewalten in der Person des Sultans vereinigt sind, herrscht fürchterlicher Despotismus – Chez les Turcs, òu ces trois pouvoirs sont réunis sur la tête du sultan, il règne un affreux despotisme.“

Mit wachsendem Erfolg predigten die Philosophen Vernunft und Sittlichkeit. Die Philosophie trug die Standarte des Fortschritts im Staatsleben. Sie wurde zur Königin der Wissenschaften. Dabei sog sie die sittlichen Gehalte des Christentums bis zur Unerkennbarkeit der Herkunft auf. Niemand hätte jetzt, drei Jahrhunderte nach dem geschichtlichen Bündnis, noch vermutet, daß unter der philosophischen Außenfront ein Doppelwesen wohnte aus ursprünglich christlichen und stoischen Elementen, nur inzwischen wesentlich einflußreicher als bei der ersten zarten Kontaktnahme von einst. Der Humanismus schien am Ziel des langen Weges angekommen zu sein. Die meisten seiner Repräsentanten waren zukunftsfroh wie keine Zeitgenossenschaft je zuvor.

Voltaire erkannte der raison humaine die Fähigkeit zu, in langsamem Aufstieg, nicht ohne Rückschritte, die Reste der innerweltlichen Dunkelheit zu überwinden. Indem er den Fortschritt des menschlichen Geistes bewußt nur an Blüteperioden kultureller Errungenschften und verfeinerten Sitten ablas: der perikleischen, der augusteischen, der Renaissance und derjenigen des vierzehnten Ludwig, wurde er nebenbei zum Urheber der historiographischen Disziplin „Kulturgeschichte". Jene Zeitalter glichen aber letztlich doch nur Vorstufen. Dafür bürgt der Satz, das eigene Jahrhundert sei das erleuchtetste, das es je gegeben habe, „le siècle le plus éclairé que fut jamais.

Anders als Voltaire war Anne Robert Turgot – eine Generation jünger – nicht nur Betrachtender des Weltverlaufs, sondern kannte als hoher Verwaltungsbeamter Ludwigs XVI. den Staat von innen. Die Vergeblichkeit, ihn zu reformieren, hinderte ihn nicht, froh nach vorn zu blicken. „Interesse, Ehrgeiz und eitler Ruhm verändern unaufhörlich die Bühne der Welt und überschwemmen die Erde mit Blut. Und inmitten dieser Verheerungen werden die menschlichen Sitten sanfter, der menschliche Geist wird aufgeklärt, und die einzelnen Nationen kommen einander näher. Handel und Politik vereinigen schließlich alle Teile des Globus, und die ganze Masse der Menschheit, im Wechsel von Ruhe und Bewegung, Gut und Böse, marschiert beständig, wenn auch langsam, größerer Vollkommenheit entgegen."

In Antoine de Condorcet vervollständigt sich das große französische Dreigestirn der Zukunftsbegeisterten.

Der Marquis war überzeugt, daß die „Perfectibilität" des Menschen praktisch unbegrenzt und niemals rückläufig sein werde. Der Mathematiker und Politiker, einer der jüngeren französischen Enzyklopädisten, teilte mit seinem Zeitalter den Glauben an den Fortschritt zu immer lichteren Höhen. Die Zeit werde kommen, wo die Sonne nur freie Menschen bescheine, solche, die keinen anderen Herrn als ihre Vernunft anerkennen, wo Tyrannen und Sklaven, „Priester und ihre Werkzeuge" nur noch in den Geschichtsbüchern und auf der Bühne zu finden sein würden.

Es ist kein Zufall, daß all diese Beispiele der Aufklärung französischer Prägung entstammen. Wo es um anzuwendendes, umzusetzendes Staatsdenken geht, da hat der praktische französische Philosophengeist die Führung vor dem deutschen, der tiefer lotet, aber zumeist weniger für das jeweilige Jetzt und Heute zu nutzen ist. Daher ist Schweitzers rühmendes Wort in *Kultur und Ethik* von 1923, wonach die Philosophie des Rationalismus *Schwielen an den Händen* trage, vorrangig auf die französische gemünzt. Dabei besteht der ironische Kontrast, daß die wirklichen Erträge damals eher im aufgeklärten Absolutismus deutscher Fürstenstaaten zu finden waren. Frankreichs Philosophie war fordernder und optimistischer, bei schwächerer Umsetzung in Tatsachen im eigenen Land, Deutschland besaß weniger tageszugewandte Denker, dafür rühmliche Ergebnisse. Lag es auch am grenzüberspannenden Draht zwischen Geist und Macht? In der Freundschaft Voltaires mit Friedrich dem Zweiten, lange, bevor er der Große war, fand diese in Deutschland so seltene Synthese sich am berühmtesten verkörpert.

Jahrtausendsprung

Ist uns einmal grundsätzlich der ideengeschichtliche Hintergrund vertraut geworden, dann sehen wir auf dem Webstuhl der Geschichte immer wieder das gleiche Grundmuster durchschimmern, nur mit wechselnden Farben.

Kant pries vorauskündend den ewigen Frieden, Hegel den Fortschritt im Bewußtsein der Freiheit, und Karl Marx, der Enkel der hochgemuten Aufklärung und ihres optimistischen Menschenbildes, entwarf den seligen Endzustand einer klassenlosen Gesellschaft. Heinrich Heine läßt sich im *Wintermärchen* von 1844 nicht auf nähere Erläuterungen ein, worin das irdische Paradies sich auszeichnen werde; er ist nur von seinem Kommen überzeugt und besingt es summarisch-allgemein:

Ein neues Lied, ein besseres Lied,
O Freunde, will ich euch dichten:
Wir wollen hier auf Erden schon
Das Himmelreich errichten.

Sie alle waren unverkennbar und unbewußt an den ehrwürdigen Traditionsstrang säkularisierter Heilsgeschichte angebunden, erkannten dem gesunden Menschenverstand die Fähigkeit zu, auf dem Wege vernünftiger Verhaltensweisen allmählich die letzten Dunkelheiten zu überwinden. Albert Schweitzer schrieb in seiner Kulturphilosophie: *Niemals besaßen die Ideen des Zweckmäßigen und des Ethischen eine solche Gewalt über die Wirklichkeit wie unter jenen Menschen des flachen Optimismus und der rührseligen Moral.* Er sah also den Enthusiasmus des Zeitalters keineswegs unkritisch. Umso überraschender, daß er selber jene so anerkennend wie nüchtern betrachtete Sinnesweise in der gleichen Tonart gleichsam fortschreibt. Indem er nämlich formuliert, die Idee der *sittlichen Weltvollendung* liege in uns und sei mit dem sittlichen Willen gegeben – so ist diese Formel nur ein weiteres Prachtexemplar aus der Rüstkammer des verweltlichten Heilsverlangens. Und trotz aller Ernüchterung angesichts der realen Weltzustände fragt er, *ob wir dauernd auf die Weltanschauung verzichten müssen, die die Ideale der Vervollkommnung des Menschen und der Menschheit ... in sich trägt.*

Unbewußt, so ist zu schließen, unterliegt Albert Schweitzer dem Denkmodell der von ihm so hochgeschätzten Epoche des weltanschaulichen Höhenfluges. In ihrem spätesten Nachkömmling erwacht untergründig auch der vom Rationalismus begeisterte Großvater Schillinger, der *ein Eiferer für Aufklärung* gewesen sei und *noch ganz den Geist des achtzehnten Jahrhunderts an sich hatte*. Durch ihn war jenes Jahrhundert für den Enkel noch immer geschichtlicher Nahverkehr.

Aber die Eigentümlichkeiten gehen noch weiter als bis zu Begriffsbildungen, die den rationalistischen Glücksverheißungen nachgebildet sind. Er sieht nämlich andererseits ganz klar die Gegensätze zwischen der heilsgeschichtlichen Urfassung und unserer verweltlichten Kopie, rückt sie sogar aufs knappste in einen Sinnzusammenhang: Während Jesus eine übernatürlich sich realisierende Weltvollendung erwartet habe, könnten wir sie nur als Resultat der sittlichen Arbeit begreifen. Er transponiert also das von Jesus erwartete überzeitliche Finale ins Weltliche und macht daraus ein zu schaffendes Gottesreich hiesigen Menschenglücks. Er faßt in einen einzigen Satz das jüdisch-christliche Original und seine weltliche Verfremdung, läßt an sich selber die Metamorphose einer Heilsvision ablesen, als wäre dieser Jahrtausendsprung die natürlichste Sache der Welt.

Nur eins fehlt in seiner verblüffenden Zusammenschau: der Schlüssel, das Sesam-öffne-dich, womit die weiten Geschichtsräume des Übergangs von der religiösen zur profanen Fassung der Eschatologie aufgeschlossen werden. Er sieht den Ursprung – zumal als Theologe – und erfaßt mit sicherem Instinkt, daß unser modernes Weltbild das „Gottesreich“ anders begreifen müsse. Daß aber die Verwandlung nicht als geschichtliche Knopfdruck-Automatik in die Moderne zu übertragen, sondern ein Langzeitprozeß gewesen ist; daß auch die modern-historischen Erfüllungsprojektionen dem Wesen nach Heilsgeschichte sind, weil aus ihr hervorgegangen – das war ihm nicht bewußt. Da hätte Löwiths Erkenntnis sicher ein Aha-Erlebnis bedeutet.

Man mußte für den Kerngedanken nicht unbedingt diesem Denker verpflichtet sein, so umfassend und eindrucksvoll gerade er das Heilsschema erstmals darlegt. Der Theologe Helmut Gollwitzer nämlich konnte das Buch von 1953 in seiner deutschen Fassung (englisch 1949) gar nicht kennen, als er in russischer Gefangenschaft ein Tagebuch führte, das 1956 in München unter dem Titel „… und führen, wohin du nicht willst" erschien. Unter dem Datum des 21. Mai 1948 schreibt der neugierige Erkunder sowjetisch-marxistischer Beschaffenheiten und ihres ideengeschichtlichen Wurzelwerkes: „Er (Marx) kann sich von seinem Standort post Christum nicht freimachen, er muß die Geschichte als Weg zu einem Ziel ansehen, die heimliche Metaphysik des Entwicklungsbegriffs hat er nie durchschaut." Hier klingt also mindestens etwas vom großen geschichtlichen Paradigmenwechsel an, der aus der Sehnsucht nach dem ewigen Gottesreich die irdische Heilssucht hatte werden lassen: diejenige nach Heines Himmelreich auf Erden.

Der fruchtbare Irrtum

Albert Schweitzers Anstrengungen, die Ethik zu vertiefen und seine Weltformel *Ehrfurcht vor dem Leben* zu einer Lehre auszubauen, waren aus Enttäuschung hervorgegangen. Denn: Während die Königin der Wissenschaften im achtzehnten Jahrhundert Macht über die Tatsachen gewonnen hatte, über viele Tatsachen jedenfalls, sei sie im neunzehnten führerlos geworden. Die Philosophie habe abgedankt zugunsten der unterdes erstarkten Naturwissenschaften. Diese *schlugen mit plebejischer Begeisterung für die Wahrheit der Wirklichkeit die von der Phantasie geschaffenen Prachtbauten in Trümmer.* Daß die ethischen Vernunftideale seither obdachlos in der Welt herumirrten, sieht ihr Anwalt in Mängeln ihrer verlorenen Heimstätte, eben der Philosophie. Sie sei enthusiastisch und edel gewesen, aber nicht tief genug im Denken begründet und deshalb nicht krisenfest. Auf ihrem Versagen beruhe der Rückgang der Kulturgesinnung seit der Mitte des neunzehnten Jahrhunderts und letztlich die Katastrophe des frühen zwanzigsten.

So erschien es diesem Vorkämpfer einer geistigen Erneuerung logisch, sie mit vertieften Wertmaßstäben, mit beständigeren Normen auszustatten, damit sie von neuem kulturmächtig werden könne. Der Rationalismus, meinte er, war nur unzulänglich ausgerüstet. Man mußte ihm nachträglich eine stabilere Grundlage verschaffen und der ethischen Philosophie in der Gesellschft wieder zu ihrem Recht verhelfen. Vor diesem gedanklichen Hintergrund vollzog sich die ergreifende Geistestat in der tropischen Einsamkeit (zu Ende geführt in Günsbach). Ein Denker des 20. Jahrhunderts schrieb den Epilog zum achtzehnten.

Einen Menschen seiner Grundanlage mußte es unwiderstehlich reizen, das Mißglückte der bewunderten Vergangenheit in der eigenen Ideenwerkstatt noch einmal ins reine zu schreiben. Als er die Ergebnisse in der Hand hatte, begnügte er sich nicht damit, von Mensch zu Mensch zu sprechen und ihm zu sagen, welches der – oftmals unerkannte – Auftrag des Herzens sei, sondern er begriff die Ehrfurcht vor dem Leben auch als Verhaltensnorm für die Gesellschaft und wendete die gefundenen Leitsätze auf sie an. Da die Philosophie einmal kulturtragend gewesen war, sollte sie es von neuem werden; das Rüstzeug dazu besaß sie ja nun. Sein Zutrauen in die Macht der Philosophie ließ ihn glauben, daß mit ihrer Hilfe die Welt moralisch zu erneuern sei: das echt aufklärerische Erbe in Schweitzer – und zugleich ein Irrtum, soweit es hierbei um die Kollektivethik geht.

Im achtzehnten Jahrhundert bestand eine geschlossene Bildungsschicht, die gedankliche Erträge und Maximen in dauerndem Austausch filterte, neues Denken vereinnahmte, weiterreichte und zum Kulturinventar machte. Ihre Repräsentanten nahmen geistigen Einfluß auf die Mächtigen und deren einzelverantwortliches Handeln. Dieser klare Ursachen-Wirkungen-Mechanismus wich schon im nachfolgenden Jahrhundert, erst recht im zwanzigsten, einer vielgestaltigen Gesellschaft, in welcher anonyme Entscheidungsprozesse kennzeichnend wurden. Auf der Hand liegt, daß eine einzelnde Geisteswissenschaft darin nicht mehr den Einfluß ausüben konnte und kann wie ehedem. Schweitzer indes glaubte an diese Möglichkeit. Ein Stück tiefgefrorener Aufklärung taute er wieder auf im sozialen Haushalt seiner eigenen Zeit, obwohl man in dieser Küche inzwischen ganz anders kochte. Das gab seiner kulturellen Missionsarbeit, soweit sie ins Gesellschaftliche zielte, einen Zug von heroischem Anachronismus.

Seine ganze Weltsicht stützt das tiefgreifende Mißverständnis. Philosophisch gehörte er der Schule des Idealismus an, wofür der Satz aus dem dreizehnten Kapitel des Buches *Aus meinem Leben und Denken* von 1931 bürgt: *Alle Geschehnisse, die sich in den Völkern und der Menschheit ereignen, gehen auf geistige, in der Weltanschauung gegebene Ursachen zurück.* Die Sicht ist so einseitig wie die Gegenposition von Karl Marx, die philosophisch-materialistische, wonach die gleichen Geschehnisse genau entgegengesetzt von Produktionsverhältnissen und Klassenkämpfen vorangetrieben worden seien.

Bezeichnend, daß beide so tiefschürfenden Denker der jeweils anderen Sicht gar keinen Raum gaben. So hat Albert Schweitzer die nachrationalistische Welt infolge seiner idealistischen Blickverengung nicht würdigen können. Auch dafür steht ein Schlüsselsatz, diesmal in der Vorrede zum zweiten Teil der Kulturphilosophie von 1923: *Was zwischen damals und jetzt liegt* (gemeint: zwischen der Spätaufklärung und der Gegenwart), *ist ein Intermezzo des Denkens, ein Intermezzo mit außerordentlich interessanten und reichen Momenten, aber doch nur ein verhängnisvolles Intermezzo.* Die mächtigen sozialen Bewegkräfte des neunzehnten Jahrhunderts als geschichtliche Handlungsträger hat der Philosoph im Urwald nicht in sein Weltbild integriert – worauf in der Wissenschft wiederholt verwiesen worden ist, so von Heinz Röhr. Deshalb konnte er unbefangen der Philosophie, einer nicht tief genug begründeten, die Schuld am kulturellen Niedergang geben. Doch auch eine vertiefte – seine eigene – hätte dem stürmischen Schicksalswagen der Industriewelt nicht in die Speichen greifen können. Als Gestaltende und Leidende des Industriezeitalters können wir nicht anders, als viele der jetzigen Lebensumstände auf Zwangsläufigkeiten zurückzuführen. Die mächtigen Bewegkräfte der nachrationalistischen Zivilisation waren nicht denkerisch zu regulieren wie ein Flußverlauf durch Uferbefestigungen, Schleusen und Wehre.

Gleichwohl ist dies noch nicht das Schlußwort zur Ethik aus Lambarene – in diesem Fall der überindividuell verstandenen. Was jahrzehntelanges ethisches Grübeln, vom praktischen Wirken einmal abgesehen, an untergründigen gemeinschaftlichen Sinneswandlungen nach sich zieht, ist nicht meßbar. Auch muß hinzugefügt werden, daß Irrtümer und Vorurteile zuweilen ungewöhnlich fruchtbar sein können. Hätte der Missionsarzt so um Vertiefung der überkommenen moralischen Leitideen gerungen, wenn nicht sein Vertrauen in den Geist der Aufklärung so groß gewesen wäre? Hätten Zweifel an den Aussichten nicht das Ideal verdunkelt, die Willensanstrengung gelähmt? So erweist sich die unbeirrte Rückschau zu den Erfolgszeiten moralischen Philosophierens und die Überschätzung heutiger Wirkensmöglichkeiten dieser königlichen Wissenschaft zuletzt sogar als ein Gewinn.

Ethische Weltvollendung wird auf unabsehbare Zeit Utopie bleiben. Nicht auszuschließen freilich, daß die Notlage, unseren gefährdeten Globus am Leben zu erhalten, wenigstens zu moralischem Umdenken zwingt. Da *das Können des Menschen größer geworden (ist) als seine Vernünftigkeit* (Schweitzer 1936), so ist das „Grundproblem der Gegenwartsgesellschaft“, nach Claus Günzler, „wie man die Vernünftigkeit des Menschen steigern kann, damit sie den Entwicklungen des wissenschaftlich-technischen Fortschritts gewachsen ist". Wenn überhaupt Hoffnung berechtigt sein darf, dann durch die Ethik des Zwangs.

ALBERT SCHWEITZER ALS SCHRIFTSTELLER

Vom Urwalddoktor wußten alle, vom Orgelspieler die meisten, vom Theologen und Prediger viele, vom Kulturphilosophen etliche. Aber wie viele hätten wohl gedacht, daß der so überaus Vielseitige über vierzig Bücher gedruckt oder ungedruckt hinterlassen hatte? Was er veröffentlicht beziehungsweise an Material für Nachlaß-Editionen verfügbar gemacht hat, übertrifft den Schaffensumfang der meisten Schriftsteller im Hauptberuf.

Wer nichts von ihm wüßte und als erstes seine Kindheitserinnerungen liest, käme nicht auf den Gedanken, bei näherer Bekanntschaft in einem Meer von Druckbuchstaben ertrinken zu können, sondern stellt sich vielmehr jede andere Tätigkeit eher vor als gerade das Schreiben, nachdem er die Abschnitte über die Qual der Dankespost gelesen hat.

Der unheimlichste Ort war mir das Studierzimmer meines Vaters. Nur wenn ich unbedingt mußte, setzte ich meinen Fuß hinein. Der Büchergeruch, der darin herrschte, nahm mir den Atem. Und daß mein Vater immer am Tisch saß und studierte und schrieb, dünkte mir etwas furchtbar Unnatürliches. Ich verstand nicht, wie er das aushalten könne, und gelobte mir, nie so ein studierender und schreibender Mensch zu werden.

... Einmal im Jahr aber mußte ich mit der Studierstube Bekanntschaft machen. Das war zwischen Weihnachten und Neujahr. Da kam der Tag, an welchem es nach dem Morgenessen aus dem Munde des Vaters hieß: "Heute aber werden die Briefe geschrieben! Die Weihnachtsgeschenke nehmt ihr an. Aber wenn's dann heißt, an die Dankbriefe gehen, da seid ihr zu faul. Darum dran! Und ich will keine verdrossenen Gesichter sehen!

Oh, diese Stunden, während deren ich mit meine Schwes-

tern im Studierzimmer saß, die Bücherluft einatmete, die Feder meines Vaters auf dem Papier kratzen hörte, im Geiste bei den Kameraden war, die auf ihren Schlitten den Berg hinter der Kirche hinuntersausten, und an Onkel, Tanten, Taufpaten und an andere Geber von Weihnachtsgeschenken Briefe schreiben sollte! Und was für Briefe! So etwas Schweres für die Feder ist mir in meinem Leben überhaupt nicht mehr vorgekommen. Alle Briefe hatten naturgemäß drei Teile und denselben Inhalt: 1. Dank für das von dem Betreffenden gespendete Weihnachtsgeschenk nebst Versicherung, daß es von allen Geschenken mir am meisten Freude gemacht habe. 2. Aufzählung der sämtlichen Geschenke. 3. Neujahrswünsche. Bei gleichem Inhalte sollte doch jeder Brief von dem andern verschieden sein! Und in jedem türmte sich die furchtbare Schwierigkeit auf, einen guten Übergang von den erhaltenen Weihnachtsgeschenken zu den Neujahrswünschen zu finden. Von der Not, zu guter Letzt jedesmal das gerade passende Schlußkompliment vorzubringen, will ich gar nicht reden!

Jeder Brief sollte zuerst ins unreine geschrieben und dem Vater vorgelegt werden. Dann hieß es ihn verbessern oder neu bearbeiten und zuletzt auf einem schönen Briefbogen ohne Fehler und ohne Tintenklecks abzuschreiben.

Oft ging's zum Mittagessen, und ich hatte noch nicht einmal eines von den sechs oder sieben erforderlichen Schreiben entworfen! Jahrelang habe ich die Mahlzeiten zwischen Weihnachten und Neujahr mit meinen Tränen gesalzen. Einmal fing ich gleich nach der Bescherung am Christfest, im Hinblick auf die dadurch unvermeidlich gewordenen Briefe, zu weinen an! Meine Schwester Luise brachte es fertig, jeden Brief anders zu schreiben und immer neue Übergänge von den Weihnachtsgeschenken zu den Neujahrswünschen zu finden. Nie wieder hat mir jemand durch schriftstellerische Gewandtheit so imponiert wie sie.

Wir kennen genügend Beispiele, wonach Druck und Zwang im Kindesalter lebenslange Abneigung gegen das damals Aufgenötigte bewirkte. Edward VII. beispielsweise, Sohn des Prinzgemahls Albert und der Queen Victoria, wurde von seinem wohlmeinenden Vater derart mit Lernstoff angefüllt, daß er als erwachsener Kronprinz und hernach als König zu ernsthafter und ausdauernder Arbeit am Schreibtisch untauglich war und sich statt dessen unablässigen Zerstreuungen ergab. Der Günsbacher Pfarrerssohn: Wäre er nicht gut vorstellbar mit einem späterhin unüberwindlichen Widerwillen gegen das Abfassen von Briefen, wenn nicht gegen das Schreiben überhaupt? Ein solches Erziehungsergebnis hätte keinen Psychologen überrascht.

Sein Schicksal aber wollte es, daß ihm genau dies aufgenötigt wurde. Albert Schweitzer mit seinem privaten, von Spenden abhängigen Urwaldspital war immerfort der Verpflichtung ausgesetzt, für die hocherwünschten Zuwendungen danken zu müssen, so daß die Zahl solcher Dankesbriefe gewiß von niemandem in der Welt übertroffen wird.

War es also so, daß er in Lebensverhältnisse geriet, die auf seine Befangenheiten keine Rücksicht nahmen und die Hemmungen einfach beiseite schoben, oder war so viel Rüstzeug von schreibender Selbstmitteilung in ihm angelegt, daß die Drangsal der Kindertage die Grundsubstanz nicht beschädigen konnte?

Alles spricht für die zweite Erwägung, wählte doch der Abiturient von 1893 einen Beruf, von dem man buchstäblich sagen kann: „Im Anfang war das Wort“. Der Pfarrer muß seine Predigten ausarbeiten, der theologische Wissenschaftler die Vorlesungen, von den Buchwerken gar nicht zu reden.

Und wie viele Briefe gingen schon in den ersten Lambarene-Jahren hinaus! Gewiß, er fühlte sich verpflichtet, wegen all der Mithilfe aus der Heimat periodisch Rechenschaft zu geben. Aber die Form dieser Auskünfte geriet weitaus umfangreicher als ein bloß pflichtgemäßes Protokollieren von Aufbauarbeit und Begebenheiten. Das waren schon keine Briefe mehr, sondern ausgereifte Erzählstücke, verfaßt mit sichtlicher Freude, andere am Erleben im Dienst der Humanitas teilhaben zu lassen. Wer nur gezwungen schreibt, würde sich viel enger auf die notwendigen Sachmitteilungen beschränken.

So läßt also schon die flüchtige Beweisaufnahme folgern, daß in dem Multitalent Schweitzer der Mann des Wortes mitangelegt war. Die Heilkraft des Gemütes muß die Wunden der Kindertage geschlossen haben; denn schon für die spätere Gymnasialzeit hatte gegolten: *Im Aufsatze war ich, wenn ich mich recht erinnere, gewöhnlich der Erste.*

War Albert Schweitzer demnach offenkundig doch ein Schreibender „von Geblüt", so ist nun näher zu beleuchten, wie der Leser ihm darin begegnet: thematisch; sprachlich-stilistisch; gestaltend. Den Briefen als seiner umfänglichsten Aussageform soll abschließend ein eigener Abschnitt gehören. Das schulden wir den Tränen, die das Günsbacher Kind ihretwegen vergoß.

„Viens le pélican!"

Es gibt Genies der Einbildungskraft und solche des Realen. Wer tagsüber operiert, Schubkarren mit Sand und Steinen schiebt, auf Baugerüsten herumsteigt, abends sich an der Orgel erholt und sonntags predigt, der wird wohl auch als Schriftsteller seine Stoffe eher aus dem unendlichen Vorrat der Tatsachen gewinnen als aus der Phantasie. Thematisch ist dieser Autor also von vornherein dem „Sachbuch" zuzuordnen und nicht frei-schöpferischer Wahl von Stoffen. Neben dem Messianitätsgeheimnis und dem Orgelbau, neben Weltreligionen und der Kulturphilosophie bis hin zur Atomgefahr sind es die ihm wichtigen großen Gestalten, die er forschend und nachsinnend umkreiste: Jesus, Paulus, Bach und Goethe. Unabhängig davon, daß einzelne Forschungserträge veralten oder von vornherein auf Ablehnung stoßen und die biographischen Aussagen immer auch die Zeitbindungen ihres Autors spiegeln, hat er den großen Vier Bleibendes gewidmet. Die drei abgeschlossenen Hauptwerke – *Geschichte der Leben-Jesu-Forschung, J.S.Bach, Die Mystik des Apostels Paulus* – dürften aufgrund der thematischen Weite und Erkenntnisgehalte, der Kraft des Zugriffs und nicht zuletzt wegen ihrer autobiographischen Chiffren noch lange zu den Standardwerken der Fachbereiche gehören. Und niemand, der sich mit Goethe einläßt, sollte die vier Ansprachen des Goethe-Preisträgers übersehen; er lernt viel über beide.

Auch die lebenskundlichen Selbstentwürfe – *Aus meiner Kindheit und Jugendzeit, Aus meinem Leben und Denken, Zwischen Wasser und Urwald, Briefe aus Lambarene* – fallen unter die Sachbücher. Der Verfasser brach die Inhalte aus den Steinbrüchen des überreichen Erlebnismaterials, und man wird, sobald einmal damit vertraut geworden, in Abständen immer wieder darin schürfen.

Der Schwerarbeiter am Schreibtisch hat von sich selber gesagt, daß er nur im musikalischen Improvisieren schöpferisch sei. Man braucht das nicht als bescheidenes Tiefstapeln anzusehen; er sah es so, obwohl doch jede Gruppierung umfangreichen Stoffes keineswegs nur ein ordnender Vorgang ist, vielmehr auch ein kreativer. Davon abgesehen, gibt es aber Ausnahmen im Themenhorizont des Sachbuchautors Schweitzer. Das sind einmal seine *Afrikanischen Geschichten*, in denen er sich als kurzweiliger Plauderer erweist, zum anderen ist da der Pelikan, der aus seinem Leben erzählt: ein Kinderbuch des Fünfundsiebzigjährigen von sprudelnder Phantasie. Der Charme liegt in der genauen Beobachtung aus der Vogelperspektive, aber auch in der Selbstironie. Einmal legt der Lambarene-Doktor seinem Pelikan die Worte in den Schnabel: *Daß einer ein so gutes Herz haben und so brummig sein könne, kam mir in meiner Unerfahrenheit merkwürdig vor.*

Die Idee zu diesem munteren Leichtgewicht, das die Gedankenschwere der wissenschaftlichen Werke vergessen läßt, kam wohl durch die originellen Schnappschüsse der Ärztin Anna Wildikann. Mit ihrem *schwarzen Kästchen* stellte sie dem Pelikan immerfort nach, nachdem junge Eingeborene ihn zusammen mit zwei Geschwistern aus dem Urwald herbeigebracht, besser wohl: den Alten weggenommen hatten, um eine Belohnung für die Rettung der armen elternlosen Vögel zu bekommen... Die Brüder flogen eines Tages fort, dieser blieb. *Jahrelang bin ich nun schon hier... Es würde ihnen wohl etwas fehlen, wenn ich nicht mehr da wäre.* Der Wächter mit dem bedrohlichen Schnabel vor der Wohnstätte des docteur gehört zum festen Erinnerungsbestand des einstigen Pflegepersonals und der Besucher. Allabendlich konnte man zusehen, wie der Patriarch mit der eigentümlich hohen Stimme ihn zum Fischgericht rief, übrigens stets in Französisch: *Viens le pélican!*

Zweisprachigkeit – eine Last?

Der Lockruf des Ziehvaters führt auf etwas Grundlegendes in seinem Leben: die Doppelzunge. Als Sohn des Brückenlandes beherrschte er Deutsch und Französisch in mühelosem Austausch, letzeres mit regionalem Akzent. Dabei bestritt er völligen Gleichrang. *Wohl spreche ich von Kindheit auf Französisch gleichermaßen wie Deutsch.* Aber: *Deutsch ist mir Muttersprache, weil der elsässische Dialekt, in dem ich sprachlich wurzle, deutsch ist.*

Daraus wird verständlich, daß er das erste seiner beiden Bücher über Bach – für französische Leser bestimmt und daher in Französisch verfaßt – stilistisch überarbeiten ließ. Im Vorwort dankt er dem *Freund und treuen Mitarbeiter, Herrn Hubert Gillot, der sich so verdient macht um die französische Sprache und Literatur, die er an der Universität Straßburg vertritt. Wenn trotz seiner wertvollen Ratschläge sich hier und da der Einfluß des deutschen Stils verrät, so möge der französische Leser dies verzeihen. Das ist ja das unglückliche Erbe derer, die in zwei Sprachen leben und denken. Aber sind sie nicht insbesondere für die Wissenschaft und Kunst notwendig, diese Persönlichkeiten, die zwei Kulturen angehören?*

Die Verwurzelung in zwei Kulturen und die Heimat in

zwei Sprachen ein *unglückliches Erbe* zu nennen, will nicht einleuchten angesichts all der Bereicherung, die aus der verdoppelten Herkunft gewonnen wird. Verständlich wird die Selbstverleugnung allenfalls aus dem Bestreben, die Leserschaft der in ihre Sprache verliebten Franzosen versöhnlich zu stimmen gegenüber Unebenheiten des Satzbaus, der im Französischen *in viel stärkerem Maße das Bedürfnis nach Rhythmus in sich trägt als der deutsche.* Abgesehen davon sieht der Schriftsteller Schweitzer kein Mehr oder Weniger auf der einen wie der anderen Seite, sondern nur Qualitätsvarianten. Er kleidet sie in den schönen Vergleich, wonach ihm der Unterschied der beiden Sprachen so erscheine, *als ob ich mich in der französischen auf den wohlgepflegten Wegen eines schönen Parkes erginge, in der deutschen aber mich in einem herrlichen Wald herumtriebe.* Drüben herrsche das Bestreben, *einen Gedanken auf die klarste und kürzeste Weise ausdrücken zu können, die des Deutschen darin, ihn in seiner Vielgestaltigkeit hinzustellen.* Übrigens blieb es schriftstellerisch bei dem einen Versuch von 1905, der vom Gegenstand her freundliche Aufnahme fand. Seither veröffentlichte Schweitzer nichts Größeres mehr in französischer Sprache.

Der Straßburger Neffe Gustav Woytt gibt erhellenden Einblick in die Schriftstellerei des Onkels in der Frühzeit. „Ein stille Mitarbeiterin ... war Helene Bresslau, seine spätere Gattin. Schweitzer ließ sie Manuskripte und Druckbogen lesen mit dem Auftrag, deutsche Stilfehler zu verbessern. Wie weit diese diskrete Mitarbeit ging, die sich auch auf die Predigten erstreckte, läßt sich nicht feststellen. Viel später sagte mir Helene Schweitzer: „Erst ich habe den Bery gelehrt, wie man ein gutes Deutsch schreibt." (Bery ist die familiäre Abwandlung des Namens Albert, von dessen französischer Endbetonung her.)

In einem anderen Aufsatz geht Woytt nochmals auf diesen erzieherischen Beistand ein: „Wenn Schweitzer ein besseres Deutsch sprach und schrieb als manche seiner elsässischen Kollegen und ein bedeutender Schriftsteller geworden ist, so verdankt er dies zum Teil Helene Bresslau ... Bis jetzt hat man Schweitzers Werke nach ihrem Inhalt gewertet, aber kaum nach ihrem literarischem Wert. Dabei ist er der bedeutendste Schriftsteller, den das Elsaß seit Sebastian Brant, dem Verfasser des „Narrenschiffes" (1494) hervorgebracht hat."

Stilhilfe, und sei sie noch so fördernd, kann Talent nicht schaffen, allenfalls freilegen und steigern. Der bedeutendste schreibende Elsässer seit vierhundert Jahren mußte also das Zeug dazu in sich getragen haben, wie schon eingangs vermutet. Um aber sichtbar werden zu lassen, was angelegt war, bedurfte es eben der „diskreten Mitarbeit" der vertrauten Freundin aus dem Berliner großbürgerlichen jüdischen Elternhaus. Das erste Werk, dem solche kritische Unterstützung zuteil wurde, war die *Geschichte der Leben-Jesu-Forschung*, die zuerst, 1906, unter dem allzu fachlichen Titel *Von Reimarus zu Wrede* erschien. In diesem auch darstellerisch höchst lesenswerten Buch besticht die Galerie umrißscharfer Portraits der vorgestellten Forscher ebenso wie die kontrastreiche Wiedergabe ihrer geistesgeschichtlichen Standorte: der erkannten oder unerkannten Pfadfinder, der verfemten Ketzer, der folgenreich Irrenden.

Unter den Stilmitteln fällt besonders auf, hier und überall sonst, wie verschwenderisch der Verfasser Bildvergleiche verwendet. Darauf angesprochen von dem jüngeren theologischen Gefährten Roland Schütz, antwortete er, beim Schreiben überstürzten ihn die Bilder. Schütz war der erste, der diese Seite der schweitzerischen Prosa beleuchtete (1961). Ihm fiel auf, daß jener bevorzugt Metaphern verwendete, die der Erfahrungswelt aus seinen Schaffensbereichen entnommen waren.

Der halbe Seefahrer, der die Strecke Bordeaux - Port Gentil mehr als ein Dutzendmal in beiden Richtungen zurückgelegt hatte, bietet zum Beispiel in den Kindheitserinnerungen den schönen Vergleich vom Verlust des Jugendenthusiasmus durch einen, der in seinen Idealen enttäuscht und ernüchtert ist; nun meint er, die Welt der Tatsachen besser meistern zu können, wenn er die Ideale zurücklasse: *Um besser durch die Fährnisse des Lebens zu schiffen, hat er sein Boot erleichtert. Er warf Güter aus, die er für entbehrlich hielt. Aber es war der Mundvorrat und der Wasservorrat, dessen er sich entledigte. Nun schifft er leichter dahin, aber als verschmachtender Mensch.*

Daß dem Orgelkünstler die Musik viele Anleihen bot, verschiedenste Sachverhalte zu beleuchten, liegt nahe. Um darzulegen, wie der Wille zum Leben sich manchmal rauschhaft der Schönheit der Welt ergebe, um plötzlich vor all dem Leiden darin zu erschrecken, äußert er sich in *Kultur und Ethik* so: *Jubelnd wollen sie* (die Menschen) *in die gewaltige Symphonie, die sie vernehmen, miteinstimmen. Aber ... grausige Dissonanzen lassen sie nur Lärm hören, wo sie glauben, Musik zu vernehmen.*

Im selben Werk veranschaulicht der Kulturphilosoph die Suche nach einer Kernformel des Sittlichen, wie er sie inzwischen mit der *Ehrfurcht vor dem Leben* geprägt hatte: *Den großen Grundakkord gilt es zu finden, in dem die Dissonanzen dieses verschiedenartig und gegensätzlich Ethischen sich in Harmonie auflösen.*

Wie der Musiker Begriffe des Faches zu Bildern heranzieht, um Probleme anderer Kulturbereiche zu veranschaulichen, genauso verwendet der Baumeister im Urwald sein robustes Handwerk, seine *praktische Theologie*, für andere Themen. Daß Aristoteles als Tugendlehrer groß sei, aber zu keinem Grundgesetz des Guten durchgedrungen sei, kennzeichnet er mit dem sprechenden Vergleich: *Er trägt Material zu einem monumentalen Bau zusammen und führt ein Bretterhaus auf.*

Sodann das plastische Bild aus den *Straßburger Predigten* im Zusammenhang mit den sittlichen Geboten Jesu: Es nütze gar nichts, *sie einfach immer nur zu wiederholen und auszulegen, als müßten sie sich zuletzt so dennoch allgemei-*

ne Anerkennung verschaffen. Dies wäre, als wenn man mit schönen Farben auf eine nasse Mauer malen wollte.

Dem Arzt von Lambarene, der gleichsam auf dem zweiten Bildungsweg Naturwissenschaftler geworden war, fielen natürlich sprechende Beispiele ein, mit denen er geistige Wirkungen durch Naturbilder verdeutlicht: *Die Macht des Ideals ist unberechenbar. Einem Wassertropfen sieht man keine Macht an. Wenn er aber in den Felsspalt gelangt und dort Eis wird, sprengt er den Fels; als Dampf treibt er den Kolben der mächtigen Maschine. Es ist dann etwas mit ihm vorgegangen, das die Macht, die in ihm ist, wirksam werden ließ.*

So plausibel all diese Anleihen: Eher erstaunlich ist, wie viele *militärische* Sprachbilder der so überaus friedfertige Geist in seine Schriften einbringt. Irgendwie müssen es unbewußte Auswirkungen seiner Werdezeit gewesen sein; war ja doch die Epoche äußerst nationalbetont und heiligte die Waffen. So wird bei Schweitzer aufmarschiert und umzingelt, erkundet und flankiert, angegriffen und opfervoll verteidigt. Wie auf dem Feldherrnhügel wirft er die Heere seiner Buchstaben immer wieder in die Schlacht, etwa mit dem Satz, der die Gefahr aufzeigen soll, daß die liberale Theologie sich zu sehr von den ungesicherten Lebensumständen des geschichtlichen Jesus abhängig mache: Sie gleiche einer Armee, die ohne Sicherung marschiere und dabei durch kleinste feindliche Angriffe überrascht werden könne. Ebenfalls in der *Geschichte der Leben-Jesu-Forschung* beklagt der Verfasser die Neigung der liberalen Theologie, Jesu weltverneinende Äußerungen mit unserer neuzeitlichen Weltbejahung zu versöhnen, wodurch er gewissermaßen entschärft werde: *Manche seiner größten Worte findet man in einem Winkel liegend, ein Haufen entladener Sprenggeschosse.*

Das Stilmittel, für das Beispiele beigebracht wurden, zieht sich durch alle Bücher. Am stärksten vertreten ist es wohl in der Kulturphilosophie, bis hin zur Überhäufung. Metaphern können sehr veranschaulichen und beleben; hier sind sie oft von praller Bildkraft, manche unvergeßlich. Vorsicht ist nur darin geboten, sie nicht zu nahe aufeinanderrücken zu lassen, damit nicht ein Bild dem anderen die Wirkung raube; als nähme man zwei gegeneinander arbeitende Medikamente zu gleicher Zeit.

In der Landschaft von gepflegten Parkwegen und herrlichem Wald – dem Bildvergleich von den zwei Sprachen – hat er selber das Waldrevier nicht nur deshalb gepachtet, weil Deutsch seine Muttersprache ist, sondern auch wegen des malerischen Anstrichs seiner Darstellungen. Oft auch steuert er nicht direkt aufs Ziel oder geht, schon angekommen, ein Stück zurück. Er liebt die Umwege, schmückt die Aussagen mit kräftigen Farben.

Zur Fülle aber kommt das Grundsolide, Fundierte. Eher stampft er mit festem Schritt über Baumwurzeln und durchs Unterholz, statt leichtfüßig über Kieswege zu eilen, an Rundhecken vorbei. Das will sagen: Im Gegensatz zur polierten Glätte des französischen Satzbaus, zu fontainenartigem Steigen und Fallen, formuliert er meistens etwas erdschwer, mit überkorrekten Relativsatz-Anschlüssen, die das Genaue vor das Gefällige gehen lassen. Nicht so sehr urbane Eleganz und schwebende Durchsichtigkeit kennzeichnen seine Schreibart als vielmehr das Bodenständige, Verläßliche eines Menschen, in dem das Blut eines Schulmeister-Geschlechtes kreist. Bei der Suche nach einem Vergleich ist der berühmte Brief zur Hand, den Matthias Claudius 1799 seinem Sohn mit auf den Lebensweg gab: „Worte sind nur Worte, und wo sie sogar leicht und behende dahinfahren, da sei auf Deiner Hut; denn die Pferde, die den Wagen mit Gütern hinter sich haben, gehen langsameren Schrittes."

Ein Meisterwerk zwischen Tür und Angel

Der Wagen mit Gütern ist Schweitzers kostbarer Ausgleich für die gemächlichere Gangart – in umgekehrtem Verhältnis zu manch galoppierendem Leichtgewicht. Der Eindruck vor allem der lebenskundlichen Schriften liegt in der Spannweite seiner Persönlichkeit und Leistung, in seinem erfahrenen Wissen, seiner Selbstgewißheit über Weg und Ziel, erleuchtet von Demut und Dankbarkeit. Mancher Absatz ist gehärtet im Feuer der Ideale, in manchem schwingt das echte Pathos der Ergriffenheit. Ohne jeden Vorbehalt ist zu sagen, daß Albert Schweitzer unter denen im deutschen Sprachraum, die über sich selbst geschrieben haben, in der allerersten Reihe steht. Es gibt manchen Gleichrang, nichts Größeres.

Speziell die Kindheits- und Jugenderinnerungen gehören zum unverlierbaren Bestand unter den Selbstzeugnissen vom Werden und Wachsen. In der Gattung Autobiographie ist diesen sechzig Druckseiten nichts Ebenbürtiges gegenüberzustellen. Lauter kleine Erzähleinheiten, vom Bindegewebe der Datierung nur sparsam durchzogen, zeigen auf unbemühte, weil selbstkritische Weise einen großen moralischen Erzieher. Wenn er Wege des Humanen weist, so ist er selber darin zuerst fehlgegangen und zeigt es freimütig: am Beispiel von Selbstmitleid, Jähzorn oder Verspotten, von umweltquälender Diskutiersucht und Besserwisserei. Aber auch der trotzige Charakter scheint früh auf. In absoluten Überzeugungen ist er kompromißlos und nimmt dafür selbst Drangsal in Kauf. Manche Abschnitte in ihrer schicksalhaften Didaktik behält man fürs Leben: vom Vogelschießen, vom „Herrenbüble“, vom Juden Mausche, dem ahnungslosen Lehrmeister des Duldens. *Von Mausche habe ich zum ersten Male gelernt, was es heißt, in Verfolgung stille zu schweigen.*

Die Schlußgedanken der Jugendrückschau sind ein Brevier in Lebenskunst. Abgelöst von dazugehörigen Begebenheiten, wirken die elf Seiten in ihren konzentrierten Einsichten wie eine Sinnspruch-Sammlung: etwa der vom Jugendidealismus, in welchem *der Mensch die Wahrheit (erschaut)*, oder der von der *Kälte ... unter den Menschen, weil wir nicht wagen, uns so herzlich zu geben, wie wir sind*; dann, daß *das Wirken der Kraft ... geheimnisvoll* sei oder daß, *was ein Mensch an Gütigkeit in die Welt hinausgibt, ... an den Herzen und an dem Denken der Menschen (arbeitet)*. Wer könnte gerade dies berechtigter behaupten als einer, der so oft Herzen und Denken anderer bewegt hat...

Mit den liebenswürdigsten aller Kindheitserinnerungen verhält es sich seltsam. Das Meisterwerk entstand zwischen Tür und Angel. Im Frühsommer 1923 kehrte der Achtundvierzigjährige auf einer Fahrt durchs Land seiner Ahnen bei dem befreundeten Zürcher Psychoanalytiker Oskar Pfister ein. Der bat den Urwalddoktor während des nur zweistündigen Aufenthaltes, aus seiner Kindheit all das zu erzählen, was ihm gerade in den Sinn komme. Die gedachte Verwendung der stenographischen Mitschrift für eine Jugendzeitschrift unterblieb, weil der Erzähler die in Langschrift übertragenen Skizzen vervollständigen wollte. *Kurz vor meiner* (zweiten) *Abfahrt nach Afrika, an einem Sonntagnachmittage, als Regen und Schnee durcheinandergingen, schrieb ich als Schlußwort zum Erzählten Gedanken nieder, die mich im Rückblick auf meine Jugend bewegten.*

Es war der herrliche Epilog, der sein Entstehen offenbar nicht annehmlicheren Umständen verdanken wollte als der Hauptteil. So geht es mancher gedruckten Unsterblichkeit. Goethes Iphigenie in der ersten, der Prosafassung, entstand an Wirtshaustischen während einer Inspektionsreise in weimarischen Diensten, in Sachen Rekrutenausheben oder Wegebau.

Bei den Selbstdarstellungen dürfen die beiden wichtigsten afrikanischen Bücher nicht übergangen werden: *Zwischen Wasser und Urwald* von 1920 sowie *Mitteilungen aus Lambarene 1924-1927*. Wie der wissenschaftliche Autor zwischen 1905 und 1913, dreißig- bis achtunddreißigjährig, am arbeitsintensivsten gewesen war, so schreibt er als Mittvierziger bis anfangs der fünfziger Lebensjahre als Praktiker der Nächstenhilfe: vom Spital, das dreimal aus dem Nichts aufgebaut wurde; von der Mühsal des Lambarene-Alltags, aber auch von der Erfüllung, heilen zu dürfen, wo sonst weit und breit niemand in der Not verfügbar war. Das nachzulesen bleibt auch nach vielen Jahrzehnten unvermindert anrührend, ja spannend. Im Aufbau von Szenen, im Gruppieren des Stoffes, in der Mischung des menschlich Ergreifenden und allzumenschlich Erheiternden, nicht zuletzt mit dem Glücksgeschenk des Humors, ist Schweitzer ein Schriftsteller von hohen Graden mit Zügen der Meisterschaft.

Eindringlich versteht er, das Innerste seines Menschendienstes nacherleben zu lassen. Helmut Groos, der nicht nur den Denker Schweitzer intensiv durchdrungen, darüber hinaus auch den Schriftsteller beachtet hat, nennt die folgende Passage den Höhepunkt des ganzen Buches von Wasser und Urwald:

Wie meine Gefühle beschreiben, wenn solch ein Armer gebracht wird! Ich bin ja der Einzige, der hier helfen kann, auf Hunderte von Kilometern. Weil ich hier bin, weil meine Freunde mir die Mittel geben, ist er ... zu retten, während er anders der Qual verfallen wäre. Ich rede nicht davon, daß ich ihm das Leben retten kann. Sterben müssen wir alle. Aber daß ich die Tage der Qual von ihm nehmen darf, das ist es, was ich als die große, immer neue Gnade empfinde. Der Schmerz ist ein furchtbarerer Herr als der Tod. So lege ich dem jammernden Menschen die Hand auf die Stirne und sage ihm: „Sei ruhig, In einer Stunde wirst du schlafen, und wenn die wieder erwachst, ist kein Schmerz mehr."

... Die Operation ist vorüber. Unter der dunklen Schlafbaracke überwache ich das Aufwachen des Patienten. Kaum ist er bei Besinnung, so schaut er erstaunt umher und wiederholt fort und fort: „Ich habe ja nicht mehr weh, ich habe ja nicht mehr weh." Seine Hand sucht die meine und will sie nicht mehr loslassen. Dann fange ich an, ihm und denen, die dabeisitzen, zu erzählen, daß es der Herr Jesus ist, der dem Doktor und seiner Frau geboten hat, hier an den Ogowe zu kommen, und daß weiße Menschen in Europa uns die Mittel geben, um hier für die Kranken zu leben ... Durch die Kaffeesträucher hindurch scheint die afrikanische Sonne in die

dunkle Hütte. Wir aber, Schwarz und Weiß, sitzen untereinander und erleben es: „Ihr aber seid alle Brüder."

Leser einer weithin verweltlichten Gesellschaft könnten zuletzt eien leisen Stich von Eifertum und Missionieren empfinden oder zumindest ein Abgleiten ins Sentimentale. Dem steht entgegen, daß dieser Arzt in seinem afrikanischen Werk undenkbar wäre ohne sein persönliches Ergriffensein durch den Nazarener. Das geht nicht nur klar aus den Briefen hervor, die er in der Entwicklungsphase vor Lambarene an seine Freundin und Vertraute Helene Bresslau geschrieben hatte. Viel später, 1931, wird es nochmals in einem Brief bestätigt, an einen anderen Adressaten: ... *alles liegt im Schlußwort der ´Leben-Jesu-Forschung`: Jesus der Herr! Friede in Christo! Jesus hat mich einfach gefangengenommen seit meiner Kindheit... Mein Gehen nach Afrika ist ein Gehorsam gegen Jesus. Meine Entwicklung ist ohne jeden Bruch vor sich gegangen.* Er hat nicht am Krankenbett missioniert, obwohl er als Geistlicher mit Werbung für seinen Glauben nur das Landesübliche getan hätte. Er hat lediglich christliche Lehre und christliches Handeln zur Deckung gebracht – was im Raum des Christentums nicht überall gelingt...

Da aber der Arzt Schweitzer nicht nur heilte, sondern seine Klinik obendrein selber erbauen mußte (man stelle sich einen solchen Arbeitsvertrag für einen Mediziner in Europa vor!), sei noch jenes prächtige Erzählstück angefügt, das von den Rodungsarbeiten für das dritte, zu seinen Lebzeiten endgültige Spital berichtet, im Winter 1926/27. Plastischer läßt sich nicht beschreiben, übrigens wiederum mit metaphorischen Anleihen aus der Musik, was die oft erwähnte *afrikanische Prosa* bedeutete.

Ein Tag da oben verläuft wie eine Symphonie. Lento: Verdrossen empfangen die Leute die Äxte und Buschmesser, die ich ihnen beim Landen austeile. Im Schneckentempo geht es an die Stelle, wo Gebüsch und Bäume niedergelegt werden sollen. Endlich steht jeder an seinem Platz. Behutsam werden die ersten Striche getan. – Moderato: Äxte und Buschmesser laufen in überaus mäßigem Takte. Vergebens sucht der Dirigent, das Tempo zu beschleunigen. Die Mittagspause macht dem langweiligen Stück ein Ende. – Adagio: Mit Mühe habe ich die Leute wieder auf die Arbeitsstelle im dumpfen Walde gebracht. Kein Lüftchen regt sich. Von Zeit zu Zeit hört man einen Axtstreich. – Scherzo: Einige Späße, zu denen ich mich in der Verzweiflung aufraffe, gelingen mir. Die Stimmung belebt sich. Lustige Worte fliegen hin und her. Einige Leute fangen an zu singen. Es wird auch schon etwas kühler. Ein Lüftchen stiehlt sich vom Fluß herauf in das Dickicht. – Finale: Die Lustigkeit hat alle erfaßt. Dem bösen Wald, um dessentwillen sie hier stehen müssen, statt ruhig im Spitale sitzen zu dürfen, soll es übel gehen. Wilde Verwünschungen werden gegen ihn laut. Johlend und kreischend geht man ihm zu Leibe. Äxte und Buschmesser hämmern um die Wette. Jetzt aber darf kein Vogel auffliegen, kein Eichhörnchen darf sich zeigen, keine Frage darf gestellt werden, kein Befehl darf ergehen. Bei der geringsten Ablenkung wäre der Zauber aus. Die Äxte und Buschmesser kämen zur Ruhe, und die Leute würden sich über das Gesehene und Gehörte bereden und wären nicht mehr in Gang zu bringen.

Zum Glück kommt keine Ablenkung. Das Toben geht weiter. Wenn dieses Finale nur eine gute halbe Stunde anhält, war der Tag nicht verloren. Und es hält an, bis ich „Amani! Amani!" (Genug! Genug!) rufe und der Arbeit für heute ein Ende setze.

Vier Kartoffelsäcke mit Post

Manches wäre auch zu sagen über die afrikanischen Erzählungen, die aus immer wieder Gehörtem und aus eigenem Erleben zu eigenen kleinen Büchern zusammengestellt oder als Streugut veröffentlicht wurden. Da ist das Besinnliche ebenso vertreten wie das Komische; da steht der moralische Erzieher Ojembo, der Dorfschulmeister, so lebendig vor uns wie an anderer Stelle Josephine, das zahme

Wildschwein, dessen Geschichte in ihrer Originalität und ihrem Witz in Wettbewerben für Kurzgeschichten preisverdächtig wäre.

Erwähnt zu werden verdient nicht weniger der *Journalist* Schweitzer, der von 1918 bis 1921 die Wochenzeitschrift „Evangelisch-protestantischer Kirchenbote für Elsaß-Lothringen" redigierte, nachdem er schon zwischen 1902 und 1904 eine Reihe geistlicher Betrachtungen darin untergebracht hatte. Der Verfasser der dickleibigen wissenschaftlichen Werke war durchaus imstande, sich knapp zu äußern; allgemeinverständlich zu schreiben, war ihm ohnehin gegeben, auch im rein Fachlichen.

Robert Jungk, der 1955 unter dem Pseudonym Jean Pierhal *Das Leben eines guten Menschen* beschrieben hat, äußert über den Redakteur des „Kirchenboten", er habe damals „eine wahre Rettungstat" für den elsässischen Protestantismus vollbracht. „Seine Zeitschrift mußte an zahlreichen Orten den Pfarrer zu ersetzen versuchen. Denn da die Geistlichen zahlreicher Gemeinden von der neuen französischen Verwaltung als deutschfreundlich abgesetzt worden waren, standen viele Pfarrstellen leer, und es drohte den führungslosen Gemeinden Zerfall."

Die höchste Erhebung in der publizistischen Landschaft dieses Nachtarbeiters mit Feder und Tinte – weil am Tage meistens die Zeit fehlte – wölbt sich nicht aus Druckseiten, sondern aus Briefen. Kein anderer Schriftbereich bei ihm kommt an Umfang diesem gleich. Seine Briefe haben aber nicht Werkcharakter wie etwa diejenigen von Goethe, Fontane, Thomas Mann. Sie benötigten diese Mitteilungsform als tägliche Fingerübung eines artistischen Handwerks oder zur Selbstverständigung. Bei Fontane entstammen sie auch dem Plauderbedürfnis eines ungewöhnlichen Menschenkenners, dessen gesellschaftliches Panorama hier gleichsam im Naturzustand ausgebreitet liegt, vor und neben der romanhaften Umsetzung.

Schweitzer hingegen schrieb Briefe meist zweckbetont

und sachbezogen, auch wenn seine Menschlichkeit darin immer wieder aufleuchtet. Als Medium der Kontaktnahme bedeuteten Briefe ihm durchweg Zwang, der Müdigkeit, dem randvollen Arbeitsprogramm zusätzlich abgerungen, nicht bewußter und gewollter Wesensteil eines Schaffenstages wie bei den genannten Dichtern. Natürlich muß man sich bewußt bleiben, daß beide Daseinsformen – hier Poesie als Beruf, dort ein Lebenswerk vornehmlich des Dienstes – nicht verrechenbar sind und daher der geringere Kunstgehalt in Schweitzers Briefen keiner Wertung unterliegt.

Er schrieb als Verwandter, Ratgeber, Mitmensch, Freund, als wissenschaftlicher und musikübender Kollege, als Dankender. Vom lebenslangen Danksagen war schon die Rede. Nicht gering an Häufigkeit war das Gegenteil, das Bitten, überhaupt der briefliche Geschäftsverkehr. Die Steuerung der Lebensströme des Spitals erforderte umfangreiche Korrespondenz, bei der im Alter die langjährig vertrauten Pflegerinnen Mathilde Kottmann und Ali Silver halfen. Zahllose Briefe mußten geschrieben werden, um Medikamente und Materialien zu bestellen; viele galten Helfern, die kommen sollten; andere hatten mit Veröffentlichungen zu tun, mit Konzertreisen und Vorträgen (wobei das europäische Stabsquartier unter Emmy Martin in Günsbach viel Arbeit abnahm, weil sie von Lambarene aus mit dem früher noch umständlichen Postweg gar nicht zu leisten war). Ein ganz eigener Komplex sind die Briefe zum „Kernproblem" des Alters, der Atomgefahr. Darüber hinaus ist erst in den achtziger Jahren aus den Rundbriefen des Schweitzer-Komitees der DDR bekannt geworden, daß etliche Jahre hindurch (1929 bis 1936) über das Projekt einer zusätzlichen Spitalgründung in Ostafrika verhandelt wurde. Am Ende blieb der Plan unausgeführt.

Auf wie vielen Denkgleisen war Albert Schweitzer lebenslang präsent! Wie viele Berühmtheiten aus aller Welt gehörten zu seinen Freunden und Gesprächspartnern! Die Briefe, von denen Hans Walter Bähr in Tübingen 1987 eine erste Sammlung herausgegeben hat, ein Bruchteil des Ganzen, belegen es anschaulich und eindrucksvoll. Die Last der Korrespondenz war ganz wörtlich zu nehmen; sie wog nach Zentnern. Nicht erst in den Zeiten des Weltruhms begann diese enorme Gewichtszunahme. Sonst stünde nicht in den *Mitteilungen aus Lambarene 1924-1927* – später *Briefe aus Lambarene* genannt – die hübsche Passage über das Mißverständnis beim Zoll:

Bei der Einschiffung in Bordeaux kam ich dem Zollbeamten ... verdächtig vor. Ich führte nämlich vier Kartoffelsäcke voll unerledigter Briefe mit mir, die ich im Verlaufe der Seefahrt beantworten wollte. Da ihm noch kein Reisender mit so viel Briefen vorgekommen war und da damals die Geldausfuhr aus Frankreich strengstens verboten war – jeder Reisende durfte nur 5000 Franken mit außer Land nehmen –, dachte er nicht anders, als daß in den Briefen Geldscheine versteckt seien. Also untersuchte er anderthalb Stunden Brief um Brief, bis er am Ende des zweiten Sackes die Sache kopfschüttelnd aufgab.

Eine Schreibmaschine benutzte der Schwerarbeiter am Schreibtisch bis zuletzt nicht, trotz der *armen Schreibkrampfhand*, über die, ein Erbstück der Mutter, vor allem im Alter die Klage unablässig hinausdrang in die Welt, mit der er Zwiesprache hielt. Bei aller Mühe und Müdigkeit: wie warmherzig der Ton in den kleinen, akkuraten Schriftzeichen! Immer wieder bestätigte der Schreibende seinen eigenen Anspruch, wonach Dankbarkeit ein Maßstab für die Kultur des Herzens sei, und bezeugte bei jeder Gelegenheit, daß er nicht mitschuldig sein wolle an jener *Kälte unter den Menschen,* die aus unterdrückter Herzlichkeit rühre. Ein besonders schönes Beispiel ist ein Brief im Dezember 1954 an den Goetheforscher und, quasi, Wiedererbauer des zerstörten Goethehauses in Frankfurt, Ernst Beutler, der zehn Jahre jünger und damals neunundsechzig war:

... Du hast uns Goethe und seine Zeit in jeglicher Hinsicht nähergebracht. Dafür schulden wir Dir innigen Dank. Dei-

ne Leistung hat Dich mir nähergebracht. Fortan verbanden mich Bewunderung und Dank mit Dir. Ich suchte Deinen Verkehr, und Du kamst mir freundlich entgegen. Da die Musen uns beiden die kostbare Gabe der Natürlichkeit in die Wiege gelegt haben, kam es bald dazu, daß wir aus der Tonart des Sie in die des Du hinüber moduliert haben. Als der Ältere und der Musiker habe ich dies angeregt. Die Wagenfahrt, in der wir die erste große Aussprache miteinander hatten, ist Dir und mir unvergeßlich geblieben. So verdanke ich Goethe eine der schönsten und wertvollsten Freundschaften meines Lebens.

Welche Vorstellung verbindet sich uns am ehesten mit dem großen Humanisten und Polyhistor des 20. Jahrhunderts? Die des Arztes am Krankenbett, des Musikers auf der Orgelbank, des Predigers auf der Kanzel, des nachsinnenden Kulturhistorikers oder die Faust-ähnliche Gestalt des Bauleiters, der dem Urwald Kulturland abgewinnt? Wohl eine Summe aus allem. Für den Bildhauer Fritz Behn gab es nur das Modell des Schreibenden. So bildete er ihn aus rotem Vogesensandstein ab und stellte ihn auf seinen geliebten Kanzrain über dem Dorf: den Kopf in die Hand gestützt, den Stift in der bezeichnenden Eigenheit zwischen dem zweiten und dritten Finger – ein Bild von der Welt im Wort, des Wortes inmitten der Welt.

Das Original zum Denkmal hatte diesen Platz, wenn es denn schon überhaupt sein solle, als erwünscht bezeichnet: *denn dort war ich der, der mit Denken beschäftigt war. Dort ist meine geistige Heimat... Auf dem Felsen ist „Kultur und Ethik" entstanden und sind der historische Jesus und der historische Paulus wieder erstanden. Dort bin ich ganz zu Hause, dort in jener schöpferischen Einsamkeit will ich in Stein weiter verweilen.*

„SONNENSCHEIBE“ UND „MÖNDLEIN“

Goethe und Albert Schweitzer
Schnittpunkte zweier Lebensbahnen

Der Zugang zu dieser Welt ist beiden schwer geworden.

Bettina von Arnim schreibt unter dem 12. November 1810 in „Goethes Briefwechsel mit einem Kinde“: “... durch die Mißhandlung der Amme kamst du ganz schwarz und ohne Lebenszeichen. Sie rieben dir die Herzgrube mit Wein, ganz an deinem Leben verzweifelnd. Deine Großmutter stand hinter dem Bett; als du zuerst die Augen aufschlugst, rief sie hervor: ‚Rätin, er lebt!‘ Da erwachte mein mütterliches Herz, sagte mir deine Mutter in ihrem 75. Jahr, und lebte seitdem in fortwährender Begeisterung bis zu dieser Stunde.“

Albert Schweitzer erzählt in dem Bändchen *Aus meiner Kindheit und Jugendzeit*: *Aber keine der zur Feier gekommenen Pfarrfrauen der Umgebung wagte ein Kompliment über das magere Kindchen mit dem gelben Gesichtchen zu machen. Alle ergingen sich in verlegenen Redensarten. Da konnte sich meine Mutter nicht mehr beherrschen. Sie flüchtete mit mir in das Schlafzimmer und weinte heiße Tränen über mir. Einmal hielt man mich gar für tot. Aber die Milch der Kuh des Nachbars Leopold und die gute Luft Günsbachs taten Wunder an mir.*

*

Als Albert Schweitzer 1928 den Goethepreis der Stadt Frankfurt empfing, als zweiter Preisträger nach Stefan George, hielt er eine Dankesrede, die in ihrem bekennenden Tonfall die ihm Nähervertrauten überraschte. Denn Goethe erschien hierin – was so bisher niemand in der Umgebung des Laureaten gewußt hatte – als lebensweisender Ratgeber des jetzt Dreiundfünfzigjährigen und Vielbefragter, darin um nichts geringer als diejenigen, die man schon bisher als seine hauptsächlichen geschichtlichen Bezugspersonen gekannt hatte: Jesus und Bach, anteilig Paulus als den großen Kronzeugen dafür, überliefertes Glaubensmaterial in geistiger Freiheit fortzuentwickeln, wenn die Geschichte es verlangt. Wie selbstverständlich reihte er nun Goethe ein in die Ahnenschaft seiner hohen Vorbilder.

Wenn er sich damals in Frankfurt als das kleine Möndlein bezeichnete, das an der gewaltigen Sonnenscheibe vorübergehe, dann war die astronomische Unterwerfungsgeste kein fishing for compliments, sondern ehrliches Abstandempfinden gegenüber dem schöpferischen Genie. Obwohl Schweitzer an Vielseitigkeit nicht hinter dem Multitalent von Frankfurt und Weimar zurückstand, so achtete er dies alles weniger im Vergleich mit dem originären künstlerischen Schaffensvermögen. Sprach er sich doch unter den kreativen Gaben nur die Fähigkeit zu, an der Orgel zu improvisieren.

„Schnittpunkte zweier Lebensbahnen": Wer die Verlaufslinien beider in Umrissen oder in Einzelheiten kennt, findet auf den ersten und zweiten Blick eher Trennendes. Da sind zunächst die Betätigungsfelder der beiden Reichausgestatteten: dort der Dichter und Zeichner, der landespolitisch Mitgestaltende im Herzogtum Sachsen-Weimar-Eisenach, der leidenschaftliche und allseitige Naturkundler, der Sammler; hier: der Musiker und Musikschriftsteller, der Prediger, neutestamentliche Forscher und Hochschullehrer, der Arzt und Baumeister im Urwald, der Kulturphilosoph. Beides zusammen: eine Welt von Fachgebieten und Kompetenz, aber voneinander geschieden.

Beim Perspektivenwechsel von außen nach innen fällt besonders der Gegensatz von Wandlungsfähigkeit und Beharren auf. Wenn Goethe in den entscheidenden Dingen zwar gefühlssicher und aus einer ruhigen Mitte heraus dachte und handelte, nicht anders als sein Bewunderer, so machte er doch auch Verwandlungen durch, seine so bezeichneten Schlangenhäutungen. Schweitzer hingegen hat seine – meist frühzeitig – gewonnenen Überzeugungen auf den verschiedensten Gebieten nie aufgegeben, allenfalls variiert. Ob in der Jesuskunde, in der Auffassung von der angemessenen musikalischen Wiedergabe Bachs, in der Beleuchtung der ethischen Grunderfordernisse oder in den Prinzipien äquatorialer Bauweise – ein Schweitzer, der in den frühen und späten Äußerungen auffallend unterscheidbar ist, wird schwerlich zu finden sein.

Dem allen gegenüber stehen die existentiellen Nachbarschaftsverhältnisse, in denen der Nachgeborene sich wiedererkannte, worin er Nähe spürte. Schicksale, Gestalten, Forderungen des Dichters wurden für Schweitzer zu Leitmotiven eigenen Wirkens und Erlebens. Davon zeugt vor allem die erste seiner vier Goethe-Reden, eben jene vom 28. August 1928:

Wilhelm Meister wendet sich am Ende zu ärztlichem Handeln, um dienen zu können. Als der dreißigjährige Dozent und Künstler 1905 wegen des Entschlusses, als Arzt in den Urwald zu gehen, sich heftigster Einwände seiner Familie und seiner Freunde zu erwehren hatte, fand er bei Goethe Trost und Rückhalt. – Sein Unmut, daß jener inmitten fruchtbarsten poetischen Schaffens sich an die Naturwissenschaften verloren hatte und sich zu verzetteln schien, wich einem Gefühl der Bereicherung, als er gezwungen war, sein spekulatives theologisch-philosophisches Denken während des Medizinstudiums an exakten Wahrheiten zu überprüfen. – Als der neue Tropenarzt in Lambarene dem Urwald Kulturboden abringen mußte, da war das Bild Faustens am Meeresufer eine nur allzu natürlich sich aufdrängende Gedankenverbindung. – Zu Ostern las er stets den „Faust“, und was ihn darin besonders ergriff, war das Gerechtigkeitsproblem, dramatisch geknotet in der Episode um Philemon und Baucis. Mit dieser Sorge des alten Goethe stets von neuem vertraut gemacht, fiel es ihm leichter, Theorien seines eigenen Zeitalters zu widerstehen, Theorien, wonach eine ideologische Heilslehre dem Einzelschicksal nicht verpflichtet sei.

Schweitzer führt uns also in seinen selbstbezogenen Vergleichen immerfort zu Goethe hin. Es ist darum kein verwunderlicher Anreiz, beide auch über das hier abgesteckte Feld hinaus miteinander in Beziehung zu setzen. Daher sollen im folgenden einige Lebensumstände beider im Gegenüber nachgezeichnet werden, Merkmale ihres Charakters und Entwicklungsganges, wie sie in der beabsichtigten Weise bisher nicht in Parallele gebracht wurden. An fünf Beispielen ist zu zeigen, daß die geistige Nähe des Goethe-Verehrers in nicht geringer Weise auch Existenz- und Lebensnähe war. Bei allem bleiben wir uns bewußt, daß die Daseinsvielfalt umfassender Naturen sich aller Deutung immer nur begrenzt und unzulänglich erschließt. Diese weiß sich schon begünstigt, wenn sie nur ein paar Ähren aus der vollen Garbe zieht.

*

Im Spätsommer 1763, als Goethe vierzehn Jahre alt wurde, kam der siebenjährige Mozart zu einem Gastspiel nach Frankfurt. Goethe begreift Mozart als „ein Wunder, das nicht weiter zu erklären ist“, erläutert aber: „Das musikalische Talent kann sich wohl am frühesten zeigen, indem die Musik ganz etwas Angeborenes, Inneres ist, das von außen keiner großen Nahrung und keiner aus dem Leben gezogenen Erfahrung bedarf.“ Mag dieses Urteil in seiner Bündigkeit ergänzungsfähig sein: In jedem Fall unterliegen demgegenüber Naturen, die zum Wirken im Wort berufen sind oder zu Aufgaben theoretischer und praktizierender Ethik, andersartigen Vorbedingungen. Erziehend und mitteilend werden solche Menschen umso fruchtbarer wirken, je harmonischer und bruchloser ihr Wachstum war.

Diese Voraussetzung ist Goethes und Schweitzers Leben gemeinsam: daß sie beide vorzügliche Verhältnisse vorfanden, in denen sie wachsen und reifen konnten, um schließlich das zu werden, was sie für uns sind. Goethe ist,

Emil Staiger zufolge, einem Anspruch ausgesetzt wie kein anderer Dichter der Welt. Er soll sein Wort zu sämtlichen Fragen und Zweifeln spenden, die uns beschäftigen. Und niemand in unerer Zeit, so Norman Cousins, hat uns mehr als Albert Schweitzer über die Entfaltungsmöglichkeiten eines menschlichen Wesens gelehrt.

Goethes gewaltiges Schrifttum gewährt keinen tieferen Einblick über seine Jugend am Großen Hirschgraben. Wie Frau Elisabeth, „Frau Aja", 1749 erst achtzehn Jahre alt, ihre Kinder erzogen hat, darüber verlautet wenig, außer daß anklingt, wie sie ihnen mit ihrem großen Erzähltalent eine Welt der Geister, Riesen und Prinzessinnen aufbaute, abends in dem grünen Sessel, der folglich der Märchensessel hieß; und daß ferner der junge Wolfgang viel Freiheit genoß, sich seine Vaterstadt forschend und abenteuernd zu erschließen. Manches von dem, was er rückblickend in Scheu und Zuückhaltung verborgen läßt, liegt dennoch zutage, im Wortsinn wie ein geöffnetes Buch. Die Briefe der Frau Rätin sind das gedruckte Vermächtnis einer Seele, in der Heiterkeit, Humor, lebhafteste Empfindung und enge mitmenschliche Beziehungen voller Lebensklugheit bestimmende Merkmale sind. Wer mit so harmonisch geschlossenem Naturell in der Welt stand wie Goethes Mutter, muß damit auch die Atmosphäre des Hauses aufs angenehmste beeinflußt haben.

Daran besitzt der Vater weniger Anteil durch sein unbiegsames Wesen, etwas freudlosen Ernst und ehrbare Trockenheit. Man müßte sehr fehlgehen, in Fausts Wagner nicht Spiegelungen des Johann Caspar zu erkennen. Doch dieser berufslose Würdenträger, ganz auf Binnenaktivität verwiesen, wurde dadurch zum Musterbild des aufklärerischen Pädagogen und trug Außerordentliches zu seines Sohnes umfassender Bildung bei. Er unterrichtete – selber oder durch andere – den gelehrigen, aber in manchem widerstrebenden Schüler in sechs Fremdsprachen, in Philosophie, Religion, Geschichte, Kunstgeschichte, in Klavier,

Flöte, Malen, Zeichnen, Reiten, Fechten, Tanzen. Unter den fördernden und grundlegenden Elementen von Goethes Gesamterscheinung stammt vom Vater also weit mehr als „die Statur (und) des Lebens ernstes Führen". –

Albert Schweitzer gewährt trotz seines verschlossenen und schüchternen Wesens, wie er es zumindest für die Frühzeit unterstellt, viel freigiebiger Einblick in die Umstände, unter denen er sich entfaltet hat. Der Satz in den Kindheitserinnerungen, *So wuchsen wir auf wie die Heckenrosen*, zeugt von den glücklichen Günsbacher Jahren. Die nachfolgende Lebensrückschau des Mittfünfzigers spricht noch deutlicher von den geradezu idealen Familienverhältnissen, *in denen wir Kinder des Pfarrhauses zu Günsbach lebten.*

Vor dem Hintergrund häuslicher Geborgenheit entwickelte der junge Albert früh das Empfinden für geringere Glücksvoraussetzungen in seiner Umgebung, für Leid, Armut, Elend. Er ist unter guter Wachstumspflege nicht egoistisch geworden, sondern im Gegenteil zu dem Bewußtsein erwacht, für seine schicksalhaften Bevorzugungen einen Preis entrichten zu müssen. Die großen ethischen Reserven im Charakter des Jungen wurden frühzeitig aktiviert: schon im Verlust unbefangener jugendlicher Lebensfreude.

Noch etwas weist auf später: Er brauchte nie einen Beruf zu suchen; er ist damit großgeworden. Schon dem Dreijährigen wurde die Sonntagspredigt des Vaters selbstverständlich, der Kirchenbesuch zur freudigen Erwartung. Mit acht Jahre begann er Orgel zu spielen, mit neun vertrat er den Organisten im Gottesdienst. So klingt auch hier schon früh das Thema an, dessen Variationen sein Leben durchziehen.

Die fördernden Einflüsse blieben nicht auf die Häuslichkeit am Großen Hirschgraben und im Günsbacher Pfarrhaus beschränkt. Die Krönungsstätte der deutschen Kaiser hob Frankfurt über die kleinstaatliche Enge des damaligen Deutschland hinaus. Die Ernennung des Vaters zum Kaiserlichen Rat, wenn es auch ein leerer Titel war, verband die Familie ganz natürlich mit den Geschicken des Reiches. Vergleichbar war ebenso die Welt des jungen Elsässers am Vogesenrand größer als für andere. Zwei Kulturkreise spielten in das Familienleben hinein: Man sprach deutsch – im alemannischen Dialekt – und schrieb die Briefe in Französisch. In der Schule wurde Hochdeutsch unterrichtet. Wichtig für den Heranwachsenden war ebenso, daß das Günsbacher Gotteshaus, wie manch anderes im Elsaß, als Simultankirche beiden Konfessionen diente. Nicht hoch genug einzuschätzen ist schließlich, daß Goethe wie Schweitzer ihre entscheidenden Bildungsjahre in einer ausgedehnten Friedenszeit erlebten, ein Glücksumstand, für dessen Würdigung uns das 20. Jahrhundert das rechte Organ gegeben hat.

*

Der Mülhauser Abiturient bezog im Oktober 1893 die Universität Straßburg und wohnte im Thomasstift an der Ill. Dort hatte Goethe studiert; erst 1870 war die Hochschule zur heutigen Place de l'Université umgezogen. Im Mai 1898, nach dem ersten theologischen Staatsexamen, mußte der Dreiundzwanzigjährige zunächst das Stift verlassen. Er suchte Unterkunft in der Stadt. Ein Freund kam und sagte, nahe dem Münster am Fischmarkt hänge ein Schild: „Zimmer zu vermieten". Der Student ging hin. Es war Goethes Zimmer. Damals war man noch nicht so pietätvoll-museal eingestellt, den gedenkwürdigen Raum profaner Nutzung vorzuenthalten. Liebenswürdiges Spiel des Zufalls – oder Fügung: daß unbewußt die Schritte dessen gelenkt wurden, der später – jetzt noch nicht so sehr – eine so starke geistige Nähe zu dem einstigen Untermieter entwickeln würde. Abermals zog ein Studierender ein. Das Mobilar war unverändert. An jenem Tisch, an dem liebesfrohe Briefe an Friederike Brion geschrieben worden und vielleicht manche der herrlichen „Friederiken-Lieder" entstanden waren („Es schlug mein Herz: geschwind zu Pferde!..."), wurden nun die Vorlesungen und Seminarübungen des Neukantianers Windelband ausgearbeitet.

In Straßburg gewannen beide, bei einem Lebensabstand von hundertfünfundzwanzig Jahren, die größte räumliche Nähe, bis zur Kongruenz. Wesentlicher ist, daß in diesem Grenzbezirk zweimal im Verlauf eines reichlichen Jahrhunderts ein geistiger Aufbruch stattfand, der beidemal Epoche machte.

Goethe war rechtzeitig geboren, um die Welt des Rokoko noch in sich aufzunehmen und poetisch umzusetzen. Überreif war der Kunst- und Lebensstil gewesen, den er vollendete, vor allem in seinen hochstilisierten Briefen nach der Leipziger Studienzeit. In Straßburg aber war alles Neubeginn. „Denn das bedeutendste Ereignis, was die wichtigsten Folgen für mich haben sollte, war die Bekanntschaft ... mit Herder... Was die Fülle dieser wenigen Wochen betrifft, welche wir zusammen lebten, kann ich wohl sagen, dass ... ich dadurch in die glückliche Lage geriet, alles, was ich bisher gedacht, gelernt, mir zugeeignet hatte, zu komplettieren, an ein Höheres anzuknüpfen, zu erweitern."

Nicht erst der große Anreger Herder leitet Goethes Stilwandel ein. Dieser kündigte sich bereits in einem Brief vom Juni 1770 an, also ein Vierteljahr früher, mit lebendiger, an Rousseau geschulter Betrachtungsweise der Natur. Der Wandel lag also „in der Luft". Indem ihm aber vergönnt ist, zur rechten Zeit den Förderer im gleichen Geist zu finden, bricht das Neue sich, gesteigert durch eine Liebesleidenschaft, ungehemmt Bahn. Gefühlsaufschwung tritt an die Stelle wohlgeformter Satzperioden. In die gezierten, gedrechselten, überfeinerten Konstruktionen des Rokoko bricht stürmisch das Originale ein und verdrängt das Entliehene.

In dieser denkwürdigen Revolution unserer Dichtung, so Rudolf Goldschmit-Jentner in den mittleren fünfziger Jahren des vorigen Jahrhunderts, „besitzt Goethe ein Verhältnis zur deutschen Sprache, das ihm eine Ausdruckskraft schenkt, wie sie vor ihm und nach ihm kein anderer Genius unserer Sprache wieder erlangt hat". Nur Luther in den

Streitschriften wird in diesem Zusammenhang als gleichrangig erwähnt. Mit dem Abstand eines halben Jahrhunderts zu jenen Zeilen ist wohl Thomas Mann endgültig als der Dritte im Bunde der deutschen Sprachgipfelwanderer zu nennen. – Nicht ungewöhnlich früh, aber ganz ungewöhnlich im Ausmaß und Umfang verwirklichte Albert Schweitzer sich in Straßburg, der „wunderschönen Stadt". Der Achtzehnjährige begann drei Studiengänge nebeneinander und hielt sie durch. Seinem ersten theologischen Examen folgte ein Jahr später die philosophische Promotion. Es schlossen sich an: das Lizentiaten-Examen (damals die theologische Promotion) sowie das Predigtamt, anschließend, 1902, die Habilitation des Siebenundzwanzigjährigen für Neues Testament. Neben allem lief ununterbrochen die musikalische Ausbildung.

Die literarische Schaffensvielfalt dieser Jahre verstärkt noch das beeindruckende Bild des geistig-künstlerischen Aufbruchs. 1905 liegt das französische Werk über Bach vor, drei Jahre vor der zu doppeltem Umfang erweiterten deutschen Fassung, 1906 die *Geschichte der Leben-Jesu-Forschung*, damals noch unter dem Titel *Von Reimarus zu Wrede*. Zu gleicher Zeit erscheint die bahnbrechende Schrift über den Orgelbau, die, nur gering im Umfang, das Konzentrat von Erfahrungen vieler größerer und kleinerer „Orgelreisen" ist. Der Verfasser mußte eine Vielzahl von Instrumenten kennen, um die Vorzüge und Nachteile der Fabrikation und der damit verbundenen spieltechnischen Möglichkeiten ausmessen und schildern zu können.

In dieses randvolle wissenschaftliche und künstlerische Leben trat das Ereignis vom Herbst 1904: als er den Aufruf der Pariser evangelischen Missionsgesellschaft las, wonach es an Leuten fehle, um das Werk der Mission im Gabon zu betreiben. Der Suchende hatte gefunden (wenngleich vorerst noch ohne festen Entschluß), was er sich vor acht Jahren als Student vorgenommen hatte: eine Aufgabe unmittelbaren Dienens. Daraus wurde weitere neun Jahre danach ein Urwalddoktor, nach anfänglicher, dann verworfener

Absicht, Missionar zu werden. Zu den drei abgeschlossenen Studiengängen kam also der vierte: der medizinische, neben aller anderen fortlaufenden Tätigkeit...

Wer ein Organ besitzt für den schicksalhaften geschichtlichen Augenblick, mag bei dem Berufungsereignis von 1904 noch etwas verweilen. Stefan Zweig hat in seinen „Sternstunden der Menschheit" Ereignisse nachgezeichnet, bei denen „eine zeitüberdauernde Entscheidung auf ein einziges Datum, eine einzige Stunde und oft nur eine Minute zusammengedrängt ist". In Straßburg bildet er die Szene ab, wie der Hauptmann Rouget de Lisle, „das Genie einer Nacht", während der Französischen Revolution die Marseillaise schuf. Eine Sternstunde, ein Moment solch sublimer Verdichtung ist den Straßburgern also mindestens zwei weitere Male zuteil geworden: im Herbst 1870, als Goethe an der Treppe des Gasthofes Zum Geist unvermutet Herder traf; und im Herbst 1904, als Albert Schweitzer den Appell aus Paris vor Augen bekam.

Wie der Einfluß jener ersten Stunde auf die deutsche Literatur erst vor dem Hintergrund dessen zu ermessen ist, was Goethe an Dichtung vorgefunden hatte, so gewinnt die zweite historische Momentaufnahme ihre Tiefenschärfe, wenn man sich in den Kolonialismus um 1900 zurückversetzt. Fast alle dachten an die Erträge, den Profit, nur wenige an die Schuld des weißen Mannes gegenüber den Schwarzen, und nur von einem ist bekannt, daß er schon damals die Folgerungen zog: der erste Entwicklungshelfer der Welt.

*

José Ortega y Gasset bereicherte die Goethefreunde zum hundertsten Todestag mit einer Studie unter dem nicht gleich deutbaren Titel: „Um einen Goethe von innen bittend – Pidiendo un Goethe desde dentro". Hinter der vielleicht kokettierenden, vielleicht ernstgemeinten Behauptung, er wisse von Goethe nur wenig, verbirgt sich intime Kennerschaft. In dieser herausfordernden, blendend formulierten Studie muß der Dichter sich vor dem Krisenbewußtsein des

Existenzphilosophen verantworten. Sein Weg nach Weimar steht im Mittelpunkt der Kritik.

„Es springt in die Augen", heißt es da, „daß Goethe das Schicksal eines morgendlichen Rufers, ein Lerchenschicksal, zugeteilt war". Vor diesem Hintergrund hadert Ortega mit dem Bewunderten. „Aber Goethe nimmt die Einladung des Großherzogs Karl August an. Und nun möchte ich Sie bitten, sich ein Leben Goethes ohne Weimar vorzustellen – einen Goethe, eingesenkt in das Dasein des damaligen Deutschlands, das ganz Gärung, brodelndes Element, geöffnete Poren war; einen Goethe, allen Unbilden preisgegeben, ohne die Basis materieller – wirtschaftlicher und gesellschaftlicher – Sicherheit..., kurz, das Gegenteil jenes Goethe, der mit fünfundzwanzig Jahren unter die sterile Glasglocke von Weimar gesetzt und durch Zauberkünste zum ‚Geheimrat' präpariert wird... In dem Augenblick, da in dieser königlichen Seele der heroische Frühling einer echten deutschen Poesie erblüht, schneidet ihn Weimar von Deutschland ab, reißt seine Wurzeln aus dem deutschen Boden und verpflanzt ihn in den humusarmen Topf eines deutschen Liliputhofes." –

Als der Privatdozent Albert Schweitzer sich zu Beginn des Wintersemesters 1905/06 beim Dekan der Medizinischen Fakultät der Universität Straßburg als Student anmeldete, hätte jener ihn am liebsten seinem Kollegen von der Psychiatrie überwiesen. *Miteinander hielten mir meine Angehörigen und Freunde die Sinnlosigkeit meines Beginnens vor... Das Wirken unter den Wilden solle ich solchen überlassen, die damit nicht Gaben und Kenntnisse in Wissenschaft und Kunst ungenutzt liegen ließen. Widor* (sein Orgelmeister) *schalt mich einen General, der sich mit der Flinte in die Schützenlinie legen wollte.*

Elly Knapp aus dem Straßburger Freundeskreis – bevor Schweitzer sie mit Theodor Heuss traute – stand vor jenem Entschluß zunächst fassungslos. Arnold Krieger schreibt in einem Aufsatz dazu: „Sie gesteht freimütig ein, daß man

Schweitzer für wahnsinnig gehalten habe, als er eine aussichtsreiche, ja, glänzende Laufbahn, das ganze Füllhorn seiner Möglichkeiten aufgab, um so etwas Obskures und Skurriles anzufangen. Elly Heuss-Knapp, selber durch ihr Lebenswerk als eine humanitäre Kraft ausgewiesen, sah später die Notwendigkeit jener Ur-Aktion des Freundes endgültig ein. Sie begann, ihn für einen Heiligen zu halten."

Der Sinneswandel der berufenen Beurteilerin leitet zur Rechtfertigung über. Beiden, Goethe wie Schweitzer, hielt man vor, teils nachträglich, teils zeitgleich, ihre Entscheidung gliche einem „sich-aus-der-Bahn-werfen-lassen". Ortega urteilt, Weimar sei „vielleicht das größte Mißverständnis in der deutschen Literaturgeschichte". Eher liegt das Mißverständnis in der Annahme, Goethe hätte sich überall woanders besser verwirklichen können. Mit Weimar ins Gericht zu gehen, setzt doch den etwas vermessenen Anspruch voraus, er hätte sein „Lerchenschicksal" über den Morgen hinaus zu verlängern vermocht, ein Werther in Permanenz, ein Wein in Dauergärung, dem verboten ist, sich zu klären. Man kann nicht auf einem Achsenkreuz die Linien eines Goethe-Ideals zeichnen, um dann die Lebensrealität mehr oder weniger als unzulässiges Abweichen vom gedachten Umriß zu beanstanden.

Weimar gleichzusetzen mit dem Verlust höherer Verwirklichung, bedeutet fast, die Tatsachen ins Gegenteil zu verkehren, heißt, den Glücksfall gering zu achten, um den die Dichterkollegen des 18. Jahrhunderts den jungen Autor nur beneiden konnten: Fürstengunst und unbeschwerte Entfaltung, während Schriftsteller sich sonst als Privatsekretäre, Prinzenerzieher, Bibliothekare oder Reisebegleiter mühsam genug ernährten. Nur zu erträumen war obendrein unser Urheberrecht mit dem Schutz geistigen Eigentums – immerhin doch ein entscheidender Rückhalt für die Existenz des Schreibenden; und die seine schien fortan gesichert zu sein.

Die moderne Forschung gibt, wie schon Carl Gustav

Carus im 19. Jahrhundert, der morphologischen Sicht Vorrang. Goethe unterlag danach einem Gestaltgesetz, einem Bestimmungsprinzip. Die gleichbleibende Zentralkraft seines Wesens lenkte die Einzelabschnitte seines Lebensweges. Man könnte auch von seinem Instinkt für die grundlegenden Entscheidungen sprechen. Dann wäre es letztlich gleichgültig, wo er sich entfaltete, er bliebe doch immer er selbst. In dem Sinne läßt sich ein Brief an den Freund Knebel im November 1782 verstehen: „Nur im innersten meiner Plane und Vorsäze, und Unternehmungen bleib ich mir geheimnißvoll selbst getreu..."

Innerhalb der möglichen Varianten seines Weges entschied er sich nun einmal für Weimar, und indem er es tat, gewann Weimar eigenes Gewicht und wurde alternativfeindlich. Im übrigen gehörte das Verhältnis zum Herzog nach Carus´ Worten „zu den glücklichsten und bedeutungsvollsten ..., das uns die Geschichte bewahrt hat". Und wer dürfte auch an Weimars tieferem Sinn in Goethes Leben zweifeln angesichts des Einflusses, den auszuüben Charlotte von Stein augenscheinlich berufen war...

Weimar, zusammengefaßt, mag wohl ein unvermuteter Umschwung gewesen sein, eine Wendung, auf die der Autor des triumphalen „Werther" im Sinne Ortegas nicht zu zielen schien; die aber – und darin liegt der Unterschied – seinem Auftrag gemäß war und sich innerhalb seiner Ganzheit gar nicht wegdenken läßt.

Was Albert Schweitzer betrifft, so hat er das Ereignis von 1904 ausdrücklich als ein Aus-der-Bahn-werfen verstanden. Nur, was besagt dies? Doch nicht, daß er nun seinen Lebenszweck verfehlt habe und in die Irre gegangen sei. Wer dies behauptet, müßte den Schlüssel zum Tresor seiner wahren Bestimmung in Händen halten. Die Verwandten und Gefährten, die sein Vorhaben mißbilligten, glaubten ihn wohl zu besitzen. Zum Zeitpunkt der Umkehr des Dreißigjährigen sahen sie eine Persönlichkeit, die nach verschiedenen Richtungen ganz außergewöhnlich geprägt war.

Für diese Wege schien er doch wohl vorgesehen zu sein, bei so intensivem Durchdringen von Wissenschaft und Kunst. Man wird nicht so selbstgerecht sein zu behaupten, man hätte es damals besser gewußt. Vielmehr ließ wohl erst der Zeitabstand genaueres Erkennen zu. Und auch dieses kann nur Annäherung sein:

Jener Christ des Denkens und der Tat wirkt in vielgestaltiger Einheit. Der Pfarrer und theologische Denker interpretiert – vor allem an der Gestalt Jesu von Nazareth – ethische Menschheitsziele. Dem Organisten ist der gleiche Wert tongeworden; er lehrt einen Bach von Sammlung, Stille und Frömmigkeit. Als Philosoph entwirft er Maßstäbe sittlicher Erneuerung auf der Grundlage seiner Formel *Ehrfurcht vor dem Leben*. Der Arzt schließlich befreit von körperlichem Schmerz, er heilt. Die ärztliche Tätigkeit trat als späteste zu den übrigen. Es drängt sich auf, daß sie über das rein Medizinische hinaus wie symbolisch für sein Gesamtbemühen steht. Liegt in dem vierfachen Nebeneinander nicht ein sich wechselseitg ergänzendes, gleichsam gesteigertes Arztsein, als wollte er dem Jahrhundert Heilkräfte vermitteln? Nochmals Arnold Krieger: „Befreien aber will Albert Schweitzer ... Von einem Punkt aus möchte er heiltätig auf die Erde ... einwirken, und das ist der Grund und die Größe seines Dienstes.“ Hier also wird seine Allseitigkeit aus einem einzigen ursprünglichen Beweggrund heraus gedeutet. Seine Begabungen waren zwar angelegt und mitgegeben, aber jenes Grundmotiv erst gab ihnen danach diese äußerste Intensität, die man über viele Jahrzehnte staunend verfolgte. Wenn somit seine Vielgestalt Ausdruck eines ethischen Urgebotes war, dann wachte dieses über allem Tun; dann waren alle einzelnen Umsetzungen nur Teile einer großen Gemeinsamkeit, waren, mit Goethe, Bruchstücke einer großen Konfession.

Der „grand docteur“ – hier: der „alte“ Doktor – rechtfertigte übrigens Lambarene, seine *ethische Improvisation*, noch auf andere Weise. Auf die Frage, ob er es je für falsch gehalten habe, nach Afrika gegangen zu sein, antwortete der Sechsundachtzigjährige, ihm hätte in Europa die Stille gefehlt, seine Kulturphilosophie zu entwerfen. Auch hier fällt wieder der Zug ins Allgemeine, Höhere, Überdauernde auf. Der unmittelbare Zweck des afrikanischen Werkes, die Hilfe für den schwarzen Lazarus, wird nicht an erster Stelle genannt. Vor der Ethik des Alltags steht die Ethik aller Tage.

*

„d. 3. Sept. früh 3 Uhr stahl ich mich aus dem Karlsbad weg, man hätte mich sonst nicht fortgelassen ... ich ließ mich aber nicht hindern, denn es war Zeit." So beginnen im Herbst 1786 die Tagebuchaufzeichnungen über die glücklichste Periode in Goethes Leben. "Denn es war Zeit", gibt nur unzulänglich wieder, daß hier ein Dammbruch stattgefunden hat. Die Italienreise glich einem sturzflutartigen Ergießen, nachdem er die Sehnsucht nach dem Süden, wie Schiller etwas später an Körner schrieb, „von Kindheit an schon im Herzen herumgetragen" und nur mit Mühe gebändigt hatte. Der Postillon jagt mit einem Trunkenen über die Landstraßen, Rom entgegen, nach kurzen Zwischenaufenthalten und nur einem etwas längeren in Venedig. Angelangt am Ziel und nach dem ersten Ungestüm erteilt der heimlich Entwichene eine Lektion in Reisekunst: „Ich will so lang ich hier bin die Augen auftun, bescheiden sehen und erwarten was sich mir in der Seele bildet."

Auch Albert Schweitzer hat die Reise in den – noch viel tieferen – Süden ergriffen durchlebt, zusammen mit Helene. *Wasser und Urwald ...! Wer vermöchte diese Eindrücke wiederzugeben? Es ist uns, als ob wir träumten. Vorsintflutliche Landschaften, die wir als Phantasiezeichnungen irgendwo gesehen, werden lebendig.* Bald aber schnürt ein Gefühl der Bedrückung die für das Erhabene geöffnete Seele ein. Die Reisenden sehen verlassene und zerfallene Hütten. *Mit dem Dunkel des ersten Abends am Ogowe breiten sich die Schatten des Elends Afrikas über mir aus.* Der Sinn des Unternehmens drängte sich unabweisbar nach vorn. Halten wir hier also an der Abzweigung, an der ihrer beider Wege sich trennen; an der die Wegschilder lauten: in dieser Richtung „Selbstveredelung“, in jener: „Menschendienst“? Treffen wir beide unter südlichem Himmel in ihrer ureigenen Wahrheit – in der „klassischen“ Form der Verwirklichung und in der „modernen“?

Klassisch und modern will sagen: Das Zeitalter des deutschen Idealismus bemühte sich, in Anlehnung an das so gesehene Griechenbild, um den *ganzen* Menschen und seine Vervollkommnung. Das 20. Jahrhundert blickte auf eine Wirrnis sozialer Weltprobleme. Sie vermittelten einen anderen Leitgedanken: den der gesellschaftlichen Verpflichtungen, und drängten den edlen Anspruch des Individualismus im öffentlichen Bewußtsein dahinter zurück. Lassen sich nun der Italienreisende mit dem Zeichenblock und und der Afrikafahrer mit Kistenladungen voll ärztlichem Begleitgepäck mit diesen zeitunterscheidenden Richtwerten ohne weiteres gleichsetzen, wie es äußerlich scheint? Was bedeutete dem einen Veredelung, dem anderen Dienst? Mit anderen Worten: Wie eng oder weit werden diese Werte jeweils umgrenzt?

Zu Goethes römischem Umgang gehörte der Schriftsteller Karl Philipp Moritz, dessen romanhafte Autobiographie „Anton Reiser“ zu den Meilensteinen psychologisierender Literatur gehört. Fünf Wochen nach des Geheimrats Ankunft, inkognito, erlitt Moritz einen Unfall und wurde sechs Wochen bettlägerig. „Was während den vierzig Tagen der edle, menschenfreundliche Goethe für mich getan hat, kann ich ihm nie verdanken. Täglich hat er mich mehr als einmal besucht und mehrere Nächte bei mir gewacht. Er lenkte den guten Willen meiner Landsleute, ließ sie losen, und sogleich waren alle Nächte besetzt, dann ließ er andere um die Stunden am Tage losen. Selbst die Leute, bei denen ich wohne, folgten dem Beispiel. Goethe ist mir alles gewesen, was ein Mensch einem Menschen nur sein kann.“

Das Zeugnis des Genesenen zeigt: Zwischen Gesprächen

und Iphigenie-Szenen, Galerien und Ruinen wechselnd in seliger Hingabe an das Schöne, nebst deren Wiedergabe mit dem Zeichenstift, ist der Meister der Selbstveredelung augenblicklich bereit, dem Ruf zu erneuter „Harzreise" zu folgen. Die schlichte Tat der Jugendjahre, 1777, die Schweitzer so vorbildhaft sieht (obwohl gerade da vielleicht die Verkleidungsfreude und der Hang zur Verschleierung mit im Spiel gewesen sein mögen), wird jetzt in mittleren Jahren noch überzeugender neu belebt – und der späte Goethe wird sich ähnlich verhalten. Man weiß, daß er seinem Hausarzt Karl Vogel Mittel für Bedürftige verfügbar machte, ohne daß jener verraten dufte, woher das Geld kam. Tue Gutes und rede nicht darüber... Das geschah von 1826 bis zuletzt. Es sind dies zufällige Zeugnisse. Andere mag die Zeit verschüttet haben. Sie beweisen, daß der vom Schicksal so Begünstigte und daher menschlich Gefährdete im Willen, seinen Lebensrahmen nach allen Richtungen selbststeigernd auszumessen, nicht im Eigennutz steckenblieb.

Und wie er sich persönlich vielfältig hilfsbereit zeigen konnte (auch wenn es Belege für abweisendes Verhalten, für Kälte und Einpanzern gibt), so will er auch dichterisch vielfach ein Helfender sein. Das hat sein Laudator von Frankfurt – in diesem Fall zum 100. Todestag – klar an ihm herausgestellt: *Im Grunde sind alle Persönlichkeiten, die er zeichnet – man denke an die, die in „Wilhelm Meister" an uns vorbeiziehen –, in Läuterung begriffen, wobei jede aber ihr ureigenes Wesen behält.*

Besteht also kein Zweifel, wieviel er menschlich auch denen zu sagen hat, denen eine andere Zeit, denen das soziale Weltdrama veränderte Lebensinhalte aufzwingt, so hat umgekehrt Schweitzer sich nie anders gesehen als in der Notwendigkeit, sich „immer strebend zu bemühen". Sie erschien ihm unabdingbar inmitten der auferlegten Mühsale: *Die Reife, zu der wir uns zu entwickeln haben, ist die, daß wir an uns arbeiten müssen, immer schlichter, immer wahrhaftiger, immer lauterer, immer friedfertiger, immer sanftmütiger, immer gütiger, immer mitleidiger zu werden. In keine andere Ernüchterung als in diese haben wir uns zu ergeben. In ihr härtet sich das weiche Eisen des Jugendidealismus zum Stahl des unverlierbaren Lebensidealismus.*

Zusammen: Beider Selbstverständnis ist nicht einfach auf die Alternativformeln – hier Selbstveredelung, dort Menschendienst – zu verkürzen. Wohl gleichen sie den vorherrschenden Instrumenten eines Orchesters. Erst bei genauerem Horchen nimmt das Ohr auch die leiseren Instrumentalstimmen wahr. Sie drängen sich nicht auf, bilden aber einen nicht fortzudenkenden Bestandteil der klanglichen Fülle.

*

Sie waren Lieblingskinder des Erfolgs.

Den Anfang machte das Prachtexemplar des Sturm und Drang: „Götz von Berlichingen“. Das Schauspiel, das die Regeln des klassizistischen Dramas französischer Prägung mißachtete zugunsten szenischer Freiheit im Stile Shakespeares, wurde bereits im Jahr seiner Berliner Uraufführung, 1774, vierzehnmal gespielt; ein Triumph nach den Begriffen der Zeit. Kurz darauf folgte der „Werther“, das Hohelied der Empfindsamkeit, der Sensationserfolg dieser Literaturphase, die die vorromantische Geistesströmung des Sturm und Drang überlagerte. Der Briefroman rief allergrößten Widerhall hervor und machte nach den Worten Thomas Manns „buchstäblich die Welt verrückt vor Sterbenswonne“.

Bleibende Dichtung wird mit anderem Maß gemessen als große Wissenschaft. Das mag von der zugrunde liegenden Leistung her ungerecht sein, beruht aber zum einen auf dem Bewußtsein der Überholbarkeit aller fachspezifischen Errungenschaften, zum anderen darauf, daß diese meistens nur einem Kreis von Kennern zugänglich sind. Erschwert die unterschiedliche Bewertung Vergleiche, so bleibt dennoch als höchst ungewöhnlich festzuhalten, daß ein Privatdozent und Orgelkünstler zwischen dem zweiunddreißigsten und vierunddreißigsten Lebensjahr mit zwei Publikationen hervortritt, welche schon bald nach dem Erscheinen die Autorität von Standardwerken erlangen und diesen Rang auch ein Jahrhundert danach, bei Sichtverschiebungen in Einzelheiten, nicht verloren haben.

Die *Geschichte der Leben-Jesu-Forschung* kam gerade zur rechten Zeit, um den lebhaften Disput über die endzeitgerichtete oder nicht endzeitliche Denkweise Jesu im Sinne der ersteren Auffassung nachhaltig und letztlich entscheidend zu beeinflussen. Die mächtige *Bach*-Studie, weniger lebenskundlich als musikästhetisch, von einem Praktiker gedacht für Praktiker, traf ebenfalls klärend mitten in einen erbitterten musiktheoretischen Grundsatzstreit: nämlich zwischen Wagnerianern und Antiwagnerianern, welch letztere die vermeintlich abstrakte und wortungebundene Tonsprache des Thomaskantors gegen ihre Widersacher ausspielten – und sich dabei gründlich irrten.

Alle vier Werke – 1773, 1774, 1906, 1908 – hatten eins gemeinsam. Sie waren nach der Formulierung von Thomas Mann (bei ihm auf Goethe bezogen) „das erlösende Wort". Auch das Rechtzeitigkommen gehört zu den Bausteinen, aus denen die Zeitgenossen und die Nachkommen ihr Urteil bilden. Nicht jeder von Rang wird zu jeder Zeit gehört.

Stillere Jahre kamen. Die stürmische Wachstumsphase des einen wie des anderen ging über in unauffälligeres Wirken, vor allem in nüchternen Tagesdienst. In Weimar lernte ein Götterliebling unter den Dichtern das Mitregieren in einem kleinen Fürstentum kennen. Der andere hatte den Hörsaal und die Orgelempore zurückgelassen, war im äquatorialen Regenwald Afrikas verschwunden und operierte nun eingeklemmte Brüche, verhalf Kindern auf die Welt, bekämpfte die Schlafkrankheit, die Lepra und alle anderen Krankheitsübel der Tropen.

Der Schöpfer des Werther wurde eigentlich nie wieder volkstümlich, auch nicht später als der Dichter des Faust. Die strengere, sozusagen klassische Form seiner Werke erreichte nicht mehr das breitere Publikum der Geniezeit. Indem er aber seine Erdenspur unermüdet durch fünfundsechzig Schaffensjahre zog, sich in der organischen Vollkommenheit einer exotischen Wunderpflanze entfaltete, wurde er schließlich eine kulturelle Institution. Das geistige Europa blickte nach Weimar.

Schweitzers Persönlichkeit der hohen Jahre ruhte auf einem Untergrund von vergleichbarer Beschaffenheit: weitestgespannte Befähigungen, tätiges In-der-Welt-stehen, unwandelbare Treue zum eigenen Selbst – und Zeit, Zeit an Leben. Doch war sein globaler Altersruhm weniger das Ergebnis eines Langzeitprozesses als einer plötzlichen Entdeckung. Der Anlaß war Goethe. Als der Vierundsiebzigjährige im August 1949 zum ersten und einzigen Mal nach Amerika reiste, um in Aspen/Colorado die Festansprache zu dessen zweihundertstem Geburtstag zu halten, lief die Vita des Urwalddoktors durch die Presse. Die Amerikaner, die den Wert eines Menschen normalerweise an seinem Bankkonto zu messen pflegen, nahmen mit ungläubigem Staunen wahr, daß jemand seine Chancen, als Orgelvirtuose viel Geld zu verdienen, und seine glänzende Karriereaussichten als Wissenschaftler ausgeschlagen hatte, um auf dem Umweg über ein beschwerliches Studium in den Urwald zu ziehen und Kranke zu heilen.

Mit der Erhebung zum „13. Jünger Jesu" trafen sie zwar merkwürdig genau das Grundmotiv seines ganzen Handelns, aber die publizistischen Begleitumstände solcher Herausnahme aus dem Normalmenschlichen machten ihm schwer zu schaffen. Sogar der vermeintliche Klavierstimmer im Hotel entpuppte sich als verkleideter Reporter. Als der Gefeierte dem Popularitätsrummel glücklich entronnen war, kam er sich *wie ein vom Weihrauch betäubter Esel* vor.

Bei ganz unterschiedlichen Wegen seltsame Altersparallelen: denn wie glichen sich nun Weimar und Lambarene! Freunde und Verehrende kamen in wachsender Zahl; viele darunter, die durch solche Begegnung reicher werden wollten; manche gar, die sich unwiderstehlich angezogen fühlten, denen Weimar eine Art weltliches Mekka war, Lambarene gleichsam Goethes Rom. Viele trieb auch Neugier, aber wer getraute sich, oberflächliche oder tiefere Beweggründe säuberlich zu trennen. Jedenfalls, Ströme von Besuchern, die einen bedeutenden Namens, die anderen unbekannt, erschienen an der Ilm und am Ogowe. Zwei Beispiele, beliebig herausgegriffen, mögen für viele stehen:

In den Herbstwochen 1827 (Goethe ist achtundsiebzig) kommen zu Besuch: König Ludwig I. von Bayern, Graf Beust, der Architekt und Maler Wilhelm Zahn, der ehemalige Gouverneur in Batavia, von der Capellen, der Schriftsteller und Diplomat Varnhagen von Ense, Fürst Lubomirski, Zelter, Graf Reinhard, Hegel, die Großneffen Alfred und Heinrich Nicolovius, darüber hinaus viele Engländer.

Im Spätherbst 1961 (Schweitzer ist sechsundachtzig) kommen zu Besuch: ein philippinischer Chirurg, die Photographin Erica Anderson aus New York, ein Musikstudent aus Frankfurt, eine Teppichweberin vom Bodensee, eine Amerikanerin mit Sohn, ein deutscher Seemann, die Enkelin Monique Eckert, eine Schauspielerin aus Hamburg, ein Redakteur mit seiner Frau, gleichfalls von dort, sowie fünfzig skandinavische Touristen.

Doch den Ruhm genießt kein Sterblicher rein und schattenlos als ein Geschenk der Götter. Wieviel Ungemach tritt mit ihm über die Schwelle! Der Reichbeschenkte wird fortan Liebe und Dank nur mit beschwerlichen Zutaten erfahren. Von den Besuchen war die Rede. In Weimar kamen darüber hinaus mit der Post von Thurn und Taxis viele poetische Erstlingsarbeiten an, mit der Bitte, darüber zu urteilen; in Lambarene wurde man Briefschuldner gegenüber fünf Kontinenten, oft mit der Pflicht, für die vielfältigen Spenden zu danken – und das mit dem ererbten Schreibkrampf. So hätte altgriechische Phantasie eine Tantalusqual ersinnen können: Ein Mann wird für seinen Ruhm verurteilt, mit einer solchen Behinderung den ganzen Tag Dankesbriefe zu schreiben...

Aber es waren nicht nur Verpflichtungen, die das mächtige Ansehen nach sich zog. Giftpfeile umschwirrten das Haus am Frauenplan; über Urwaldpfade schlich Mißgunst.

Ich bin euch sämtlichen zur Last,
Einigen auch sogar verhaßt,

glaubte der alte Dichter zu erkennen. „Vortreffliche Männer“, so Hans Carossa, „haben immer wieder Zeit und innigen Fleiß geopfert, um die Lauterkeit von Goethes Charakter zu erweisen und das Unwahre der gegen ihn gerichteten Vorwürfe darzutun. Sie verdienen den Dank der Nation; aber für uns, die wir Goethes innere Geschichte kennen, wäre keine Ehrenrettung nötig“.

Leicht ist eine Gedankenbrücke zu schlagen zu den Vorhaltungen, die viele Zeitgenossen gegenüber dem Friedensnobelpreisträger von 1952 sich schuldig zu sein glaubten. Seine Warnungen vor den Gefahren der Atomversuche wurden gerade dort am ungnädigsten aufgenommen, wo man die höchsten Ruhmestitel vergeben hatte. Der brummige Alte, so der Hauptvorwurf, schwäche die westliche Verteidigung gegenüber dem kommunistischen Osten. Da der Warner moralisch schwer zu treffen war, wurde das Spital seiner späten Tage zum Ersatzkriegsschauplatz der Emotionen. Gegenüber den falschen Anschuldigungen oder Mißverständnissen infolge unzulänglichen Einblicks blieb der Angegriffene stumm und erklärte, er werde dazu aus Prinzip nicht Stellung nehmen.

Gerade die Distanz zum Zeitgeist rückt die Dioskuren dieser Zusammenschau abermals nebeneinander.

Sosehr die deutsche Erhebung von 1813 sich aus langjähriger französischer Zwangsherrschaft rechtfertigte – in der nun aufbrausenden Woge von Franzosenhaß und Nationalstolz blieb der Weimarer Weltbürger kühl. Er hat das klar begründet. Siebzehn Jahre nach dem Aufruf Friedrich Wilhelms III. von Preußen „An mein Volk“ sagte er zu

Eckermann: „Hätte mich jenes Ereignis als einen Zwanzigjährigen getroffen, so wäre ich sicher nicht der letzte geblieben. Allein, es fand mich als einen, der bereits über die ersten sechzig hinaus war." Und es folgen die allzeit gültigen Sätze: „Überhaupt ist es mit dem Nationalhaß ein eigenes Ding. Auf den untersten Stufen der Kultur werden Sie ihn immer am stärksten und heftigsten finden. Es gibt aber eine Stufe, wo er ganz verschwindet und wo man gewissermaßen über den Nationen steht und man ein Glück oder ein Wehe seines Nachbarvolkes empfindet, als wäre es dem eigenen begegnet. Diese Kulturstufe war meiner Natur gemäß, und ich hatte mich darin lange befestigt, ehe ich mein sechzigstes Jahr erreicht hatte." Den beiden politischen Haupttendenzen des 19. Jahrhunderts, der nationalen und der demokratischen, sprach er keinen grundsätzlichen Wert zu, sondern sah in ihnen nur eine Umschichtung der Weltübel.

Auf andere Weise stand Albert Schweitzer quer zu den vorherrschenden politischen Denkrichtungen seiner Zeit. Schon ein Dritteljahrhundert vor seinen pazifistischen Unfreundlichkeiten gegen den atomaren Erprobungseifer hatte er, noch weithin unbemerkt, in der Kulturphilosophie von 1923 höchst abträglich über die moderne Gesellschaft geurteilt: In einzigartiger Weise gehe der Mensch heutzutage in der Gemeinschaft auf; die herabgesetzte Beschäftigung mit sich selbst mache ihn in geradezu krankhafter Weise für die Ansichten empfänglich, die durch die Gesellschaft und ihre Organe fertig in Umlauf gesetzt werden; der Überbeschäftigung unterworfen, verfalle er mehr und mehr dem Bedürfnis nach äußerlicher Zerstreuung, suche nicht Bildung, sondern Unterhaltung, und zwar solche, die die geringsten geistigen Anforderungen stelle, so daß Zeitungen und Zeitschriften alles nur noch in der leichtest faßlichen Form an die Leserschaft heranbringen dürften.

Der moderne Staat, schließlich, *befindet sich in einer beispiellosen materiellen und geistigen Verelendung. Unter Schulden zusammenbrechend, von politischen und wirt-*

schaftlichen Kämpfen zerrissen, aller moralischen Autorität bar geworden – so hat er in immer neuen Nöten um seine Existenz zu kämpfen. Woher soll er die Kraft nehmen, sich bei allem zum wahren Kulturstaat zu entwickeln? Man möchte kaum glauben, daß die Diagnose über achtzig Jahre alt ist...

Pessimistiches Erkennen, harte Urteile, aber dennoch vorsichtige Zuversicht markieren den Weg durch das Alter beider. Zuversicht, ja, denn das Gesetz, nach dem sie angetreten, ließ abschließendes Verneinen nicht zu. Wie gäbe es sonst die Wunderwelt ihrer späten Jahre, voll von Schaffen und Weltnähe: in Weimar in einem ganzen Kosmos von Gespräch (mit Eckermann, Müller, Riemer, Soret), mit der Arbeit an den Wanderjahren, Dichtung und Wahrheit – Band vier, dem Abschluß des Faust mit geheimnisvollem Versiegeln als einem Vermächtnis; in Lambarene mit dem täglich achtzehnstündigen Dennoch eines Übermüdeten. Woraus nährt sich dies? Doch aus dem Wissen, daß damit etwas gewonnen sei. Unverlierbarer Glaube an den Sinn humanitären Bemühens – und große Dichtung ist Humanität mit anderen Mitteln – liegt in dem Ausspruch von 1804: „Das Wasser wird steigen, mein Schiff wird schwimmen." Wenden wir uns von da ins Jahr 1924, so enden die Jugenderinnerungen mit den Sätzen: *Kein Sonnenstrahl geht verloren. Aber das Grün, das er weckt, braucht Zeit zum Sprießen, und dem Sämann ist nicht immer beschieden, die Ernte mitzuerleben. Alles wertvolle Tun ist Tun auf Glauben.*

*

Fünf Skizzen reihten sich aneinander in annähernd chronologischem Aufbau. Was die Abschnitte verbindet, sind Schicksalsparallelen. Anfangs ging es noch um Schweitzers reflektierende Nähe zu Goethe, in der selbstbescheidenden geistigen Abhängigkeit. Folgend dann die *un*reflektierte Nähe, elementare existentielle Berührungen, ja, Verwandtschaft, übereinstimmende Antriebsmomente. Verursachte solche Gleichgestimmtheit, daß so vieles, was der Zweite über den Ersten sagt, wie auf ihn selbst gesprochen erscheint? Wer alledem nachspürt, findet Goethe und Albert Schweitzer ein letztes Mal dicht beisammen: indem er aus der tieferen Begegnung mit ihnen nie mehr entlassen wird. Er weiß dort immer eine Mitte und lebt sich zu größerer Freude und muß sich stets von neuem in der Anziehungskraft ihrer Gestirne gravitierend erfassen.

ABEND AM OGOWE

Gelassen stieg die Nacht ans Land,
Lehnt träumend an der Berge Wand,
Ihr Auge sieht die goldne Waage nun
Der Zeit in gleichen Schalen stille ruhn;
Und kecker rauschen die Quellen hervor,
Sie singen der Mutter, der Nacht ins Ohr
Vom Tage, vom heute gewesenen Tage.

Eduard Mörike

Durch das Moskitogitter kann das Auge die Grabsteine von Helene Schweitzer und Emma Haussknecht suchen, aber die Nacht hat die weißen Kreuze zugedeckt. Die zwei Petroleumlampen auf dem Tisch kennen nicht den Wettbewerbseifer unserer städtischen Neonfluten, die mit der Dunkelheit konkurrieren, sondern scheinen anspruchslos vor sich hin. Nacht ist für sie Nacht, dagegen kann man nichts machen. Dafür bieten sie etwas, das unsere Großeltern noch kannten, das aber dann als unzeitgemäß abgetan wurde: Sammlung.

In den warmen, gedämpften Lichtkreis hinein hängt eine wirre Haarsträhne, dessen Eigentümer mit Lesen beschäftigt ist. Die Briefe, Zettel, Hefte, Bücher, Zeitungen auf dem Tisch scheinen von der Katze, die auf ihm wohnt, nur geduldet zu sein. Glücklicherweise hat das Huhn, das sich eines Tages entschloß, in diesem Raum zu schlafen, den Platz als schon vergeben respektiert.

Der Mann, der hier auf einem kissenbedeckten Küchenhocker sitzt und arbeitet, ist fast neunzig Jahre alt. Heute nachmittag hatte er in diesem spartanischen Zimmer hoch über dem Ogowe-Fluß auf einen Bücherstoß gezeigt, ein Meter hoch, ein Meter breit: *Die muß ich alle lesen und verdanken.* Viele Neuerscheinungen landen hier, theologische, philosophische, musikwissenschaftliche, medizinische, denn der Verfasser trägt ein Kreuz besonderer Art: Er ist in diesen vier Bereichen zuhause. Es muß ihn ehren, daß man bei ihm ganz andere Maßstäbe aufstellt vom Bleiben und Dauern und vor dem Beginn des zehnten Lebensjahrzehnts als selbstverständlich voraussetzt, daß er diese alles will und kann. Aber das macht die Sache nicht leichter.

Mit einer großen Lupe, die beim Lesen kleiner Schrift noch vor die Brille gehalten wird, denn die Augen wollen nicht mehr, wie sie sollen, müht er sich also hinter dem literarischen Fortschritt her. An diesem Tag waren überdies elf Briefe geschrieben, viele Stunden ferner auf dem Bauplatz zugebracht worden. „Wie lange willst Du noch so arbeiten", hatte Helene ihren Mann vor zwölf Jahren gefragt. *Bis zu meinem letzten Atemzug*, hatte er erwidert.

Seitdem ist viel Schicksal durch ihn gegangen und an ihm vorbei. Andere Verträge mit der Ewigkeit liefen ab, der seine wurde immer wieder verlängert. Die Laufzeiten kennen wir nicht, nur die Vertragsbedingungen, die wie bei Goethe lauten: „Schwerer Dienste tägliche Bewährung". Der einst gefeierte Interpret des Weimarers übt sie weiter, ungebrochen, unentwegt, auch hierin Leben und Lehre vereinend in der Weise, für die er berühmt geworden.

Hans Carossa sagte 1938 in einem Vortrag von stillem Zauber, der Dichter habe uns „auch einen neuen Begriff des alten Mannes gegeben. Seit ihm glauben wir an den Greis, der das Unbefriedigtsein, die Grämlichkeiten, die Verbitterungen, die Erstarrungen, die das männliche Hochalter heimzusuchen pflegen, immer wieder sinnend und schaffend überdauert."

Wie sie einander in so vielem gleichen!

Das Motiv des rastlosen Greises hat etwas Bewegendes. Was ist bejahender, krisentrotzender? Nichts also hat ihn resignieren lassen, er gibt noch immer nicht auf. Wer eine Heilkur der Seele braucht, ein Karlsbad für das Gemüt, der schaue und suche, einen Methusalem zu finden über Stößen von Büchern, Briefen, Zeitungen und Rechnungen, bei Schaufeln, Spitzhacken, Steinen und Sand, und möglichst eifernd. Insbesondere allen, die in Weltschmerz schwelgend an der Klagemauer des Jahrhunderts stehen, müßte eine solche Suche ärztlich verordnet werden. Der Gesundungsprozeß würde nicht aufzuhalten sein.

Diese Bilder und Gedanken überkommen den unerkannten Beobachter, der durch das Moskitogitter der Tür nach drinnen schaut. Er will nicht seine Neugier an der Privatsphäre eines großen Mannes befriedigen, sondern will erfassen, wie der einst selbstgesetzte sittliche Auftrag sich im sechzigsten Jahr in Tat verwandelt. Der junge Beobachter war nicht eigens zu dem Zweck hierhergegangen. Vielmehr war er mit anderem Ziel den überdachten Gang entlanggewandert und hatte dabei einen Blick in Albert Schweitzers Zimmer geworfen. Und da vergaß er völlig, wohin er eigentlich wollte, und verharrte lange, an die Balustrade gelehnt, um dieses Motiv in Ruhe zu bewältigen.

„Nichts ist rätselhafter", denkt er mit Eduard Spranger, „als das Verhältnis des Greises zur Zeit. Einfachen Naturen wird die Vergangenheit zur Gegenwart: die ferne Jugend rückt greifbar nah; stärkere suchen den Bezug zur Gegenwart festzuhalten, oft krampfhaft; die stärksten bohren sich noch mit dem Auge der Hoffnung und dem Blick der Weissagung in die Zukunft ein."

Ein Tag verlosch, einer wie gestern und morgen. Wie sah er denn im einzelnen aus, hier in dem unveränderlichen Zeitenrhythmus unter der Äquatorsonne? Der da steht und schaut, ruft sich die Bilder noch einmal zurück, die Bilder „vom heute gewesenen Tage".

*

Attention! ruft es unter einem ausladenden Schnurrbart hervor. Gleich darauf folgt das Kommando *Fixe! – Stillgestanden!* Fünfzehn in einer Reihe aufgebaute Eingeborene nehmen so etwas wie Haltung an. Der Neunundachtzigjährige hebt den Tropenhelm und bedankt sich mit großer Geste. Wer genauer hinschaut, bemerkt, daß die Szene beide

Seiten belustigt. Dann beginnt die Arbeitseinteilung.

Es ist acht Uhr morgens auf dem „Kasernenhof der Nächstenliebe". So hatte der „Spiegel" vor Jahren diesen palmenbestandenen Freiplatz zwischen Doktorhaus, Speisesaal und Küche benannt. Als Gegenleistung für kostenlose Behandlung, Unterkunft und Verpflegung müssen die arbeitsfähigen Leichtkranken und je ein Mitglied der Familie des Patienten – sie erscheinen fast immer mit Angehörigen; diese kochen für sie und betreuen sie – bei praktischen Arbeiten mithelfen.

Die Wirklichkeit hält der allgemeinen Regel nicht stand. Von dem guten halben Tausend Kranker und Gesunder trotten nur wenige lustlos herbei, um ein wenig für die Heilung mitzuverdienen. Pädagogik ist bei dem Verlangen auch dabei: Wer alles geschenkt bekommt, achtet es meistens gering. Auf dieser Grundlage – mit zumeist schwarzen Helfern – ist das ganze Spital entstanden nebst Lepradorf, Garten, Obstplantage, Wegen, Uferbefestigungen, wird mit ihnen erhalten und ausgebaut. Eine große Leistung im Schatten der Hauptaufgabe. Außerhalb des medizinischen Sektors und der Küche sind Fachkräfte Ausnahmen.

Eine der neuen Errungenschaften seit meinem vorigen Besuch vor zweieinhalb Jahren, im Herbst 1961, ist ein Jeep. Erica Anderson, die Wiener Emigrantin, die in Amerika rührig für Lambarene wirkt und in den fünfziger Jahren Schweitzers Leben verfilmte, hat das Fahrzeug zuhause von Spenden gekauft. Nun steuert sie den docteur über die ebenen und steileren Wege des weitläufigen Geländes von einer Baustelle zur anderen oder läßt Baumaterial verladen. Hier werden Steine verfrachtet, dort wird angerührter Zement aufgepackt, dann wieder Wasser zum Anrühren oder Gießen aus dem Fluß geholt.

Wenn Erica nächstens heimkehrt, wird der alte Freund Charles Michel aus Straßburg, gerade angekommen, wohl das Lenkrad übernehmen. Ein kleines Lambarene-Geheimnis: Im steten Wechsel der „Glieder" und „Organe" läuft doch der Betrieb immer reibungslos wie eine geölte Maschine. Immer ist der rechte Mann, die rechte Frau da, einen freigewordenen Platz auszufüllen, gut auszufüllen.

Der Herr des Spitals klettert zwanzigmal am Tag die nicht geringe Höhe zum und vom Sitz neben der Fahrerin herauf und herunter. Niemand hilft ihm, weil er es nicht will. *Hilf nie einem alten Mann, du demütigst ihn*, hatte er kürzlich einen eilfertigen Versuch gebremst. Sein Urteil über den Jeep: *Eine große Erleichterung*.

Die Selbstbestimmung auf diesem Fleck Afrikas sieht so aus, daß Albert Schweitzer selbst bestimmt. Seine schwarzen Arbeiter auf dem Bauplatz sehen ihn oft ungeduldig, manchmal schimpfend. Diesen schubst er, jenen knufft er, weil der Schlingel nichts begreift. Aber wie auffallend: Die „Geknechteten“ honorieren ihr Unterworfensein mit so offener, natürlicher Herzlichkeit gegenüber den Europäern im Spital, ständigen Mitarbeitern oder Besuchern, daß der Gast, der das Stimmungsbarometer prüft, feststellt: Die Anwälte eines selbstverantwortlichen Afrika handeln offensichtlich nicht überall im Auftrag eines Klienten, sondern erteilen sich das Mandat in eigener Machtvollkommenheit, aus welchen Gründen auch immer.

Den Fortschrittsenthusiasten ist Schweitzers vom Zeitklima unbeeindruckte Beharrung ein Dorn. Seine auf afrikanische Zeit nicht eingestellte Uhr (das gilt sogar wörtlich. Um die Lichtverhältnisse besser zu nutzen, ist die Spitalzeit gegenüber der normalen um zwanzig Minuten verschoben) möchten sie schleunigst regulieren lassen; was indes nicht einfach ist bei einer im Weltbewußtein verankerten Autorität. Sie zetern: Wie zeitwidrig, daß in Lambarene, diesem Stecknadelpunkt im riesigen schwarzen Afrika, Europa regiert! Wo doch anderwärts die Weißen auf den Flugplätzen zurückbleiben müssen, wenn die Nachfrage Schwarzer nach Sitzplätzen überwiegt...

„... daß ich zu euch gehöre"

Nun wäre es allerdings ein schlimmes Mißverständnis, in dem Patriarchen die Nachhut der Großen Armee des Kolonialismus sehen zu wollen, einen Marschall Ney am Ogowe (statt an der Beresina), oder einen, der sich als letzter Mohikaner einer untergehenden Glanzzeit betrachtet. Und wegen solcher Verkennung ist es auch ebenso grotesk wie lächerlich, wenn „fortschrittliche" Zeitungen im fernen Tunesien oder in Ghana aus manchem Verhalten des Urwalddoktors herauslesen, er sei ein Überbleibsel einer überwundenen Epoche.

Zu einer Zeit, als Europa den schwarzen Kontinent nur unter dem Blickwinkel des Profits und der Strategie ins Bewußtsein einordnete, ging dieser Elsässer – auch – im Gefühl der Schuld des weißen Mannes dorthin, vor Augen die Not Afrikas. Gerade deshalb aber braucht er heute kein schlechtes Gewissen zu kompensieren durch übereilte Aufgabe der als richtig erkannten Grundsätze. Er würde zwar, auf „unzeitgemäßes" Verhalten angesprochen, bescheiden darauf verzichten, diesen seinen stärksten Trumpf auszuspielen, würde nicht darlegen, welchen Verzicht er geleistet hat in Wissenschaft und Kunst, um am Äquator Lepröse und Schlafkranke zu heilen; und er würde auch nicht die Ansprache an seine Schwarzen zum Goldenen Afrika-Jubiläum zitieren: ... *daß ich zu euch gehöre bis zu meinem letzten Atemzug.*

Sondern er würde nur schlicht auf einige Umstände verweisen: daß die schwarzen Arbeiter auf dem Bauplatz leise verschwinden oder daß die Arbeit ruht oder wenigstens die Bewegungen schleppend werden, sobald er den Rücken kehrt (und dabei hat er noch von allen die größte Autorität); daß die Frühgeburten im Spital die Verantwortungsfähigkeit der Mütter überfordern und die Schwestern daher solche Säuglinge für Wochen nachts mit in ihre Zimmer nehmen müssen; daß, sobald jemand in der Missionsschule Lesen und Schreiben gelernt hat, er für körperliche Arbeit verloren ist. (Auf den Anruf, beim Holztragen zu helfen: „Ich trage kein Holz, ich bin ein Intellektueller.“ – *Hast du aber Glück,* kam die Antwort, *ich wollte auch immer einer werden, es ist mir aber nicht gelungen*). Ferner: Ein sozialethisches Verhältnis zur Umwelt haben die Eingeborenen dieser Region noch nicht, kaum zu den Angehörigen des anderen Stammes, erst recht nicht zur Kreatur. Schließlich: Sie arbeiten nur für den absoluten Lebensbedarf, nie darüber hinaus, kennen keine Planung, keine Voraussicht (ein Baracke bauen für Kranke, die noch gar nicht da sind?) – begeisterte Anhänger Nathans des Weisen: “Kein Mensch muß müssen.“

Oder er würde dem Kritiker auch dieses nicht auseinanderfalten, sondern *pardon!* rufen, was stets einen Widerspruch einleitet, mit großer Armbewegung in die Runde weisen und sich erkundigen: *Haben Sie schon einmal fünfzig Jahre mit Primitiven im Urwald zusammengearbeitet?* Das hat nämlich noch keiner seiner Kritiker getan. Aus allen Erfahrungen leitet der Gründer und Herr des Lambarene-Spitals die Auffassung ab, daß seine Schutzbefohlenen noch nicht mündig seien, infolge dessen geführt und angeleitet werden müssen wie Kinder. *Ich bin euer Bruder, aber der ältere!*

Natürlich muß man mit Pauschalurteilen höchst vorsichtig sein. Was in Leopoldville oder in Abidjan gilt, ja selbst in der gabunesischen Hauptstadt Libreville, kann auf dem nächsten Breitengrad schon ganz anders sein. Hier im Urwald des Gabon jedenfalls ist die eindeutige schwarz-weiße Rangfolge einfach ein Gebot der Stunde und eine Forderung des gesunden Menschenverstandes. Jede Kritik aus der Ferne geht an der Sache vorbei.

Daß Albert Schweitzer für das „politische“ Afrika und seine Ansprüche nichts übrig hat, ist hiernach verständlich. Er urteilt aus seinen Erfahrungen, die, wie gesagt, woanders nicht Geltung zu haben brauchen. Aber wäre auch sein Gesichtskreis hierin zu eng: Der Hauptgrund seiner Reserve gegenüber politischen Zielen liegt in den besonderen Voraussetzungen seiner Lebensarbeit. *Sein* Befreien liegt auf anderer Ebene. Befreien von Leiden, Schmerz und Angst – das vor allem ist es auf dem Boden Afrikas.

Nichtpolitische Grundsätze und Beweggründe gegen politische „reinzuhalten", verlangt Mut zur Unpopularität. Daran hat es dem elsässischen Querkopf nie gefehlt (*Die Welt braucht Dickschädel.*) Er ist darin einem anderen Bekenner vergleichbar. Luther nahm eher in Kauf, die Anhängerschaft ganzer Provinzen zu verlieren, als dem Bauernkrieg, worin er einen Verstoß gegen göttliche Gebote sah, seinen Segen zu geben. Auch *sein* Befreien lag nicht auf dem Felde der Politik, wirkte nur stark hinein. Kompromißlos blieb er dem Gesetz treu, wonach er angetreten, fern jedem taktischen Zugeständnis. In solchem Verhalten ähnelt Schweitzer ihm sehr.

Desungeachtet hat er ein gutes Verhältnis zu den Behörden und zur Regierung in Gabun, von dessen rund vierhunderzwanzigtausend Einwohnern schätzungsweise jeder Sechste – etwa siebzigtausend – innerhalb des halben Jahrhunderts bei ihm Patient war. Er besitzt den höchsten Orden der jungen Republik. Eine jetzt ausverkaufte Briefmarke trägt sein Bildnis. Gegner gibt es aber auch dort.

Heimisch wie in ihrem Dorf

Kaum anders ist die Beharrlichkeit auf dem Bausektor. Gerade wird, während eingeborene Frauen nebenan Fische, Reis, Maniokwurzeln, Bananen über offenem Feuer bruzzeln, schwarze Patienten Palaver halten oder tatenlos Zeit verbrauchen, das Fundament für eine neue Case gelegt. Was der evangelische Theologe einst von katholischen Missionaren gelernt hat, wendet er nach dreißig und vierzig Jahren in unwandelbarer Treue zu dem einmal Bewährten und als richtig Erkannten weiterhin an: Baracken aus Holz mit weit überhängenden Wellblechdächern und Zementuntergrund; Ost-West-Richtung gegen Sonneneinfall; Fenster und Türen einander gegenüberliegend in Nord-Süd-Richtung zur Kühlung (*Wenn am Äquator ein Zimmer heiß ist, gehört der Architekt ins Loch*); anstelle von Glas Moskitogitter in den Häusern der Weißen. Bei den Schwarzen haben Abdichtungen keinen Zweck, weil sie die Türen doch offenlassen, wenn besonders in der Dämmerung die Malariamücken schwirren. Außerdem gibt es offene Feuerstellen vor den Hütten der Einheimischen. Sie sollen sich zuhause fühlen wie in ihrem Dorf. Ihr strahlendes „M'bolo" („Guten Tag") bestätigt, daß es so ist. Jeder moderne Mediziner weiß, daß Geborgenheit die beste Heilvorausssetzung bedeutet. Manche hatten die Erkenntnis schon früher. Deshalb ist Lambarene eine afrikanisches Dorf.

Es ist primitiv hier. Das ist eine Feststellung. Wer ihr aber den Akzent des Vorwurfs gibt, mißachtet den ausdrücklichen Leitgedanken des erfahrenen Seelenkenners. Wer das überfüllte Spital wegen seiner für die Schwarzen nicht vorhandenen sanitären Anlagen als rückständig verketzert, könnte seine Maßstäbe daran korrigieren, daß beispielsweise die Toiletten des nur halbbelegten Regierungskrankenhauses auf der anderen Flußseite geschlossen werden mußten, weil die Landeskinder aus dem Wald mit dieser Teufelserfindung der Weißen noch nicht umgehen können. Man hat diese Einrichtungen jetzt in ungebrochenem Optimismus wieder eröffnet. Kein Zweifel, daß ihnen die Zukunft gehört. Nur ist dieser Weg europäischer Hygiene noch voller Tücken und Hindernisse, und solange sich daran nichts ändert, wäre es ungerecht, einen Verzicht auf diese niedere Weihen der Zivilisation als zeitwidrig zu verdammen.

Übrigens rechtfertigen die medizinischen Verhältnisse solchen Standpunkt völlig. In dieses mit allen Erfordernissen neuzeitlicher Heilkunde ausgestattete Krankendorf kamen 1958 dreitausendachthundert Patienten, 1959 viertausenddreihundert, 1960 viertausendsechshundert und 1961 sechstausend. Im folgenden Jahr waren es ebenso viele, 1963 etwas mehr. 1961 wurden achthundert Kranke operiert,

1962 schon neunhundertfünfzig, 1963 tausend. Die Sterblichkeit betrug in beiden Jahren etwas über ein Prozent, eine Verhältniszahl, die dieses „unhygienische, veraltete, rückständige, unsaubere Hospital“ jedem bewährten Krankenhaus der Welt glanzvoll an die Seite stellt. Wo es ums Heilen geht, sind solche Zahlen allein maßgebend, nicht die Methode. Viele Wege führen nach Rom.

Natürlich bedeutet das Verstehen der Maßstäbe, die hier regieren, und ihre Verteidigung gegen unsachgemäße Kritik durchaus nicht, jede Einzelheit für unanfechtbar zu halten. Was hier entstanden, ist Menschenwerk, Auffassungsunterschieden daher nicht enthoben. Auch das Generationenurteil schwankt immer. Jüngere Mitarbeiter und Freunde sehen gewiß Möglichkeiten, dies und jenes zu verbessern, zu modernisieren, ohne die Methode im ganzen in Frage zu stellen. Doch ist es nicht leicht, dergleichen zu verwirklichen, umzusetzen. Schweitzer, in so vielem Pionier gewesen, bleibt im Lebensstil konservativ, duldet um sich nur einfachste Zweckmäßigkeit.

Steinzeit mit Düsenflugverkehr

Menschen aus prähistorischen Daseinsformen herauszuführen, ist langwierig und mühevoll. Dr. Schweitzer hat den größeren Teil seines Lebens daran aufgebraucht, ohne daß die Erfolge ins Auge springen. Allerdings wollte er zuallernächst heilen. Erst in zweiter Linie, aber keineswegs unwesentlich, gilt ihm seine Gründung als kulturelles Lehrinstitut, das die einfachen Arbeiten anweist, mit Garten und Handwerk vertraut macht, die Intelligenteren zu Heilgehilfen heranbildet und, bei herkunftgerechter Umwelt, mit europäischer Lebensweise und Arbeitsmoral vertraut macht. Die afrikanische Optik, die Entwicklungshilfe-Kompositionen aus Chrom und Glas, lassen den Mann, dessen eigener Lebensstil mönchisch ist, unbeeindruckt, ja, rufen seine Abwehr herauf; Abwehr gegenüber architektonischen Prestige-Demonstrationen mit hochgestochenem

Interieur, wodurch organische Entwicklungsstufen übersprungen werden. So gibt es die schreiendsten Kontraste, Steinzeit mit Düsenflugverkehr.

Wer solche Spannungen und Gegensätze in seinem Einflußbereich nicht aufkommen läßt, sondern Europa und Afrika auf Kosten der Moderne auf engstem Raum harmonisch miteinander vereint, tut für die geistige Entwicklung dieser Afrikaner sicherlich mehr als diejenigen, welche sich verzweifelt bemühen, die zweitausend Jahre, die wir zivilisatorisch voraushaben, in wenigen Generationen einzuholen. Und doch ist dieser Kurs nicht aufzuhalten.

Aber hier führt die Kritik bereits ins Weltpoltische. Ausgangspunkt manchen Unglücks auf diesem Gebiet ist der Ost-West-Konflikt. Vom Standort der Pädagogik, des natürlich-organischen Fortschritts kommt das Umwerben der afrikanischen Staaten von links und rechts einem Verhängnis gleich. Von allen Seiten wird Hilfe aufgedrängt. Wer wird da arbeiten lernen? Und wie soll einer das ABC der Zivilisation erfassen, wenn ihm gleich eine Logarithmentafel in die Hand gedrückt wird. Es gibt schwarze Führer, die das erkennen. Klagte unlängst einer: „Was soll ich nur machen, alle Welt will mir ein Stahlwerk schenken."

Inmitten solcher Hektik versöhnen dann wieder Beispiele ruhiger Sachlichkeit. In Gabun bauen Angehörige des amerikanischen Friedenskorps Schulen nach Schweitzers architektonischen Regeln. Ein klein wenig stolz kann er sein, daß die Modernsten der Modernen von ihm, dem fast neunzigjährigen Nichtfachmann, Richtlinien in der Bauweise übernehmen.

In seiner ausgebeulten Hose, die ewige schwarze Fliege auf dem kurzärmeligen Hemd, gibt der Professor in seinem hellen, leicht singenden Französisch mit Elsässer-Akzent dem nächststehenden Arbeiter Anweisung, wo die Steine abzuladen seien. Dann dreht er sich zu mir um und verteidigt, nunmehr in seiner Muttersprache, den Vorrang des Matthäus-Evangeliums gegenüber meinen Fragen. Die

Denkmaschine des Neunundachtzigjährigen läuft rund achtzehn Stunden täglich. Sie stanzt Anweisungen, Kritik, Aphorismen, Scherze, Ratschläge, anekdotische Erinnerungen, Bibelauslegungen, politische Kommentare, Weisheiten, Dank, viel Dank. Für Diskussionen auf dem Gebiet sachlicher Entscheidungen ist keine Vorrichtung da. Vielleicht muß man das näher verdeutlichen.

Natürlich hat ein Spitalbetrieb Hunderte parallel laufende Arbeitsvorgänge, die von Ärzten, Pflegerinnen, Helfern in eigener Verantwortung bewältigt werden. Wo aber Dr. Schweitzer sich Entscheidungen vorbehält oder wo zu Entscheidendes an ihn herangetragen wird, da gibt er seine Stimme entschieden und absolut. Auf dem jeweils unmittelbaren Feld seiner Tätigkeiten kümmert er sich um jede Einzelheit und bestimmt den Verlauf pedantisch.

Ganz klar ist, daß nur eine wirkliche Führungspersönlichkeit dieses Werk aufbauen und über die Zeiten retten konnte. Jeder neue Tag ist nur eine Bestätigung der Ausgangslage. Und: Nur ein Einziger hat vom Gründungstag des Spitals vor einundfünfzig Jahren bis heute hier überdauert. Wer über solche Zeiträume – mit Unterbrechungen – immer mit Problemen zu ringen und sie zu bewältigen hatte, mußte lernen, jeweils entschlossen und entschieden zu handeln, sonst wäre er schon an den Widrigkeiten der Pionierzeit erstickt. Es ist unrealistisch, Schweitzers Entscheidungs-Absolutismus bekritteln zu wollen. Im übrigen muß man sagen, daß sein mitgebrachtes Kapital an praktischem Gestaltungsvermögen, an Alltagsfertigkeit so groß war, daß er noch heute ohne Mühe von den Zinsen leben und gegenüber der jüngeren Umwelt damit bestehen kann.

Aber dennoch: Ein sehr alter Mann zieht sich langsam, aber unerbittlich aus unserer Mitte zurück – aus dem Mikrokosmos Lambarene, aus der größeren Welt, mit der er seit siebzig Jahren Zwiesprache hält, in Kunst, Wissenschaft, Menschsein. Er begegnet jedem neuen Tag mit einem Willen, dessen Ausmaß nur er kennt. Dieser Wille und seine unbekannte Lenkkraft vermögen, daß sich alles in kaum merklichem Prozeß vollzieht. Tatsache jedoch bleibt, daß vieles seines einstigen Reichtums ihn nicht mehr begleitet.

Europa und die elsässische Heimat hat er zurückgelassen (*Ich sehe es in Gedanken.* Und: *Ich reise nicht mehr. Ich bin viel gereist. Ich hätte auch keinen Augenblick Ruhe, müßte überall hin.*) Das Tropenklavier mit Orgelpedal hat er nach Hause geschickt. (*Ich muß ans Sterben denken. Ich weiß sonst nicht, wie die Sachen, die mir teuer sind, hinterher an ihren Platz kommen.*) Er hat sich nach ungezählten Operationen und Konsultationen vom aktiven Arztsein verabschiedet. (*Ich habe tüchtige Ärzte.*) Die Sonntagspredigten im Spital halten andere. Die Öffentlichkeit kennt ihn nicht mehr als den Redner, den Philosophen am Vortragspult, den Orgelvirtuosen in der Kirche. Ob noch neue Manuskripte fertig werden, hängt von der Inanspruchnahme durch Alltagspflichten ab. (*Ich trage manches im Schädel, aber das Bauen hat Vorrang.*)

Und es mag auch flüchtiger an ihm vorübergehen, was nicht die eingefahrenen Gleise seines Denkens und Handelns benutzt; solches vergißt er. Der Gang ist gebeugt. Ein zu leise gesprochenes Wort kann er verlieren. Man trifft ihn manchmal sehr müde, kann ihn abfallen sehen; er ist dann augenblicksweise sozusagen nicht erreichbar, um plötzlich, als wäre er soeben von der Speisung der Fünftausend gekommen, in ungeteilter Präsenz die Situation zu beherrschen. Nie sah ich sein Wort *Das Wirken der Kraft ist geheimnisvoll* augenfälliger demonstriert als in solchen Momenten an ihm selbst. Sie fließt ihm manchmal fast sichtbar zu. Über das faustische Alter triumphiert dann ein forschendes Auge, die Originalität der trockenen Bemerkungen, der knappe, plastische Aufbau der Anekdoten, die schlagfertige Geistesgegenwart sind brillant.

Dreimal täglich gekochte Linsen

Zwölf Uhr mittags. Aus der Ferne sagt die Eisenmelodie

die Arbeitspause an. Eine klagende Terz oder eine Quarte. Ich empfand die Melancholie der beiden Schienenstücke, die, herabhängend, mit einem dritten Metall zum Klingen gebracht werden, immer als schwermütigen Kontrast zu dieser lebenszugewandten, trotzigen Stätte der vielhundert Seelen.

Beim Essen sitze ich neben Siegfried, sofern er nicht gerade Bananen fährt. Der Freiburger ging ehemals nach Kanada und studierte Sprachen. Danach fuhr er – wohl als erster Mensch und vermutlich einziger bisher – mit dem Fahrrad von Kanada bis nach Patagonien. Sein Ziel war aber Äquatorialafrika, um bei Dr. Schweitzer mitzuarbeiten. So erfüllte er sich in den späten fünfziger Jahren einen Jugendwunsch. Siegfried Neukirch sattelte auf Lastwagen um und ist seit Jahren dafür zuständig, das Hauptnahrungsmittel der Schwarzen, die Kochbananen, herbeizutransportieren. Fünf bis sieben Tonnen kauft er allwöchentlich in den Dörfern, die an der Straße nach Libreville liegen. Sechzehn Pfennig kostet, umgerechnet, das Kilogramm; so ziemlich das einzige, was hierzulande billig ist.

Schüsseln und Platten wandern von der Mitte der langen Tafel zur Peripherie: Grapefruit, Papaja, gebackene Bananen zur Einleitung. Myrtha aus der Schweiz bekennt: „Bevor ich herkam, dachte ich, hier gäbe es nur Fisch und Reis." Sie ist aber trotzdem gekommen. „Sehen Sie", ich suche nach einem gebührend ehrenden Vergleich, „es ging Ihnen wie Abraham. Sie wollten das Opfer bringen, und daher wurde es Ihnen erlassen." Heute gibt es nun wirklich Fisch, was auch nicht selten vorkommt. Wer wirtschaftlich denkt, denken muß, nutzt die natürlichen Reserven, und der Ogowe besitzt einen phantastischen Fischreichtum. Eingeborene hatten einen Sägefisch gefangen; die werden bis zu sechs Metern lang, etliche Zentner schwer. Das Spital hat fünfzig Kilogramm von dem Fleisch gekauft. Später lehnte die Säge an einem Baum, ein Meter lang, breit wie Rolands Schwert.

Unterdessen hat der Senior sich erhoben, was zu erwarten

war, denn auf dem Tisch stehen Weingläser. *Lieber Doktor Müller*, beginnt er. Der Chefarzt, der sein Enkel sein könnte, hat Geburtstag. Ein Kernsatz blieb mir wörtlich haften: *Was es für mich bedeutet, daß hier jemand so lange für mich diese Arbeit leistet, kann ich mit Worten nicht sagen, aber ich fühle und empfinde es und nehme es als ein Geschenk des Himmels.* Mit einem winzigen Schluck Wein im Glas geht Rolf Müller dann zum alten Doktor und anschließend rings um die Tafel, um mit allen anzustoßen. Zwei Flaschen auf fünfzig Personen. Man will gegenüber den Geldspendern daheim immer ein gutes Gewissen behalten.

Der alte Mann löffelt seine Speisen meisten wortarm und in sich gekehrt. Vom dreisprachigen Wünschen und Nehmen herüber und hinüber („Dr. Takahashi, darf ich die Gemüseplatte haben?“ – „Daniel, les citrons, s´il vous plaît.“ – „Christine, be so kind as to give me the sugar.“) bleibt er unberührt, denn in kleinen Schüsselchen umgibt ihn alles, was er braucht, und der seit fünfunddreißig Jahren bei Tisch bedienende Madoungou reicht es ihm direkt von der Küche her.

Diese Speisen-Autarkie hat jüngst aus dem Blickwinkel eines zu klein geratenen Charakters zu dem Vorwurf geführt, daß der Hausherr sich Leckerbissen zukommen lasse, auf die seine Mitarbeiter verzichten müßten. In Wahrheit ißt er eine Diät, die er sich im Lauf der Zeit zusammengestellt hat und die nie durchbrochen wird: dreimal täglich gekochte Linsen, dreimal täglich ein hartgekochtes Ei; weiter – dauernd oder im Wechsel – Ananas, Backobst, Obstsalat, Pumpernickel, Zwiebelkuchen, Suppe, Kaffee. Aus. Kein Fleisch, kein Fett, alles salzlos. Offenbar trägt diese Kost zu der ins Legendäre entrückten Widerstandsfähigkeit des Lambarene-Oberhauptes bei. Aber den eigenen Speisenzettel gegen seine „Leckerbissen“ zu vertauschen, ist doch wohl nicht jedermanns Sache. Man sieht aber, wie das Bedürfnis nach Rufmord an Albert Schweitzer in manchen Köpfen seltsame Blüten treibt.

„Das Recht des Gastes ist heilig“

Vor zwei Stunden hatte Mathilde Kottmann angesichts eines Flugzeuges prophezeit: „Die kommen zu uns.“ So, wie ein alter Bauer in die Wolken blinzelt und sich mit unfehlbarer Gewißheit darauf einrichtet, daß es heute noch Regen gibt. Nun also hatten die Gäste vom Flugplatz her den Fluß überquert und standen vor dem Doktorhaus. Der Gesuchte und Besuchte besichtigte gerade unsere Geschenke, deren Darreichung ich vor ein paar Tagen mit den Worten einzuleiten versucht hatte, es handele sich um Spenden aus Deutschland, die ich aber erst bringen wollte, wenn er Zeit habe. *Dann bringt Ihr sie mir nie. Ich bin ein armer Mensch. Ich habe keine freie Stunde, keinen Sonntag, das versteht keiner.* Er nennt sich einen Milliardär in Freundschaft und einen Bettler in Zeit.

Doch heute am Frühnachmittag hatte es geklappt, und die Freude war groß. Sinnend ging er einen Stoß konservierter Musik durch, eigene Musikerlebnisse vor dem inneren Auge, hier und da verweilend: *Ach, der Kempff, ja, ich kenne ihn gut*. Über Schallplatten allgemein: *Eine großartige Erfindung*. Dann kam noch ein Album dran über seine Jugendstätten. Es war schon einmal hiergewesen, aber in der photographischen Zusammenschau waren dem rekonstruierenden Spätgeborenen einige Irrtümer unterlaufen. In Günsbach hatte der kleine Albert zwei Schulen besucht. Folglich knipste ich beide Schulgebäude, logischerweise. Farbig nahmen sie sich sehr gut aus. Leider stimmte die Sache nicht. Das eine Haus war damals noch gar nicht vorhanden gewesen. Vielmehr hatte der Sechs- bis Neunjährige in ein- und demselben Haus zwei verschiedene Gebäudeteile besucht. Das kann der Fremdling nicht wissen, und die mittleren und jüngeren Günsbacher wissen es auch nicht mehr.

In Kenntnis dieser und anderer Irrtümer reiste ich erneut ins Elsaß. „Die Fehler habe ich nun beseitigt“, konnte ich jetzt erläutern. *Ja, stell´ nur alle Fehler in meinem Leben richtig*, kam die Antwort. Die frühen Jahrzehnte zogen noch einmal im Konzentrat vorbei. Dann waren die Besucher da. *Das Recht des Gastes ist heilig*, unterbrach der betagte Günsbacher sein Vergnügen, schob den Küchenhocker zurück und eilte hinaus. Erst nach einer halben Stunde kam er erschöpft wieder und besah den Rest. Und ein Dutzend Menschen, ein freundliches Bild im Herzen, flog in die Landeshauptstadt zurück.

Das ist der Schweitzer, wie ihn die meisten draußen kennen: Der gutmütige alte Mann, ein rührendes verschnürtes Briefpaket zum *Verdanken* unter dem Arm, liebevoll mit seinen Tieren sprechend, dem unbekannten Fremden, dem flüchtigen Gast sagt er ein herzliches Wort, erzählt eine Anekdote, läßt sich widerspruchslos photographieren und sieht genauso aus, wie der Besucher ihn sich nach allen Bildern vorgestellt hatte.

Täuscht das Touristen-Gemälde? Nein, es ist echt. Schweitzer hat nicht ein Gesicht für Gäste und eins für den Alltag. Man würde diese aufrichtige Natur auch in ihren Gedanken nicht anders antreffen, als sie sich der Welt gibt. Und dennoch: Selbst der mit einem Dasein einigermaßen vertraute Beobachter muß sich immer wieder Mühe geben, in diesem liebenswürdigen Panorama die harten Schatten zu erkennen, sich zu vergegenwärtigen, daß Schweitzer ein Leben von großer Härte führte und führt; daß sein Bilderbuch-Portrait, obzwar unverfälscht, doch im Ausmaß der an ihn gestellten Gesamtforderungen dem Geranienkasten auf der Kohlenzeche gleicht, einem Farbtupfer über dem Grauton von Arbeit, Pflicht und Sorge.

Ein Blick zurück

Man braucht dazu nur einmal einige Hauptstationen seines Lebens mit dazugehörigen maßgeblichen Äußerungen wie einen Film ablaufen zu lassen.

1910: *Als ich am 17. Dezember, nach der letzten Station bei dem Chirurgen Madelung, aus dem Spital in das Dunkel des Winterabends hinausschritt, konnte ich es nicht fassen, daß die furchtbare Anstrengung des Medinzinstudiums nun hinter mir lag. Immer wieder vergewisserte ich mich, daß ich nicht träumte, sondern wach war. Wie aus weiter Ferne hörte ich Madelung, der neben mir ging, einmal über das andere sagen: „Nur weil Sie eine so gute Gesundheit haben, haben Sie so etwas fertig bringen können."* Über die Vielfach-Beanspruchungen neben diesem vierten Studiengang ist an anderen Stellen berichtet worden.

1913: Der Neuankömmling in Lambarene, nur von seiner Frau begleitet, steht vor dem absoluten Nichts. *Wir wußten nicht, wo wir unser Haupt zur Ruhe legen konnten.* Die Einzelheiten dieser Anfänge sind eindringlich beschrieben. Als der zweiundvierzigjährige Tropenarzt – seit 1914 „feindlicher Ausländer" – nach Europa zurücktransportiert wird, ist die Heimatregion Kriegsschauplatz, er selbst krank und verzweifelt. Die Mutter sieht er nicht mehr, sie wurde 1916 getötet.

1924: Nach wiederhergestellter Gesundheit und mit neuerworbenen Mitteln durch unablässige Vortrags- und Konzertreisen (denn das Tropenklavier mit Orgelpedal der Pariser Bach-Gesellschaft hatte wider Erwarten der Kunst im Urwald den Fortgang gesichert) beginnt in Lambarene der Wiederaufbau, ein erneuter, völliger Neuanfang. Helene kann nicht mitreisen, aus Gesundheitsgründen und der kleinen Tochter wegen. Diesmal ist es der Vater, der während der Abwesenheit stirbt. Sein Sohn operiert und baut abwechselnd bis zur Erschöpfung. Dann kommt Hilfe: Dr. Neßmann, der erste Arzt, nach Mathilde Kottmann, der ersten Pflegerin. Aber er wird seinen ältesten Gefährten, die Überlast von Mühe, nicht los. Epidemien als Folge von Hungersnot im Lande sprengen die Kapazität des Spitals; dessen Enge vermehrt die Ansteckungen. Der Umzug in ein größeres Areal wird beschlossen. Nur zieht man im Urwald nicht um wie in eine andere städtische Wohnung. Das neue Spital muß der Natur erst abgerungen werden; ein dritter Neubeginn.

1931 beschließt der Sechsundfünfzigjährige seine Autobiographie mit einem Abschnitt, worin es heißt: *In meinem eigenen Dasein sind mir Sorge, Not und Traurigkeit zuzeiten so reichlich beschieden gewesen, daß ich mit weniger starken Nerven darunter zusammengebrochen wäre.* Diese Bilanz war nur eine Zwischenbilanz, wie sich zeigen sollte.

Als das Spital am neuen, endgültigen Platz nach Jahren mühevollen Aufbaus Ausblicke auf freieres Atmen eröffnet, kommt der Krieg, wieder einer. Lambarene ringt sich sechs Jahre durch alle Fährnisse und hat sich am Ende unter der Leitung des Siebzigjährigen behauptet.

Es kommt das Kapitel Ruhm. Das Belastendste? Schweitzer will keinen Ruhm. Der aber schleicht über Urwaldpfade und findet den Gesuchten unter Palmen beim „Appell", bei einer Geburt oder Hernien-Operation, auf einem Baugerüst im Lepradorf, bei abendlicher Erholung am Klavier. Der Friedensnobelpreis findet ihn schlafend und, von freudigen Stimmen geweckt, ungläubig. Ein trojanisches Pferd aus Oslo. Denn nun wird er Briefschuldner gegenüber fünf Erdteilen. Der knapp Achtzigjährige über seine Lage: *Ich leiste im Briefeschreiben, was ich mit Aufbietung der letzten Energie kann. Ich sage nicht, wieviele Briefe ich in der Woche schreibe und wie groß das Schlafdefizit ist, mit dem ich mich herumschleppe. Ich habe ein schweres Leben. Es liegt so viel Arbeit und Sorge auf mir, daß ich nicht weiß, wie aufrecht halten. Aber so ist es mir halt beschieden. Ich habe oft das Gefühl, aus dem Gitterfenster eines Gefängnisses, in dem mich die Arbeit gefangenhält, auf die Welt hinauszublicken. Die Liebe, die ich von so vielen Menschen erfahre, gibt mir immer neue Kraft und neuen Mut.*

Zuletzt quält ihn die Hauptsorge: *daß Sonne und Mond auf eine allen Lebens beraubte Erde herabblicken.* Der Atomgefahr widmete er Appelle, Schriften und zahllose beschwörende Briefe, seit er sich als Achtzigjähriger in die schwierige Materie eingearbeitet hatte, um sachkundig reden und warnen zu können. Ein Heft in Fortsetzungen auf dem Tisch sammelt sämtliche Veröffentlichungen zur Atomfrage, die ihm zugeschickt werden oder die er aus „Le Monde“ beziehungsweise dem „Spiegel“ ausschneidet. Beide Blätter bezieht das Lambarene-Spital per Abonnement.

Man sollte sich all dies Schwere – Selbstgewähltes und Auferlegtes – bewußt machen, bevor man ihn beneidet. Er selbst hat sich immer im höchsten Maße gelenkt und aufgehoben gefühlt (*mein Leben ist mir ein Rätsel*), hat sich daher auch nie eigene Verdienste zuerkannt (*ich habe nur das Selbstverständliche getan*) und würde auch nie hadern mit seinem Schicksal. Er stöhnt nur manchmal. Was das Kapitel Weltgefahr betrifft, wird er sich vielleicht sogar sagen: Besser, sie trifft in meine Zeit als in eine andere; denn was nützt mein Beitrag zu vertieften Wertmaßstäbe, wenn erst die Späteren vor Probleme gestellt werden, die uns noch fremd waren, so daß der rückwirkend Befragte als Ratgeber und ethische Autorität versagen müßte.

Einer komplexen Natur wird man nur schwer gerecht, faßt jeweils nur einen Zipfel der Ganzheit und merkt selbst, daß das Bild unzulänglich bleibt. Es wäre falsch, die Sorge aus dem Gesamtorganismus Schweitzer chemisch herauszudestillieren. Wenn es zum Zwecke der Veranschaulichung doch geschieht, muß man die Gegenseite des Gemüts im Blick behalten, denn alles greift ineinander. Wohl herrschen die dunklen Klänge auf der Klaviatur seines Lebens vor, aber es hat deshalb keineswegs einen Moll-Charakter. Aus einer drückenden Beschwernis rettet Albert Schweitzer sich augenblicklich in einen Scherz. Wie oft zieht er sich am eigenen Schopf aus den Nöten, ein Münchhausen unter Palmen. Er hat unter schwierigsten Verhältnissen ganze Generationen von Helfern das Lachen gelehrt.

Letztlich ist dies ein glücklich austariertes Leben. Leid und Leidenserfahrung reichen darin tiefer als bei den meisten anderen. Also muß die Frohnatur gleichfalls den Durchschnitt überragen, sonst hätte die Widerstandskraft den Anforderungen nicht standgehalten.

Die Vorstellung vom Garten Eden

Die Nachmittagsstunden sind flüchtiger. Um viertel nach fünf läutet es zum Arbeitsschluß. Bald darauf werden die Ziegen, Schafe, Hühner, Enten eingesammelt und in die Ställe befördert. Das hundertfache Meckern, Blöken, Gackern, Schnattern, Krähen, Bellen und Miauen verblüfft zunächst jeden, der mit europäischen Maßstäben von einem Krankenhaus, das er sich wohl auf unmittelbarsten Zweck konzentriert vorstellt, hierherkommt und statt dessen ein großes Dorf vorfindet, worin der lautlos rotierende medizinische Apparat keineswegs als erstes ins Auge springt.

Das Auge hat ganz was anderes zu tun, zugleich wird sein Sinnespartner von den gewohnten Geräuschschwingungen auf neue Tonwellen umorientiert. Frühmorgens, wenn das Kreuz des Südens, das astronomische Visum für diese Breiten, am Firmament verblaßt, wird die Schlafkurve des naturentwöhnten Großstädters flach. Dabei ist es allenfalls vier Uhr. Zuhause nimmt er ein früh startendes Auto, eine Düsenmaschine in leidlicher Entfernung nur unterbewußt in seine Träume mit. Aber der durchdringende Weckruf der Hähne, der schreckt ihn dauernd auf. Denn in Lambarene ist er auf dem Lande.

Ohne von der animalischen Vielfalt im Spital Kenntnis zu haben, kann niemand draußen Lambarenes Atmosphäre richtig einschätzen. So vordringlich zwar diese Gründung um des kranken Menschen willen geschaffen worden ist und besteht, so haben doch lange Jahrzehnte – absichtsvoll oder durch Zufall, teils notwendig, teils wider Willen – ein Charakterbild dieser Stätte herausgearbeitet, das die biblische Vorstellung vom Garten Eden unübersehbar gegenwärtig macht. Freilich, Löwe und Schlange noch dazu, die müssen der Mythologie überlassen bleiben. Es gibt zwar Schlangen genug, aber wenn eine aus einer Palme fällt, verletzt sie die Spielregeln. Auch ohnedies leben so viele Arten ungetrennt zusammen, ist die Fauna so variantenreich und im Beieinander vielfach von so hinreißender Originalität, daß der

Zuschauer zwischen Belustigung, Nachdenklichkeit und Staunen schwankt.

Die Ziegen sind ausschließlich zum Gartendüngen da, die Hühner nur zum Eierlegen. Hunde und Katzen stammen entweder von Europäern, die das Land verlassen und die Tiere nicht mitnehmen können oder wollen, oder von Eingeborenen, aus deren Händen sie nicht selten in erbarmungswürdigem Zustand erworben werden. Das Spital pflegt sie zurecht und behält sie. Affenkinder landen hier, nachdem irgendein Barbar die Mutter vom Baum geschossen hatte und das Jungtier klagend neben dem erkaltenden Leichnam gefunden worden war. Kürzlich übernahm Rhena die Pflege eines solchen geschwänzten Waisenkindes. Der Pelikan-Nachschub geht im allgemeinen auf die gleiche Ursache zurück.

Dann wird Dr. Takahashi, hauptamtlich Leiter der Lepra-Station, mehrmals täglich zum Fischfang abberufen. Anders wäre der junge Vogel, der dies noch nicht alleine kann und mit seinem imponierenden Schnabel vorerst nur hochstapelt, zum Hungertod verurteilt. Ein Leben für das andere. Grenzsituationen der Ehrfurcht-vor-dem-Leben-Philosophie. Der Pelikan ist vor einer Woche auf Nimmerwiedersehen verschwunden, weil der schwarze Pflegebeauftragte das Gatter offengelassen hatte. Obwohl das Tier sich noch nicht ernähren kann, kehrte es nicht zurück. Der Schirmherr aller Lambarene-Kreatur war zornig.

Heute morgen kämpfte ich zehn Minuten lang mit dem Schimpansen-Mädchen Branka, um mir den Kamm zurückzuerobern, den es mir mit einem Blitzgriff aus der Hemdtasche entwendet hatte. Als alles vergeblich war, holte ich eine Banane. Branka und die kleinere Heloise – beide leben hinter dem Speisesaal, wo zwei an Palmen befestigte lange dünne Ketten die Schimpansen an allzu großem Unfug hindern – eilten gierig herbei. Branka erspähte die Konkurrenz, drehte sich um und vertrimmte mit ihrem einzigen Arm die zweiarmige Rivalin derart, daß sie liegenblieb. Dann entriß sie mir die Banane und verspeiste sie ohne Gefährdung. Immerhin war ihre Achtsamkeit dabei so weit herabgesetzt, daß ich mein Besitztum zurückgewann.

Auf der sogenannten Veranda am Ende des Doktorhauses näht meine Mutter weiße Kittelschürzen. Zu ihren Füßen kraucht Cleopatra, das neun Monate alte Gorillakind. Oben auf der Brüstung vor ihrem Gesicht turnt Habakuk, der Papagei, der Elisabeth Anderegg gehört und schon mit auf Urlaub in der Schweiz war, wo er im Schnee herumstapfte. Auf dem Schoß der Näherin ruht eine Hundeschnauze. Um die Beine streicht eine Katze. Hinter dem Stuhl spielt Susi, das schwarze Waisenkind, von Joan Klent aus England an Kindesstatt angenommen, in einer Kiste.

Plötzlich verdichtet sich die Interessenvielfalt zum Konflikt. Habakuk ergreift mit seinem Schnabel das Muster und sucht das Weite. Die Verfolgung scheitert zunächst an Susi, die sich am Schürzenband festgeklammert hat. Die neuerliche Ablenkung nutzt Cleo und holt mit langem, haarigen Arm die Schere vom Tisch. Als das Muster zurückgewonnen ist, schleift der Hund gerade den in Arbeit befindlichen Kittel durch Cleos Pfütze. Die Kittel passen trotzdem. Doch werden sie dem Nichts mühevoll abgerungen. Paradies mit Schneiderei: Das gab es im biblischen Lande noch nicht.

Und noch etwas gab es nicht. Die Zivilisation hat dem modernen Garten Eden das erste Verkehrsschild aufgenötigt, weil der Anschluß des Spitals an die Hauptstraße vielen Besuchern ermöglicht, motorisiert herzukommen, die Tiere aber der Motorwelt schwer anzupassen sind. Dort, wo die Obstplantage sich zum bebauten Areal hin öffnet, mahnt nun eine französische Inschrift nebst großer, eingekreister Ziffer: „Achtung, langsam fahren! Zehn Kilometer."

Undenkbar, daß Lambarene wäre, was es ist, wenn sein Gründer aus anderer Wurzel stammte. Aufgewachsen inmitten der Natur, der bäuerlichen Umwelt und der Tiere, selber mit einem tüchtigen Schuß Bauernblut versehen, hat er die gesunde Erdhaftigkeit des vogesischen Münstertals in die Tropen exportiert. Dieser würzige Erdgeruch ist ein Grundbestandteil Lambarenes. Vielen ist er unbehaglich. Sie haben vergessen, wo alle Kultur anfängt und wo ihre Kraftquellen liegen.

Daß aber der bodenständige Sohn des Ackers mit der kompakten Figur, den Händen, die so kräftig zupacken können, zugleich ein Repräsentant der europäischen Kultur- und Geschichtslandschaft ist, ihre geistigen Horizonte erweitert hat, die Pioniergrenzen des sittlichen Bewußtseins vorgeschoben – das ist eine Verbindung von einzigartiger Besonderheit.

Kreuzungspunkt der Zeiten

Der friedvollste Platz ist die Holzbank auf halbem Weg zum Lepradorf. „Avenue Vigne" heißt dieser Weg seit Jahren in liebenswürdiger Ehrung seines Erbauers. Die Ehrung ist nun zum Gedenken gewandelt, denn der Missionar André Vigne, bescheide, still, unermüdlich, auf dem Bausektor eine der Stützen des Spitals, ist nach schwerer Krankheit gestorben. Bald wird ein drittes Kreuz den Ruheplatz unterhalb des Antilopengeheges schmücken, neben Helene und Emma Haussknecht, im Schatten der von Albert Schweitzer gesetzten Dattelpalme.

Die Holzbank steht recht weit davon. Von dort her kann man das Spital nur ahnen. Frontal faßt der Blick die Obstplantage, fruchttragend, großgeworden, lebensvolle Gegenwart, ein Jetzt und Heute. Im Rücken dagegen dämmern überwachsene Gräber, baumbeschattetes Schweigen, schlafendes Gestern. So ist die Bank wie ein Januskopf, ein Kreuzungspunkt der Zeiten, wie unser ganzes Leben aus dem immerwährenden Gegenüber beider Ebenen seine eigentümliche Polarität empfängt. Je nach Ort und Gegebenheiten, beeinflußt von der Altersstufe, überwiegt das eine oder das andere. Ich werde gewahr, daß auf der Bank, bei längerem Verweilen, die Gegenwart, trotz Reife und Wachstum vor mir, blasser wird. Der genius loci setzt sich durch, er weist rückwärts. Wie von selbst steigen Mörikes Verse auf:

> Mein Herz, o sage.
> Was webst du für Erinnerung
> in golden-grüner Zweige Dämmerung?
> Alte, unnennbare Tage.

Als er sich entschieden hatte herzukommen und sich im Anatomie-Kolleg mit den medizinischen Elementarkenntnissen vertraut machte, da lachte die Welt gerade über den Hauptmann von Köpenick. In der gefügten Welt war eine hohle Stelle sichtbar geworden. Aber man hielt sich damit nicht lange auf, lebte man doch in einer Blütezeit des Bürgertums, ungehemmten Fortschritts, ungestörter, entdeckungsreicher Wissenschaftsarbeit.

Wer heute über die Abgründe des Jahrhunderts Rückschau hält, auf der Suche nach einem Ruhepunkt, einer Zuflucht, der läßt sich nur allzu gern in den Jahren nieder, die dem Sturm vorausgingen, und ist dann mitunter verblüfft, auch dort hochgeschreckt zu werden von denen, welchen der scheinbare Fortschritt höchst verdächtig war und gefährdet schien. So auch Romain Rolland, der 1903 in seinem Vorwort zum „Beethoven“ schrieb: „Dumpf ist die Luft um uns. Unter einer schweren Glocke verdorbener Dünste liegt erschlafft das alte Europa. Ein Materialismus ohne Größe lastet auf dem Denken, hemmt die Tatkraft der Regierungen und der einzelnen Individuen. Die ganze Welt geht an einem niederträchtigen Egoismus zugrunde; er wird sie ersticken.“

Kurz darauf heißt es im Vorwort zu einem der fünf Romanbände des „Johann Christof“ aus der Feder desselben Autors: „Ich erstickte, wie so viele andere, in einer seelisch feindlichen Welt. Ich wollte atmen, ich wollte gegen eine ungesunde Zivilisation auftreten, gegen eine durch unechte Elite verderbte Gedankenwelt.“

Rolland gibt Einblick in das Wurzelwerk, dem Schweitzers Ethik entstammt. Seine eigenen Auseinandersetzungen mit dem Niedergang der Kultur wurden erst veröffentlicht, als man mitten in der Katastrophe stand. Vor 1914 hatte er dies alles zwar mit empfindlichem Krisenbewußtsein vorausgeahnt, seine Gedanken um die drohenden Gefahren kreisen lassen, in Predigten Kulturkritik geübt. Aber im wesentlichen ging doch die Tat dem Wort voraus, denn ein Manuskript unter dem Titel *Wir Epigonen* blieb unveröffentlicht. Er übte praktische Kulturerneuerung, bevor er sie philosophisch begründete.

Der allein mögliche historische Ort für Albert Schweitzers ethische Entfaltung war dieses eigentümliche Gegenüber von zivilisatorischer Blüte und moralischer Verfallszeit. Die Zeit des Niedergangs um 1900 bestimmte seine Weltanschauung und rief ihn zum Aufbau. Zugleich aber ermöglichten der solide materielle Unterbau des Zeitalters und die liberale Unaufdringlichkeit des Staates die Privatinitiative in Afrika, die er sich nie einengen zu lassen brauchte. Ein Mann seiner Herkunft und Berufe würde heute gar nicht die Mittel zusammenbringen, und die politische Landschaft ist völlig anders geworden.

Schließlich markiert die Jahrhundertwende auch sein geistiges Werk. Die Wissenschaften waren noch nicht aus den Nähten geplatzt, waren noch gerade eben überschaubare, gefügte Organismen, und so haben wir in Schweitzer vermutlich den letzten Polyhistor Leibnizscher und Goethescher Prägung. Niemand kann heute mehr in drei Fachbereichen Epochemachendes leisten und im vierten, der Medizin, ein glänzender Praktiker werden, den Architekten und Organisator gar nicht gerechnet. Mit seiner intuitiven Denkkraft kam er mitten hinein in die produktiven Spannungen zwischen sittlichem Niedergang und vielfältigem geistigen Aufbruch und setzte an verschiedenen Punkten neue Wegweiser. Er hatte nicht nur viel zu sagen, er kam auch gerade rechtzeitig.

Die sehr hohen Jahre sind eine Gnade mit Hypothek. Um von mancher Bitternis nur diese zu nennen: Allmählich stirbt das „Du". Zwar erbt es sich zu Kindern und Enkeln, Urenkeln fort, sofern man sie noch erlebt. Aber die alten Gefährten scheiden einer nach dem anderen. Schweitzer allerdings hat hier einen Kunstgriff angewendet. Die Aufgeschlossenheit, Kontaktfreude und Menschennähe seiner Natur, die auch die seines elsässischen Herkommens ist, ließ ihn an weitaus Jüngere die vertrauliche Aufforderung richten: *Gell, Du seisch mer jetz Du!"* oder – für nichtalemannische Ohren: *Ich bin dafür, daß wir ‚Du' sagen.* Er beantragt es mit so bezwingender Wärme, daß Widerstand angesichts der unebenbürtigen Partnerschaft von Anbeginn auf schwachen Füßen steht.

Vielleicht nähme man ihm sogar etwas. Denn er hat einmal ein kleines Geheimnis preisgegeben: Für jeden der alten Gefährten, die ihn verlassen, suche er sich einen jungen Freund. Dem vergehenden menschlichen Miteinander auf diese Weise Fortdauer zu sichern, das ist ein ergreifendes Gleichnis, eine Schweitzer-Version von Heraklits „panta rei", oder von Hesses Gedichtzeile aus den „Stufen": „Des Lebens Ruf an uns wird niemals enden". Der Nachgewachsene hat sich nun an irgendjemandem zu bewähren; an wem, das bleibt ihm verborgen.

Freilich, die erfüllte Vergangenheit erfährt keine Neuauflage wie ein Buch. Den Reichtum von Begegnungen, das wortlose Verstehen aus gemeinsamem Erleben, gleichgestimmten Bemühungen, miteinander bestandenen Kämpfen; die Stimmungen, die sich mit alten Namen verbinden: Straßburg, Paris, Berlin, Bayreuth, Tübingen, Frankfurt – kein Spätgeborener erweckt sie aus dem Reich der Schatten. Ihm sind es überwachsene Zeiten, historisch schon, unnennbare Tage...

Ein Traum aus Papier

Um halb sieben kann man nichts mehr sehen. Die weißen Kranken im Herrschaftsbereich von Maria Lagendijk bekommen jetzt Abendbrot. Maria trägt zu besonderen Anlässen einen Gürtel mit den niederländischen Landesfarben. Ein Schild über ihrer Tür erinnert das Silberne Afrika-Jubiläum im November 1963.

Bald darauf, um sieben – in Mitteleuropa herrscht fast die gleiche Zeit –, veranlaßt der Gong eine kleine Lichterprozession. Petroleumlampen, von unsichtbarer Hand getragen, wandern zum Speisesaal. Ohne sie würde man über Wurzeln stolpern oder sich die Stirn an Ölpalmen zerbeulen. Das vertraute Beleuchtungsrequisit unserer Großeltern steht in allen Wohnräumen. Elektrisches Licht und Strom, von Generatoren erzeugt, gibt es nur im medizinischen Bereich.

Nach dem Abendbrot fingert der Doktor die Brille heraus und nennt den Choral aus dem Gesangbuch für Elsaß-Lothringen von 1914. Er begleitet ihn auf einem Klavier, dessen Tasten braun geworden sind, das er aber höher schätzt als das neuere drei Meter entfernt. Hier nun sitzt der alte Meister gebeugt über dem Notenblatt, hört versunken in seine Töne hinein. Dieses Bild wird das Gedächtnis vieler sich bewahren, wenn ihnen der allabendliche deutsche Choral im Urwald Zentralafrikas schon lange verklungen ist.

Der Pfarrer löst den Musiker ab. Der Vikar von St. Nicolai zu Straßburg ist noch immer im Dienst. Matthäus 16 ist dran. „Denn wer sein Leben erhalten will", so hört die Runde heute abend die Lesung und anschließende Deutung in Deutsch und Französisch, „der wird´s verlieren; wer aber sein Leben verliert um meinetwillen, der wird´s finden". Kein Wort des Interpreten berührt den dramatischen Wert dieses Satzes für sein eigenes Leben. Daß aber den schlichten Kapiteln von der Barmherzigkeit und Vergebung, von der Armut und der Berufung zeitlos gültige Wahrheit innewohnt, ist jedem an der Tafel bewußt.

Die Grillen draußen zirpen mit einem Stimmvolumen, als hätten sie einen Tonverstärker. Der Petroleumschein umzirkelt Dr. Friedmanns altisraelitischen Prophetenkopf. Jeremia in der Fremde. Einer der letzten Regen der heißen Jahreszeit rauscht stetig und wohltuend. Blitze zerschneiden den Himmel und werfen grelle Lichtreflexe zwischen die sich auflösende Tischgemeinschaft. Ein sehr alter Mann, von Mathilde Kottmann mit einer Laterne zu seiner Mönchsklause begleitet, kehrt an die Arbeit zurück.

Mathilde selber, nebenan, getrennt nur durch einen Quergang, dessen zwei Türen ein Kabuff mit überquellender Bücherlast zwischen sich zwängen, kann sich nun ungestörter ihrer Sisyphuslast widmen, der Korrespondenz. Tagsüber wird jeder Brief sechsmal unterbrochen durch Wünsche, Fragen, Probleme der weißen und schwarzen Umwelt. Der Schreibtisch ist der überladenste, den ich je sah. Wie eine Wanderdüne schieben sich die auf ihm lastenden Massen bedruckten und beschriebenen Papiers von drei Seiten gegen das bescheidene Geviert, auf dem ein Briefbogen, ein Tintenfaß und eine schreibende Hand ein bißchen Lebensraum zu behaupten suchen. Hier wird ein lautloser, heroischer Kampf gekämpft gegen immerwährenden Druck. Druck im wörtlichen, aber auch im übertragenen Sinn. Sie wünscht, daß wir sie täglich besuchen, aber kaum einem Gespräch widmet sie sich ungeteilt, weil das Nicht-fertig-werden wie mit Polypenarmen nach ihr greift, ohne daß Aussicht auf Befreiung besteht. Der halbe Blick bleibt auf dem zu suchenden, zu schreibenden, zu lesenden Brief. Hätten nicht vierzig Jahre Afrika ihre Widerstandshärte erwiesen, man müßte jeden Moment einen Herzinfarkt befürchten.

Als ich Mathilde neulich zu einer krebskranken Eingeborenen unten in der Case de rivière begleitete, sagte sie: „Hier bin ich lange nicht mehr gewesen." Fremd geworden im eigenen Lebenskreis. Der fast einzige Weg bleibt der Wechsel zwischen Zimmer und Speisesaal, nicht zuletzt deshalb, um jederzeit für Albert Schweitzer da zu sein. Eine Sonntags-Bootsfahrt „zu den Sümpfen", die beliebte Gästeausflugsstrecke, hatte sie uns warm empfohlen. Zurückgekehrt, priesen wir die Exkursion, sie an diesen und jenen Eindruck erinnernd. „Ich bin leider noch nicht dagewesen“, sagte sie freundlich.

Mathilde Kottmann wird noch eine Weile schreiben, ehe sie schlafen geht. Nicht anders Ali Silver, zwei Räume weiter. Auch bei ihr blickt kein Abend auf eine gewonnene Schlacht, allenfalls auf einen Waffenstillstand bis zum Morgen. Ihre Probleme variieren nur optisch. Die Arbeit ist neben dem Tisch zu einem Turm zu Babel geschichtet. Die tieferen Lagen haben Pech; sie sehen kaum je wieder das Licht des Tages. Denn was im Wettlauf mit den täglichen Posteingängen weggearbeitet wird, so in der Höhenluft von etwa einem Meter, wird blitzartig wieder ersetzt von der englischsprachigen Freundeswelt Lambarenes, für die Ali der delegierte Gesprächspartner per Luftpost ist. Ein endloses Spiel. Ein deprimierendes Spiel.

Indessen geht es im Haus Sanssouci bei Virginia lustig zu. In diesem Gegensatz liegt kein Werturteil, sondern ein Tatbestand wird festgehalten. Virginia Schneider aus Amerika hat heute nachmittag hundertfünfzig Injektionen gespritzt. Die Zahl vom Vormittag kenne ich nicht. Warum soll sie nicht einen bestandenen Tag feiern?

Anlässe erleben wir oft: Geburtstage, Abschiede vor allem, oder aber es ist einfach der Wunsch, etwas Vergnügen in den Urwald zu tragen, wo so vieles entbehrt wird. Dann wird irgendwoher Kuchen oder ein Getränk gezaubert. Einige Helfer vom Friedenskorps haben ein gitarrenähnliches Instrument mitgebracht. So fehlt dem Abend auch die musikalische Würze nicht. Christine aus Wales, die ein silbernes Lachen abonniert hat, ist immer dabei. Man sammelt durch Entspannung Kraft für den morgigen Tag.

Vom Frühstück bis zum Abendbrot ist Lambarene ein monolithischer Block von Dienst, ein einheitliches Gefüge von Pflicht. Abends aber erreichen wir eine Weiche, von wo aus sich zwei Schienenstränge in die Nacht verlieren. Das war nicht immer so, aber wie eine große Tafelrunde nicht die jeweils um einen einzigen Gegenstand kreisenden Gespräche kennt, sondern sich in Konversationszirkel spaltet, so verändert sich in einer vielköpfigen Gemeinde auch die Feierabendlandschaft. Das ist unausweichlich. Als hier noch wenige wirkten, bot sich etwa ein Bild, wie es Jeannette Siefert 1960 im Rückblick auf die dreißiger Jahre beschrieb:

„Im übrigen führten wir ein sehr stilles Leben. Schön war immer die Dämmerstunde. Wenn um sechs Uhr der Gong – ‚die Stimme des Doktors' – Feierabend gerufen hatte, für Weiße und Schwarze, da setzte sich Herr Schweitzer manchmal an den Landungssteg unten am Fluß und wir setzten uns zu ihm und schauten auf den ruhig dahinfließenden braunen Strom und in die leuchtenden Farben des Abendhimmels.

Nach dem Abendessen, wenn nach dem anstrengenden Tag Ärzte und Pflegerinnen in ihren Zimmern saßen, schreibend oder lesend, spielte Herr Schweitzer in seinem Zimmer wohl eine halbe Stunde Musik von Bach, und diese Klänge drangen durch die dunkle Nacht und verbanden sich mit dem Zirpen der Grillen und dem Tam-Tam aus dem nächsten Dorf."

Dreißig Jahre nach jenem Erleben werden Tageslauf und Gebräuche von der noch immer lenkenden Zentralkraft in unveränderten Bahnen gesteuert, aber das gesellschaftliche Abendpanorama im Schweitzer-Reich ist vielgestaltig geworden. Die Nachgewachsenen sind auch hingabefreudig wie die ältere Generation, doch scheint mir, daß ein größerer Hunger nach „Welt" ihr Tun begleitet. Der tägliche Wechsel von Gästen und Globetrottern, die über die heute vorhandenen Straßen und Fluglinien leichter zu diesem Erdenpunkt gelangen, trägt mit dazu bei, daß die zurückgelassene Zivilisation nicht so aus dem Blick gerät. Sie wird immer wieder hereingetragen und hält die Sehnsüchte wach. Heute gibt es sogar junge Ehen im Helferstab. Mehrere von ihnen erlebten sogar hier ihren Ursprung, als ein überspringender Funke zündete.

Nun hat allerdings eine natürliche Entwicklung den Kontrast, wie er sich bietet, gefördert. Wer über Jahrzehnte hier an einem Aufbauwerk teilhat, wächst stetig in Pflichtkreise hinein, die ihn am Ende wie eine Schlingpflanze umwuchern. Wollte man auch anders, man könnte gar nicht mehr. Da wird dann manche Sehnsucht von der Pflicht gebändigt. Denn auch sie, die Helferinnen der reifen Jahre, sind nicht wunschlos, wenn auch dergleichen genügsamer, als in der Jugend sich offenbart. Zuweilen blühen solche Wünsche im Verborgenen. Auf Mathildes Tisch, inmitten der bizarren Gebirgswelt von Briefen und Büchern, stehen kunstvolle, täuschend gearbeitete Rosen. Mal ein bißchen Europa haben... Ein rührender kleiner Traum aus Papier. Aber er konkurriert mit vierzig Jahren unverlierbaren Reichtums.

Bilder „vom heute gewesenen Tage"

Am Ogowe ist es Abend geworden. Bringt er, nach Aufbruch und Mittag, die Ernte? In Afrika erntet man wohl nicht. Romain Gary schrieb in den „Wurzeln des Himmels", dem großen Plädoyer für die letzten Elefantenherden: „Mehr als auf jedem anderen Boden ist man auf der afrikanischen Erde nur Gast, schlägt vorübergehend sein Lager auf, und selbst die Dörfer sehen aus, als wären sie nur eben hingestellt und wollten weiterwandern."

Der grüne Kosmos des Tropengürtels kennt nicht die Begriffe Ruhesitz und Pension, nicht die mit dem Wort Ernte verbundenen Vorstellungen von Heimbringen und Feierabend. Eine gnadenlose Natur schließt sich geräuschlos über jedem Menschenwerk, das nicht täglich neu um sein Daseinsrecht kämpft. Die Not des Kontinents, das Mißverhältnis von Leiden und Hilfe, tut ein übriges dazu, daß hier härter gearbeitet werden muß als in gemäßigten Zonen, ohne daß man dennoch je die Erinnerung an Sisyphos los wird. Diese Erkenntnis ist manchmal schwer. Dank gibt es auch nicht, eher die in den Weg gerollten Steine der Mittelmäßigen und die Anfechtungen aus neuen politischen

Grundmustern. Die Ausdauerndsten müssen Befriedigung darin finden, daß sie Hilfe in nicht mehr abmeßbarem Maße geleistet haben. Das ist viel, kann ein Leben reich machen, selbst wenn dabei, aus der Natur der Sache, kaum eine Bilanz zu ziehen ist.

Anders liegt die Sache noch bei Albert Schweitzer selbst, aufgrund seiner besonderen Ausgangslage. Wer daher bei ihm nach „Ernte“ sucht, findet den Zugang am ehesten, wenn er den Operationsraum und die Krankenbaracken nicht vordergründig nimmt, sondern gleichnishaft.

Lambarene ist, wie er einmal gesagt hat, *ein Symbol meiner Gedanken*. Lambarene gilt als Legitimation und Reisepaß für die Idee der Ehrfurcht vor dem Leben und machte sie überzeugend, als sie von hier aus in die Welt aufbrach. Sie bedeutet ihm das – teils intuitiv, teils denkend erfaßte – Grundprinzip des Sittlichen. Gehärtet ist es im Feuer der Tat – hier am Ogowe. Nachdem er eine sich glänzend anbahnende Laufbahn in Wissenschaft und Kunst der Jesus-Nachfolge geopfert hatte, erwuchs ihm hier, bedeutender noch als das Geopferte, was ihm einen Platz in der Geschichte des Humanen sicherte. Aber erst kam das Opfer, erst der Verzicht. Diese Tatsache hat ihn in letztlich unangreifbarer Weise glaubhaft gemacht. Mit Lambarene hat er das Maß gesetzt, an dem seine Philosophie sich furchtlos messen läßt.

„Was ihm den Rang eines Leitbildes gibt“, so Helmut Thielicke, „ist einzig die Tatsache, daß jemand, der in Europa hätte Karriere machen und vielleicht Reichtümer sammeln können, in den Urwald ging... Jemand, der das tut, muß glaubwürdig sein. Albert Schweitzer ist weltberühmt, weil er ein glaubwürdiger Mensch ist. Eine solche Ausnahme ist das – und so groß ist die Sehnsucht, eine derartige Ausnahme Ereignis werden zu sehen.“

Merkwürdig, daß derjenige, der Albert Schweitzer erst kennenlernte, als er aufgehört hatte, Arzt zu sein, ihn dennoch als eine unverkürzte Ganzheit begreift. Das Arztsein hat die ganze vordere Bühne seines Lebens diesseits der Dreißig ausgefüllt, wenn man heute auf den mächtigen Bogen der fast neunzig Jahre zurückblickt. Trotzdem ist er anderes noch mehr gewesen als dies. Man darf da nicht nach Jahren messen. Alles, auch die Theologie, mehr als zehn Jahre an der Universität gelehrt, tritt zurück hinter den selbstempfundenen, nicht durch Lehrbefugnis legitimierten Hauptauftrag: *So stehe und wirke ich in der Welt als einer, der die Menschen durch Denken innerlicher und besser machen will.* Entsprechend ist die Musik nur ein edler Zierat in diesem Lebensplan; ein Erbe, dem man nicht ausweichen konnte und wollte, aus dem man reichste Kräfte gewann – aber nicht der bestimmende Grundton. Schon als Student hat Schweitzer sich eher als Philosoph denn als Theologe gefühlt. Viel später, 1929, gab es einen „Konflikt": ob eine vom Leipziger Verleger Felix Meiner erbetene Selbstdarstellung in der philosophischen oder theologischen Sparte der betreffenden Veröffentlichungsreihe erscheinen solle. Der Verfasser bestand auf der Sparte Philosophie.

Es ist eine besondere Fügung, daß der Ruf Du-aber-folge-mir-nach diesen Folgsamen zu einer Zeit nach Afrika führte, als der Philosoph in ihm sich noch nicht kristallisiert hatte, noch flüssiges Element war, und dem Achtunddreißigjährigen mit einemmal der archimedische Punkt außerhalb der Weltwirrnis gegeben war, von dem aus er erneuernd wirken konnte. Lambarene hat den dunkel arbeitenden Gedanken erst die Form und Fassung ermöglicht, die Stille, sie auszuarbeiten. Daran bricht sich der Vorwurf des Psychologen Carl Gustav Jung, Persönlichkeiten wie Albert Schweitzer wären in Europa viel notwendiger. Indem Jung ihn für Europa beansprucht, hat er ein fertiges Bild von ihm vor Augen; dieses aber, um so zu werden, hatte Afrika geradezu zur Voraussetzung. Da liegt der kleine Denkfehler des großen Wissenschaftlers.

Aus der Einsamkeit hat Albert Schweitzer in die Welt hineingewirkt und zu ihr gesprochen. Am Abend seines

Lebens kann er noch erkennen, daß seine Ideen auf unzählige Menschen Einfluß geübt und sie verwandelt haben. Hier liegt, was Ernte zu nennen ist, die Genugtuung seines Alters bei fortdauernder Sorge um den Weg der Menschheit. So gesehen, ist er, bei währendem Dienst, bei unablässiger Tagesmühe, am Ziel. *Eine große ruhige Musik umtönt mich innerlich. Ich darf erleben, daß die Ethik der Ehrfurcht vor dem Leben ihren Weg in der Welt zu machen beginnt. Das hebt mich über alles hinaus, was man mir vorwerfen oder antun kann.* So geschrieben im Frühjahr 1963.

Eine unangefochtene, im Kern nicht verwundbare Kraft und Ruhe spricht daraus. Aber das mindert nicht den Schmerz, daß man dieses große Leben nicht in freundlicher und beständiger Weltverehrung ausklingen sehen darf. Die Welt ist ohne Mitte. Entweder sie überschüttet den Erkorenen mit Ehrungen, die man teils aus wirklichem Bekenntnis zu ihm verleiht, teils als eine Art von Ablaß betrachtet, um sich von dem unbequemen Anruf des ewigen Mahners freizukaufen – oder man rüttelt an seinem Thron, und zwar nicht zuletzt aus dem gleichen Grunde: Indem der Fordernde kurzerhand infrage gestellt wird, entgeht man der Aufforderung zum Nachdenken und zu möglicher Umkehr. Dann ist er in Verruf gebracht und kann nichts verlangen.

Es tröstet wenig, sich mit Arnold Krieger darüber klar zu sein, daß ein so ungeheures Kapital an Ruhm nach geistesgeschichtlichen Gesetzen eine Gegenwelle auslösen *mußte*, wenngleich sie „an dem von allen Strömungen unabhängigen und für sie unerreichbaren Wertbestand dieses Lebens und Wirkens nichts zu ändern vermag". Die Erkennnis der Gesetzmäßigkeit eines betrübenden Ereignisses versöhnt nicht mit dem Ereignis selbst. Es ist da und vergiftet die Atmosphäre.

Wird der Geehrte nicht inmitten seines Hochruhms abberufen, so ist die Zeit abzusehen, in der die Fährtensucher der Nachtseite, die Herostraten und Opportunisten, erst vorsichtig prüfen, wie der Wind steht, dann offener und schließlich ungehemmt nach „Allzumenschlichem" in der Person des Gefeierten suchen und, falls sie nichts entdecken, eben dazuerfinden. Seit Jesus von Nazareth steht die Wahrheit in der Welt, daß den Palmenzweigen ein Golgatha folgt, ohne zwingende Wortwörtlichkeit. Dort dauerte es wenige Tage, hier einige Jahre, bevor die Gegenwelle aufschäumte.

Der Betroffene selber schweigt zu allen Anwürfen. *Meine Strategie besteht darin, nie auf einen Angriff einzugehen, welcher Art er auch sei... Ich habe von jeher dies zum Grundsatz gemacht und treu eingehalten. Gegen das Schweigen kann niemand auf die Dauer ankämpfen. Es ist ein unüberwindlicher Gegner.*

Kritik ist ein Infragestellen, das ihn im letzten Grunde nicht erreicht. Er besitzt einfach keine Antenne dafür. Verstehen kann das nur, wer sich in die persönlichkeitsverändernde Macht des Opfers hineindenkt. Es vergilt sich dem, der es bringt, daß er inneren Frieden gewinnt, Streit und Zweifel hinter sich zurückläßt. Er befindet sich in einem geheimnisvollen Gleichklang mit dem All.

Und mit der Geschichte. Denn „die Geschichte", so Norman Cousins, „übergeht willig Irrtümer, Paradoxe, persönliche Schwächen oder Fehler, wenn ein Mann nur genügend von sich selbst hergibt. Im Fall Schweitzers werden spätere Generationen sich nicht die Köpfe zerbrechen mit nichtigen Betrachtungen über seine möglichen Fehler und Unzulänglichkeiten. Sie werden in seinem Leben und seinen Werken die Kraft zur ethischen Phantasie finden. Darauf kommt es an und auf nichts anderes. Denn Albert Schweitzer hat mehr getan, das Streben des moralischen Menschen zu dramatisieren, als irgendein anderer in der zeitgenössischen westlichen Kultur."

Der „moralische Mensch" ist in Schweitzers Denken ein weitgespannter Begriff. Keineswegs ist ihm von seiten dieses Philosophen nur aufgegeben, das menschbezogene Mitempfinden zu erweitern und *die Hunde in die Ethik zu lassen.* Vielmehr hat kein Abendländer bisher die Naturschutzgebiete der moralischen Gleichgültigkeit mit solcher Konsequenz zum Kulturland erklärt und so allseitig sichtbar gemacht, was Eduard Spranger einmal so benannte: „Das ist der wesentlichste Weltanschauungsunterschied, den es gibt: Sichtreibenlassen und Sichverantwortlichfühlen." Weil Schweitzer sich verantwortlich fühlt und danach handelt; weil er glaubwürdig ist, kann er anderen ins Gewissen reden. Er hat dies hundertfach getan, in schlichten Worten über die Ethik im Alltag und in ausführlicher Auseinandersetzung mit der Zeit, in der wir leben.

Das Sichverantwortlichfühlen hat ihn auch zu den beschwörenden Aufrufen gegen die Atomwaffenversuche gezwungen. Die Sorge um die Folgen ließ alle Rücksichten fallen. Wenn er heute Erfolge sieht: im Abkommen über die Einstellung der Versuche, dann darf er sich unzweifelhaft einen Anteil daran zumessen, wenngleich die Umsetzung in die Tat bei den Politikern lag. Anfang August 1963 veröffentlichte das Weiße Haus einen Brief des Urwalddoktors an Präsident Kennedy, worin es heißt: *Ich schreibe Ihnen, um Sie zu beglückwünschen und Ihnen zu danken, daß Sie den Weitblick und Mut besaßen, eine Politik zum Weltfrieden einzuleiten. Endlich wird ein Lichtstrahl in der Dunkelheit sichtbar, in der die Menschheit ihren Weg suchte...*

Im übrigen aber täuscht sich dieser nüchterne Beobachter nicht darüber hinweg, daß *die geistige Verelendung*, die er schon 1923 in der modernen Staatenwelt ausmachte, rundum in allen Spielarten herrscht. Wo sollte man anfangen, wo aufhören, sie zu benennen? Theodor Litt, der verstorbene Bonner Philosoph, hatte das Gegenüber von Daseinskrise und Daseinshilfe (gerade durch den Mann im Urwald) vor Augen, als er schrieb: „Man muß die ganze Verzweiflung am Menschen ausgekostet haben, die den ins gegenwärtige Weltgeschehen Verstrickten ergreifen kann, um die Größe des Geschenkes zu ermessen, das uns mit Leben und Werk dieses Mannes zuteil geworden ist."

Wenn einmal Heilung kommt, dann vielleicht nicht, weil man die Mahnungen Schweitzers und anderer nach Jahrzehnten bewußt beherzigt (dazu sind wir zu vergeßlich); doch niemand weiß, auf welchen Wegen sich geistige Wirkungen vollziehen. Der Anteil Einzelner an positiven gemeinschaftlichen Wandlungen des Bewußtseins ist nicht exakt zu messen. Aber nie geschehen solche Wandlungen ohne Vorarbeit. Immer bedürfen sie des Baumaterials aus dem Geist großer Persönlichkeiten. Soviel erscheint sicher, daß sittliche Energien, einmal in die Welt entlassen, nicht wieder verlorengehen, sondern hineinstrahlen in das Weltbewußtsein, mag auch die unmittelbare Kausalität gar nicht erkennbar oder vorhanden sein. Wäre denn auch tiefstes Ethos, ein über siebzig Jahre reichender Bogen unendlichen Bemühens, wäre eine derartige Konzentration moralischer Tatkraft vorstellbar nur als eine Laune der Schöpfung, eine biologische Abnormität? Innerhalb der engen Grenzen unserer Einsicht ist die Frage zu verneinen. Auf solchem Denkweg liegt Hoffnung.

Albert Schweitzer selber fragt nicht, ob sein Tun Zukunft habe. Er *ist* und wirkt. Alles weitere stellt er gelassen anheim. Aber sein unversiegbarer Glaube an den Geist beschenkt ihn mit einer zufriedenen Ahnung.

„DIE GESCHICHTE WIRD ÜBER MICH URTEILEN“

Gespräche mit Albert Schweitzer

Einige Stunden des beginnenden Tages schwankte die Waage, ob sie sich dem ersten oder zweiten November zuwenden solle, und entschied sich dann um neun Uhr mit sanftem Ruck für den zweiten. Der Ruck war die Auskunft des Flughafen-Angestellten in Port Gentil, daß heute kein Flugzeug nach Lambarene abgehe und auch kein Dampfboot, also weder avion noch vapeur. So mußten wir – Gerlinde und ich – unvermeidlich in den Hafenstädtchen an der Mündung des Ogowe übernachten und unvermeidlich teuer; wohnten in einem eleganten Bungalow mit Telephon, Holztäfelung, Dusche (bei entsprechender Ansammlung von Mücken) und schauten auf den Atlantik, der sich wie ein Dorfteich benahm. Kaum, daß ein Wellchen sich ans Ufer quälte.

Am nächsten Morgen flog dann die Maschine, ein wahres Museumsstück mit zwanzig Sitzplätzen und einem französischen Piloten. „Es klappert hier alles“, erklärte er und fügte beruhigend hinzu: „Aber solange es klappert, ist es noch da.“ Über dem Urwald sprang die hintere Tür auf. Mit größter Anstrengung schaffte es der schwarze Steward, sie wieder zu schließen, ohne daß ein Passagier oder ein Gepäckstück abhanden kam. So gelang es mir also im zweiunddreißigsten Lebensjahr trotz letzter Hindernisse doch noch, zum Urwalddoktor zu gelangen, nachdem ich ihn 1959 in Hamburg bei seinem letzten Europa-Besuch nur im Gedränge wahrgenommen hatte, als er eine Schule seines Namens besuchte.

Nach der Überfahrt mit der gemieteten Pirogue vom

Ort Lambarene zum Spital, also zum nördlichen Ufer des Flusses, ist die Erstbegegnung nur kurz. Von Mathilde Kottmann begrüßt und in Dr. Schweitzers Klause geführt, hören wir nach einer kleinen Weile seine helle, merkwürdig hoch liegende Stimme. Der Besitzer dieser Stimme kommt mit einem anderen Gast herein, der nur kurz bleiben kann und daher Vorrang hat. „Auf diesen Moment habe ich zehn Jahre gewartet", bringe ich hervor. *Sagen Sie fünfzehn, sagen Sie fünfzehn*, spielt er seine Bedeutung herunter und verabschiedet sich mit den Worten: *Wir haben ja Zeit*

Vier Wochen, den ganzen November 1961, konnten wir bleiben. Zweieinhalb Jahre danach: Wiederkehr, erneut für vier Wochen. Davon erzählt „Abend am Ogowe". Beidemal ergab sich die Gelegenheit zu Unterhaltungen über Verschiedenstes. Wenn sie hier – ergänzend zum dort Gesagten – in einem eigenen Kapitel wiedergegeben werden, dann nicht, um die Kenntnis Schweitzers durch Unbekanntes anzureichern, sondern nur, um die vielfältigen Annäherungen an sein Jahrhundertbild um eine winzige Dimension zu erweitern. Dieses Kapitel ergänzt atmosphärisch die vorangegangene Reportage und möchte uns den Mann von Lambarene in seinen letzten Lebensjahren auf eine noch persönlichere Weise näherrücken lassen.

Lambarene 1961

Am Abend des fünften Tages nimmt sich Albert Schweitzer endlich Gelegenheit, unser Gastgeschenk anzuschauen, das schon erwähnte Album mit Photographien über seine Jugendstätten und dazugehörigen autobiographischen Texten, die meine Mutter in Kunstschrift unter die Bilder gesetzt hatte. Die Rückschau regt ihn zu vielen Erinnerungen an. Danach kommt die Rede auf die Politik. Auf dem Tisch unter der Petroleumlampe liegt ein Zeitungsartikel über die Explosion einer russischen Wasserstoffbombe. *Ich verstehe nicht, wie Chruschtschow das machen konnte. Die Russen selber kriegen am meisten ab*. Das geschehe kaum jetzt und heute, sondern in fünf, sechs, sieben Generationen. *Die öffentliche Meinung war nicht stark genug.*

Ich wende ein, daß es im Osten keine öffentliche Meinung gebe. *Nein, aber im Westen. Da haben unterirdische Explosionen stattgefunden während der ganzen Zeit des Stillhalte-Abkommens.* Meine Bemerkung, daß unsere Zeitungen dazu geschwiegen haben und ich darüber nichts wisse, wird ziemlich ungnädig aufgenommen. *In welcher Zeit leben Sie eigentlich?* Der Nachrichtenredakteur aus Hamburg muß sich seine Informationen im Urwald holen. Nicht gerade schmeichelhaft. Zum Atomproblem jedenfalls, seiner quälenden Alterssorge, liest er, was er findet. Eine „Spiegel"-Serie, die er durchgearbeitet hat, liegt in seiner Bibliothek. Der Satz darin: die Politik der Abschreckung sei eine „labile Mischung aus Bluff und Spiel mit dem Untergang, geboren aus tiefer Ratlosigkeit", trägt die Randbemerkung: *Ja.*

Mathilde steht im Zimmer und drängt auf sanfte Weise zum Aufbruch. Da sei noch der wichtige Brief zu schreiben, begründet sie dies gegenüber dem Hausherrn im elsässischen Dialekt. Hoffentlich, begütige ich, sei sie nicht böse, daß wir so lange geblieben sind. *Nein, das kann sie nicht, weil es wider ihre Natur ist.* Wir zeigen ihm eine Spendenliste aus Hamburg. Er will überall antworten. Die Spender erwarten dies nicht, halte ich dagegen, und er möge sich nicht noch mehr Arbeit machen, als ohnehin auf ihm laste. *Wer hat Sie gelehrt, einem alten Mann Vorschriften zu machen?* blitzt er mich an. Den Rüffel stecke ich ein, denn er hat ja die Adressen nicht. Insofern gehe ich doch als Sieger vom Platz.

Gestern fragte ich: „Wissen Sie, was für ein Jubiläum Sie im nächsten Monat begehen können?" – *Keine Ahnung.* – „Vor fünfzig Jahren haben Sie Ihr medizinisches Staatsexamen gemacht." – *Sie kennen meine Biographie besser als ich. Ich habe nie Zeit gehabt, über meine Vergangenheit nachzudenken.* Gemeint: abgesehen von den autobiographischen Schriften. Meiner Frage lag die Angabe im Buch *Aus meinem Leben und Denken* zugrunde. Später stellte sich heraus, daß er sich in der Rückschau um ein Jahr geirrt hatte. Das Examen war im Dezember 1910 gewesen, nicht 1911.

Wir sprechen über die Medizin. Er sei sich, als dieses Studium geschafft war, wie der Reiter über dem Bodensee vorgekommen, (zum Glück, ohne einen Herzschlag zu bekommen, wie in der Ballade von Gustav Schwab). *Aber ich mußte es ja tun.* Nach einer Pause: *Ich habe unglaublichen Dusel gehabt, daß ich das hier aufbauen konnte; und das ging nur, weil ich in der Welt als Künstler etwas galt und die Verbindungen und die Hilfe hatte.* Unvermittelt fügt er an: *Mein Leben ist mir ein Rätsel.* „Uns auch", entschlüpft es mir etwas respektlos, aber ehrlich. Aus solcher Wendung entnimmt man, daß ihm die geniale Leistung kaum bewußt ist, sein Leben eher als Fügung verstanden wird. Andererseits verhehlt er sich nicht seinen Einfluß auf die Menschen. In dem Empfinden ist er durchaus selbstbewußt bei aller Dankbarkeit für die Glücksumstände. Demut und Autorität leben ungetrennt miteinander.

„Herr Schweitzer erwartet Sie in einer Viertelstunde", sagt Mathilde nach dem Abendbrot. Sie hatte ihn darauf aufmerksam gemacht, daß unsere Zeit hier zuende geht. Offensichtlich war er überrascht davon. Während der Wochen, in denen wir uns nützlich zu machen versucht hatten, waren nicht viele Unterhaltungen möglich gewesen, manchmal nur ein paar Worte im Vorübergehen, selten ausführlicherer Austausch. Man hat auch stets Hemmungen, dem Überbeschäftigten zur Last zu fallen, freut sich allein schon seiner Erscheinung und lebendigen Gegenwart, des Bewußtseins, ihn noch tätig zu wissen.

Ich habe Euch immer gern hier gesehen, leitet er ein, doch ein Wiederkommen auf längere Dauer zum Zweck einer (nichtmedizinischen) Hilfstätigkeit lehnt er ab, läßt nur Besuche gelten. Anscheinend fürchtet er, „Handlangerdienste" könnten mich in der Entwicklung hemmen. *Sie müssen schreiben*, sagt er, *Sie haben Ideen.* Unklar bleibt, woraus er das schließt, wo er doch nichts von mir kennt.

„Sie haben eine sehr freundliche Meinung von mir". Er nimmt allen Charme zusammen und versetzt: *Keine freundliche, sondern eine besondere.*

Die Rede kommt wieder auf die Politik. (*unter uns, ich spreche sonst nie darüber*). Das Versprechen wird mir abgenommen, nichts darüber zu verbreiten. Es wurde eingehalten; posthum bindet es nicht. Über Adenauer, der ein Jahr jünger ist und noch im Amt: *Wir standen gut miteinander.* Aber vom Zeitpunkt der Wiederaufrüstung an habe er, Schweitzer, sich abgewendet. Noch im Petersberger Abkommen (November 1949) habe Adenauer den Willen zur Nichtaufrüstung bekundet, *obwohl die Amerikaner und Churchill* – damals allerdings Oppositionsführer – *bereits die gegenteilige Zusicherung von ihm gehabt haben.* – „Woher wissen Sie das alles?" – *Ich weiß viel.* Über die Verhältnisse im Osten ist er sich ziemlich im klaren, aber der Westen kommt grundsätzlich nie besser weg.

Wir reden über Goethe, Schiller, Ortega. Er spricht über Goethes *merkwürdige, bis heute nicht erforschte Familien-Krankheit, von der sie alles etwas hatten, mehr oder weniger.* Ich erinnere daran, daß Ortega Goethe aus existentialistischer Sicht vorgeworfen hat, daß er sich in den humusarmen Liliput-Hof von Weimar habe umtopfen lassen, statt wie Schiller ganz auf die eigene Kraft zu bauen. *Er mußte nach Weimar, es war sein Schicksal*, stellt der an Fügungen Glaubende entschieden fest und ergänzt: *Kein Nichtdeutscher kann Goethe verstehen.*

Einmal während des Abends verfalle ich in die Anrede „Herr Professor". – *Wenn Du es noch einmal tust, boxe ich Dich in die Rippen*, droht er in schalkhafter Verärgerung und wechselt dabei ins Du. „Aber Sie sind doch Professor!! – *Natürlich bin ich´s, aber ich finde es schrecklich , in einen Panzer von Titeln gezwängt zu werden.*

Schließlich wollen wir uns erheben. *Bleiben Sie noch ein bißchen*, ermuntert er. Wir tun es liebend gern, aber mit leichtem Druck, weil Mathild in geräuschlos-sanfter

Gegenwart stets eine leise Mahnung darstellt, den chronisch Übermüdeten nicht zu sehr zu belasten. Er will nicht unterlassen, noch einige Dankesgrüße für Spenden mitzugeben. Betulich, langsam, großväterlich schreibt er mit dem Federhalter zwischen dem zweiten und dritten Finger und einer Binde um den Unterarm. Meine mitfühlende Bemerkung, wie traurig es sei, daß ein Mensch mit einem Krampf so viel schreiben müsse, kommt schlecht an. *Sie glücklicher Mensch, daß Sie keine anderen Sorgen haben!*

Am letzten Abend stehen wir auf dem Gang vor Schweitzers Zimmer beisammen. Er wolle noch ein bißchen mit uns sprechen. *Sie schicken mir Artikel!* – „Aber Sie haben doch gar keine Zeit für so etwas!" – *Er weiß es besser als ich*, wendet er sich verdrießlich an Mathild. „Gut, ich werde Ihnen Artikel, die ich schreibe, herschicken." – *Wenn ich sage, Sie sollen mir Artikel schicken, will ich sie auch lesen.*

Über die Ethik drängt sich mir noch die Frage auf, warum er nach eigenem Bekunden *alles hinwerfen* wollte. Die anderen Ethiker seien doch auch zu Lösungen gelangt; oder was fehlte ihren Erkenntnissen und Ergebnissen? *Sie betrachten alle nur den Menschen und lassen die Tierwelt außer acht.* Ich hätte einwenden können: außer Schopenhauer, dessen Vorarbeit er ja gewürdigt habe. Statt dessen kommt mir in den Sinn, Franz von Assisi zu erwähnen. *Ja, der ist eine Ausnahme. Aber er hat keine Nachfolge gefunden.* Schweitzer nennt ihn eine gewaltige Erscheinung, mit der er sich nicht vergleichen wolle (obwohl ja Nikos Kazantzakis beide nebeneinander gestellt hat; sie seien „wie Brüder"). Ich gebe zu bedenken, daß Franziskus die Ethik zwar vorgelebt, aber nicht zugleich philosophisch begründet und untermauert habe. Insofern sei er, Schweitzer, doch sogar weiter gegangen. Schon schränkt er ein: *Niemand kann über sich selbst urteilen. Die Geschichte wird über mich urteilen.*

Lambarene 1964

Der Fluggast prellt den Globus um Zeit und Raum. Das

war mir schon 1961 klar aufgrund der nüchternen Selbstkontrolle, daß der Geist nicht Schritt hält, wenn der Körper die Strecke Paris-Douala in acht Stunden überwindet, die Entfernung Hamburg-Lambarene in achtundvierzig, Übernachtung einbegriffen. Das geht einfach nicht, und es hat auch keinen Stil. Nur blieb damals keine Wahl, wenn der Aufenthalt nicht kürzer sein sollte als die ganze Schiffsreise. Diesmal jedoch, mit sieben Wochen Zeit statt vier, fahren wir wenigstens hinwärts Schweitzers Route Bordeaux-Port Gentil, erobern uns Lambarene mit der bescheiden-langsamen Zielstrebigkeit, die das Charaktermerkmal eines zehntausend Tonnen messenden „Paquebot" ist. Stampfend und vibrierend arbeitet sich die „Brazza" mit unbedeutenden Knotenzahlen durchs Meer. Querab, Backbord, liegt immer Afrika, zur Steuerbordseite ahnt man die Weite des Ozeans, doch der Dunst der Tropenregion hemmt die Sicht. So gibt es hier auch nie einen strahlenden atlantischen Sonnenuntergang.

Der Reiseweg ist für mich neu, doch ertappe ich mich dabei, die Atlantikfahrt unter dem grellen Licht und der gnadenlosen Sonne hinzunehmen, als wäre dies alles längst geschaut. Vielleicht wird ja nur wahrgenommen, was schon lange vorauserfahren war: durch Bilder und Bücher, so daß die Wirklichkeit nur Vollzug ist, Inbesitznahme geistigen Eigentums. Die Seele weitet sich behaglich, ohne berauscht zu sein.

Die nervöse Spannung und leidenschaftliche Unruhe von einst sind gewichen. Gern erwartet zu werden, gibt eben eine andere Gemütsverfassung, das Bekannte wiederzufinden eine gelassenere Vorausschau. Damals kamen wir obendrein unangemeldet und stießen mit mancherlei Hemmungen ins Unbekannte vor.

Erste Frage bei der Wiederbegegnung an den jetzt Neunundachtzigjährigen: ob er sich noch an mich erinnere. Antwort, statt dessen: *Du hast mir ganz schön was eingebrockt!* Ich, erschrocken: „Wieso?" – *Mit dem Aufsatz; mich an die*

Seite von Goethe zu stellen. – „Haben Sie denn Zeit gehabt, ihn überhaupt zu lesen?“ – *Dreimal habe ich ihn gelesen.* Nach kurzem: *Ich kann nichts dagegen sagen. Ich habe bei meinem Vortrag in Amerika auch das Gefühl gehabt, wir hätten Gemeinsames.* Das Argument vom „Einbrocken“ ist damit im Grunde zurückgenommen. Dann: Goethe sei sich nicht immer gleich geblieben; er habe zeitweilig nur sich gelebt, dann wieder für andere. Er sei auch nicht Philosoph gewesen, habe sich nicht denkerisch zu begründen versucht, eine Bestimmung des Lebens nicht artikuliert.

Er kommt auf den Essay zurück. *So etwas zu schreiben* (gemeint: das An-die-Seite-Stellen), *kann man vielleicht in hundert Jahren versuchen.* – „So lange kann ich nicht warten. Ich habe es eben so gesehen.“ Schweitzer, übergangslos: *Ich bin dafür, wir sagen ‚Du‘.* – „Ich fände es wunderschön, wenn Sie ‚Du‘ sagen, aber ich kann doch nicht das gleiche tun.“ – *Dann sage ich auch ‚Sie‘.* Er boxt mich, wir lachen. *Ich habe früher auch von bedeutenden Leuten, die viel älter waren, das ‚Du‘ angenommen.* Am Abend sagt er zu zwei Holländern, mich ihnen vorstellend: *Ein alter Freund des Spitals.* Leicht übertrieben, aber man fühlt sich zuhause.

In den folgenden Tagen denke ich über das Wesen seiner Freundschaft nach, über seine Art, Freund zu sein. Er kann ganz beziehungslos auftreten; es gibt Zusammentreffen ohne jede Zuwendung. Vielleicht ist es so zu erklären: Seine Vielschichtigkeit ist ein dauerndes Auswechseln von Beschäftigungen mit zwingenden Zäsuren. Er ist jedes ganz und tut alles ganz, aber streng abgesetzt gegen alles andere. Die Tätigkeitsvielfalt fließt nicht ineinander; er ertrüge es nicht. Dafür ist er, wenn er sich jemandem widmet, für diese kurze Spanne uneingeschränkt und unabgelenkt bei ihm; darum herum existiert nichts. Dann ruft sein Inneres etwas anderes auf, Mensch oder Sache. Die Wendung wird meistens mit einem „allez!“ als Selbstaufforderung eingeleitet. Wer oder was noch eben um ihn war, verläßt vollkommen sein Bewußtsein; was gewesen, schleift er nicht in

Fransen halber Erinnerung mit sich. Seine Allseitigkeit ist höchst entwickelte Rationalisierung, das Schlüsselwort ist Konzentration. Er braucht sich jeweils ganz für das Neue, müßte sonst wahrscheinlich ertrinken in der Fülle des eigenen Seins.

Vor seiner Veranda packe ich Geschenke aus Deutschland aus, darunter Schallplatten. Er sitzt auf der Treppe und ruht aus. Im Gänsemarsch ziehen die Geisteskranken des Spitals vorüber, geführt von einer Pflegerin. Ruth Breitenstein, die morgen abreist, hat sie an Joan Klent übergeben. Der docteur ruft einige mit lauter Stimme beim Namen. Sie drehen sich um, reißen die Mütze vom Kopf und grüßen ehrerbietig. *Man muß die Kranken von sich ablenken*, erläutert er. So machen sie zweimal am Tag einen langen Spaziergang, arbeiten auch im Gemüsegarten und erfahren so, daß sie nützlich sind. *Ich habe in den letzten Jahren durch tüchtige Pflegerinnen viel dazugelernt.* Ihre Hütten hat er mit ihnen gebaut. Dabei fällt ihm eine Geschichte ein:

Ein Elsässer hat in den Pyrenäen ohne Zusammenhang mit meiner Arbeit dieselbe Methode entwickelt, mit großem Erfolg. Er war in das Städtchen gekommen als neuer Arzt für die Gemütskranken. Die Herren der Stadtverwaltung hatten ihn gefragt, wieviele Leute er zum Bauen brauche. ‚Niemanden', war die Antwort. ‚Ja, mit wem bauen Sie denn?' – ‚Mit den Geisteskranken.' Da fielen die von den Stühlen.

Er fragt mich, was ich tue, worauf ich hinauswolle. Ich erzähle knapp von meiner redaktionellen Arbeit. „Aber wenn Du mich schon fragst: Am liebsten würde ich an Editionen Deiner Werke arbeiten. Es muß doch alles gesammelt werden, die riesigen Korrespondenzen zum Beispiel."

Er ist geradezu empört, aber immer mit einem Stich ins Halbernste, Verschmitzte. *Pardon, meine Briefe sind meine Sache. Ich habe meine Gedanken hinausgeschickt. Was ich sonst schreibe, geht doch die Welt nichts an.* – „Du lebst nicht für Dich allein, das ist Dein Schicksal. Man wird die

Briefe später doch sammeln und herausgeben." – *Ich werde das verbieten.* – „Danach wirst Du nicht gefragt." – *Pardon, ich werde meinen Freunden sagen, sie sollen die Briefe wegwerfen.* – „Das werden sie nicht tun."

Etwas glättend wende ich ein, daß Goethes Briefe ja auch alle ediert wurden, weil sie ein Teil seines Lebenswerkes sind. *Seines Lebens, nicht seines Werkes,* rechtet er und nennt mich einen Ketzer. Einen letzten Pfeil schieße ich ab: „Herr Kik veröffentlicht Deine Briefe ja auch in den Rundbriefen." *Was der Kik mit meinen Briefen tut, ist seine Sache.* Immerhin steht die Bemerkung nicht im logischen Zusammenhang mt der vorherigen Argumentation. Jedenfalls will er aber überhaupt nichts von dem wissen, worauf es mir ankommt, vom Bemühen um seinen geistigen Nachlaß. Erica Anderson, etwas später darauf angesprochen, erklärt: Er sei eben so echt in seiner Bescheidenheit, nichts aus sich zu machen, obwohl er andererseits seinen öffentlichen Einfluß genau einzuschätzen wisse. Diese Gegensätze lägen in seiner Natur verträglich nebeneinander.

Wie damals, 1961, ist seine Hauptsorge das Atomproblem – nur daß mittlerweile, 1963, das Moskauer Abkommen über die Einstellung der Atomwaffenversuche geschlossen worden ist, vielleicht nicht ohne sein langjähriges öffentliches Mahnen. Wir kommen auch auf den Vietnam-Krieg zu sprechen und die amerikanische Politik dort. *Vietnam ist nicht zu halten,* erklärt er bündig zu einem Zeitpunkt, als der Krieg erst noch in der Ausdehnung begriffen ist, seine größte Dimension längst noch nicht erreicht hat und die Strategen in den Vereinigten Staaten von keinem Zweifel über den glücklichen Ausgang angefochten werden. Der Laie im afrikanischen Busch beschämt sie alle mit seiner Voraussicht und fragt zornig: *Wie kann Johnson verantworten, so viele Menschen dort zu opfern? Das kostet auch Unsummen Geldes. Kennedy hat den Kurs ändern wollen. Der Neue begreift es nicht.*

Das Problem Mond-Fahrt, fünf Jahre bevor der erste

Mensch den Erdtrabanten betritt: *Die Amerikaner haben schon achtundzwanzig Milliarden Dollar für das Projekt bezahlt.* Kritische Worte fallen, wie: reines Prestige-Denken, für nichts, ohne Wert. *Die Russen machen das nicht mit.* Darin denke ich allerdings eher an die Fabel vom Fuchs und den Trauben.

Bei den Erdarbeiten zu helfen, ist etwas weniger schweißtreibend, seit die beginnende Trockenheit das Thermometer gedrückt hat. In den Räumen herrschen nur noch fünfundzwanzig Grad, draußen etwas mehr, natürlich bei immer noch hoher Luftfeuchtigkeit. In einer Arbeitspause frage ich Theologisches. Schweitzer: *Mein Lehrer Holtzmann hat mir gesagt: ‚Sie haben meine Theologie zerstört.' Das war schwer für mich. Ich liebte ihn wie einen Vater.* Da Holtzmanns Kummer auf die Entkräftung seiner Markus-Hypothese zurückging, zugunsten des Vorranges der Endzeitpassagen im Matthäus-Evangelium, frage ich nach den Quellen, welche Matthäus 10 bestätigen. *Die gibt es nicht.* Aber man könne Matthäus 10 nicht anders interpretieren. *Keiner traute sich heran, auch Harnack nicht. Er hat dann später meine Auffassung zugegeben, aber nur Stück für Stück, ohne daß man's merkte. Er gestand sie nicht ein, übernahm sie aber. Es ist schwer für die Wissenschaft zuzugeben, daß Jesus sich geirrt hat. Die Orthodoxie macht da nicht mit. Aber der Hauptgedanke, seine Endzeit-Erwartung, ist heute akzeptiert.*

Wiederum Abschied. Ich freue mich aufs mögliche Wiedersehen. Er ist so liebenswürdig, es auch zu tun. *Hoffentlich bin ich in einem Jahr nicht mehr ein so armer Teufel, der immer bauen muß, der immer zu wenig Schlaf bekommt. Das ist furchtbar.* Als ich gehen will: *Den Goethe-Aufsatz darfst Du überall verwenden, er ist wirklich charmant.*

Die Wiederkehr war nicht möglich in den fünfzehn verbleibenden Monaten seines Lebens. Nur die Sehnsucht blieb.

LETZTE TAGE

In seiner geistigen Heimstatt hatte der Tod eine dauerhafte und gesicherte Bleibe, wohnte unkündbar, weil der Hausherr ihn wegen zweier Berufe – Arzt und Geistlicher – als Mieter hinnehmen mußte, hinnehmen wollte.

Wohl gibt es medizinische Fachgebiete, in denen der Exitus sozusagen nicht vorkommt, doch der ärztliche Normalalltag, ob im Krankenhaus oder in der Allgemeinpraxis mit Hausbesuchen, lebt damit, lebt im Wechsel zwischen Heilerfolg und Resignation, zwischen erkämpftem glücklichen Genesen und mühevoller Vergeblichkeit.

Der Geistliche steht wie der Arzt an beiden Eckpunkten des Daseins, er segnet ein und segnet aus, spricht Worte zum aufgehenden Leben und zum beendeten, und das Jenseits ist ihm immer nah. Manchen Sarg hat der Urwalddoktor begleitet; weniger von verstorbenen Eingeborenen – die werden meistens von den Angehörigen ins Heimatdorf gebracht – als von weißen Kranken oder treuen Helfern, die im Spital ihre Ruhe fanden.

Bleibt ein Drittes: der Christ Schweitzer, wie er sein Dasein meisterte, welche Gedanken ihn im Blick auf sich selber bewegten und in welcher Weise ihm das Schicksal das eigene Sterben erschwert oder erleichtert hat.

So können wir ihn dreimal befragen, als den Helfer und Tröster am Krankenbett, als den evangelischen Gottesmann und als den Zeitgenossen aus neunzig Lebensjahren.

*

Auf die Frage, was den guten Arzt auszeichne, hätten die meisten noch vor längerer Zeit ohne Zögern geantwortet: das Geschick seiner Hände, das Gespür in seiner Diagnostik, seine Heilkunst mit einem Wort. Je mehr unterdessen die Medizin zur Organtechnik entartet, in Spezialistentum selbst innerhalb eines einzelnen Fachgebietes aufgesplittert ist und unter der Krankenschwemme zum reinen

„Verarzten" verarmt, desto lauter erschallt der Ruf nach dem *Menschen* im weißen Kittel. Die Zuwendung am Krankenbett wird aber nicht durch Vorlesungen vermittelt; sie muß dem Jünger des Äskulap naturhaft angehören, sonst hat er das Wichtigste an seinem Beruf verfehlt. Die Dankbarkeit des Patienten, wenn er die menschliche Grundvorausetzung des echten Heildienstes erfüllt sieht, beweist, daß ihm die sorgende Teilnahme nicht mehr selbstverständlich war; daß er sie als Glücksfall in seinem Unglück wertet.

Zuzugeben ist immerhin, daß der Arzt einer Schutzhülle bedarf, weil er sich nicht mit allem Leid identifizieren kann; er würde davon aufgerieben. Dafür besaß Schweitzer sogar Verständnis, indem er sich selber als unverbesserlichen Dünnhäuter betrachtete. *Vergebens*, so schrieb er 1931 im bisherigen Lebensrückblick, *habe ich mich zu dem Gleichmute zu erziehen versucht, der dem Arzte bei aller Teilnahme mit den Leiden seiner Kranken das erforderliche Haushalten mit seinen seelischen Kräften ermöglicht.*

In der Stunde der Hoffnungslosigkeit soll der Arzt das Gelernte durch das Unlernbare ersetzen, soll sich als Mensch geben ohne Selbstaufgabe – zweifellos der schwierigste Teil seines Berufes. Dem weißen Fetischmann am Äquator kam in dieser Lage die Mentalität seiner Schwarzen erleichternd entgegen. Sie haben nämlich keine Angst vor dem Sterben und zeigen sich darin den meisten Weißen, die ihres Menschheitsvorsprunges so sicher sind, um etliches überlegen. Es lohnt sich, die kleine Lektion der Wahrheit in der Autobiographie *Aus meinem Leben und Denken* kurz einmal nachzulesen:

Bei den Primitiven darf man es nämlich nie unternehmen, dem Kranken und den Seinen noch Hoffnung machen zu wollen, wenn eigentlich keine mehr vorhanden ist. Tritt der Tod ein, ohne gebührend vorausgesagt worden zu sein, so wird daraus geschlossen, daß der Arzt nicht wußte, daß die Krankheit diesen Ausgang nehmen werde, und sie also nicht richtig erkannt habe. Den eingeborenen Kranken muß man schonungslos die Wahrheit sagen. Sie wollen sie erfahren und können sie ertragen. Der Tod ist ihnen etwas Natürliches. Sie fürchten ihn nicht, sondern sehen ihm ruhig entgegen. Kommt dann der Kranke wider Erwarten mit dem Leben davon, so steht es um den Ruf des Arztes nur umso besser. Er gilt dann als einer, der sogar zum Tode führende Krankheiten heilen kann.

Keine Frage, daß die geschilderte Denkweise eine verwandte Gesinnung bei unserem ersten Entwicklungshelfer berührte: seine eigene unerbittliche Wahrhaftigkeit und seine Demut, die sich immer abruffähig sah. Und so litt er auch viel weniger mit den Sterbenden als mit den Leidenden. Davon spricht im Erlebensbuch *Zwischen Wasser und Urwald* der Satz: *Der Schmerz ist ein furchtbarerer Herr als der Tod.*

Und wenn alle Hilfe mißglückte, dann fügte sich der Doktor mit dem gutmütigen Schnauzbart ergeben und saß am Sterbebett, nüchtern, mitfühlend und zugewandt. Gesprächsprotokolle der Scheidemomente gibt es in seiner mächtigen gedruckten Hinterlassenschaft natürlicherweise nicht; wir wissen auch so, daß er falsche Beschönigungen haßte und sich und anderen nichts vortäuschte. Er grübelte auch nicht über das Elend der Welt. Jedem sei ja gegeben, ein Geringes davon zum Aufhören zu bringen, und sei es mit den bescheidensten Mitteln. In dem Bewußtsein fand er Glück und Erfüllung. –

Ebenso glücklich war Albert Schweitzer, wenn er die weiße Berufskleidung gegen die schwarze vertauschte. *Allsonntäglich zu gesammelten Menschen von den letzten Fragen des Daseins reden zu können,* empfand er als wunderbar. Welches die letzten Fragen des Daseins sind, darüber entscheidet in unseren christlichen Bekenntnissen auch der Standort des Predigers. Reines Tatchristentum unter Aufgabe aller christologischen Gehalte ist ebenso möglich wie umgekehrt der genaue Buchstabenglaube oder die Fixiertheit auf die Erlösung vom irdischen Jammertal. Im weiten Mittelfeld spielen mannigfache Kombinationen.

Wie sprach dieser Tatchrist vom Tode? Er konnte ihn ja nicht über Werken der Liebe vergessen machen. Im allgemeinen gilt, daß er sich „nur wenig über die Ewigkeit ausgesprochen“ hat (Ulrich Neuenschwander). Er pflegte darin „die gleiche Auffassung wie Schleiermacher. Im Tun erlebte Schweitzer die Einheit mit dem Unendlichen.“ Sätze wie in einem späten Brief von 1958 kommen nicht häufig vor. Da heißt es, wir dürften uns getrösten, daß die Seelen derer, die von uns scheiden, in das Reich des Friedens und des Lichts eingehen. Das klingt etwas kirchen-konventionell, so, wie referiert, entsprach indes ganz seiner schon früh gefestigten Überzeugung, daß etwas in uns sei, das nicht vergehe.

Der typische Schweitzer ist dies trotzdem nicht. Alles Theologische befragte er zunächst auf Wert und Gültigkeit für den Lebensalltag, und der Tod beschäftigte ihn vornehmlich unter dem Gesichtspunkt, wie wir damit fertig werden. Er verdrängte nichts und stellte sich dem Unabänderlichen als Geistlicher ebenso selbstverständlich wie als Arzt.

In einer Predigt von 1907 in Straßburg, mitten im Medizinstudium, erzählte der Zweiunddreißigjährige die folgende Geschichte: *Eine junge Witwe mit ihren Kindern besucht an jedem Donnerstag einen entfernten alten Verwandten. Er hat ihr in Aussicht gestellt, sie im Testament zu bedenken. Einen Donnerstag hat sie wieder den fünfstündigen Weg mit den Kindern zurückgelegt. Sie findet eine Verschlimmerung in dem Zustand des Kranken. Er selber findet sich elend. Nicht wahr, sagt er, ich sollte doch daran denken, mein Testament aufzusetzen. Meinst du nicht, daß du den Notar holen solltest? Sie aber fühlt die geheime Angst in der Frage. Nicht doch, erwidert sie, das ist nur vorübergehend. Da lächelt er froh auf; am nächsten Tag war er tot, ohne sein Testament gemacht zu haben. Die näheren Verwandten bekamen alles. Sie aber durfte sich damit trösten, daß sie das, was sie für ihre Kinder so notwendig hatte, daran gegeben, um den Gedanken des Sterbens von ihm zu bannen...*

Sarkasmus schimmert durch die Zeilen. Bei der anschließenden Interpretation benutzt der Vikar denn auch das Wort *Komödie*, die alle jene spielen, die den Gedanken des schlimmen Ausgangs nicht in Betracht ziehen, in der Meinung, sie leisteten dem Kranken einen Dienst. Statt dessen verweigern sie ihm die Hilfe, von den letzten Fragen des Daseins, diesmal vom Tode, sprechen zu können, und überlassen ihn einsam sich selber.

Die Episode beleuchtet die verbreitete Scheu, sich mit dem Gedanken ans Sterben zu befassen. Das kleine Kanzel-Kolleg aus der Kaiserzeit ist darin ganz aktuell geblieben, ja zeitgemäßer noch dadurch, daß die gierige Erfolgsgesinnung der Industriegesellschaft den Tod nur als ärgerlichen Regiefehler auf der Lebensbühne ansieht; in den Spielregeln ist er nicht vorgesehen. Man klammert den existentiellen Einbruch des Scheidens als nahezu abwegig aus den Überlegungen und Unterhaltungen aus. Es ist die absolute Gegenposition zum ständigen Mahnen an die Ewigkeit, worin die Predigten vor dem Zeitalter des Rationalismus die Gläubigen bußfertig kneteten – das eine so unnatürlich wie das andere.

Daher liegt in Schweitzers Besinnlichkeitsworten vom November 1907 die Mahnung, ein unverspanntes Verhältnis zum Tod zu gewinnen. Er dringt zu der Frage vor, wie schrecklich es wäre, wenn unser Leben kein Ziel erreichen würde, es immer fortdauern müßte; wenn wir ohne Unterlaß in die Wünsche und Sorgen dieses Daseins verstrickt blieben, auch alles, was an Neid, Haß, Schuld wechselseitig aufgehäuft werde, sich ewig wiederhole und erneuere.

Doch bleibt er nicht bei Erwägungen stehen, die Trost nur dem bedeuten können, der seine Tage ausgemessen hat. Was nämlich, wenn der Faden viel früher reißt, das sprichwörtliche Mitten-aus-dem-Leben-gerissen-werden? Sich schon auf halbem Wege jederzeit reisefertig zu halten, auch wenn man das Leben liebt, erfordert besondere seelische Beschaffenheit. Sie ist umso weniger zu erwarten, je früher der Abruf droht; weshalb es ja auf dem Schlachtfeld von Kolin oder Kunersdorf auch keine sehr zündende Parole war, daß König Friedrich seinen panisch fliehenden Soldaten zornig zurief: „Ihr verfluchten Kerls, wollt ihr denn ewig leben?"

Die Angst, schreibt Schweitzer, könne man nicht bannen, sie komme manchmal wie ein Blitz. Und wörtlich: *Ein Mann und eine Frau haben noch nicht alles miteinander erlebt, wenn nicht eines beim Anschauen des anderen, ohne es gewollt zu haben, vor der Frage stand: Was würde aus ihm werden ohne mich ...?* Das sei doch die Erkenntnis, wenn man den Dingen auf den Grund gehe: Uns halte am Leben nicht das, was wir von ihm erhoffen, sondern die Sorge um die Menschen, die uns nötig haben.

Aus solcher ehrlichen Problemstellung, so folgert der Prediger in tiefen und schönen Worten, ziehe man den Gewinn der vertieften Gegenwart, der größeren gegenseitigen Teilnahme, nämlich: *ob wir einander alles gegeben, was wir konnten, alles waren, was wir konnten, ob nichts ist, was wir ungeschehen machen möchten; daß diese Sorge dann in den Vordergrund tritt und daß wir meinen, daß wir dann die Trennung ertragen können, wenn wir so zueinander waren.* Worin, fragt er schließlich, bestehe die Überwindung des Todes? *Daß wir unser Leben und die Menschen, die dazu gehören, in Augenblicken tiefsten Gesammeltseins so betrachten und bewerten, als hätten wir sie in den Tod hingeben müssen und sie auf Zeit von ihm zurückerhalten.* –

Zum Epochenereignis wurde Albert Schweitzer durch die Seltenheitssynthese von Hirn, Herz und Hand. Die beginnende Hochschul- und Virtuosenlaufbahn vertauschte er mit dem Arztberuf, weil der Herzens- und Gewissensanruf nicht überhört werden durfte. Der Armendoktor im Dschungel (statt wie sonst vielleicht in einem Arbeiterviertel einer Großstadt) mußte dort alles elementar Notwendige mit eigenen Händen schaffen beziehungsweise sich hinreichend aneignen, um die eingeborenen Laienarbeiter anleiten zu können.

Das feuchte Urwaldklima verbraucht die Europäer früher

als daheim, zumal bei schwerer Arbeit. Daß dieser Elsässer dennoch neunzig Jahre alt wurde, der weitaus älteste Weiße in ganz Äquatorialafrika, verdankte er seiner phänomenalen Robustheit. Der sterbensschwache Säugling von einst hatte sich beachtlich herausgemacht. Die Familiensubstanz war eben kraftvoll und kernig. Die Schweitzer seien aus Eisen, sagte man zuhause. Die etwas jüngere Schwester Adèle flog mit siebenundachtzig Jahren nach Lambarene, zum ersten Mal übrigens.

Indes, nicht immer war der Sproß der zählebigen Sippe überzeugt gewesen, alt zu werden. Die Sorgen in der Depressionsphase nach 1917 drückten die Lebenserwartung. Ähnlich aber wie sein Vater nach gesundheitlich beeinträchtigten mittleren Jahren im Alter immer rüstiger geworden war, reaktivierte der Sohn die Seelenkräfte, die den Körper steuern, und gewann eine neue Beziehung zum Bleiben und Dauern. Des Menschen Zwiesprache mit dem Kosmos und sein Platz darin entziehen sich dem bewußten Erkennen. Viel später jedenfalls verkündete er fröhlich, er habe beschlossen, neunzig zu werden. Herausforderung oder geheimnisvolles Vorauswissen? Übermut oder orphische Eigenprophetie? Vielleicht besaß er ja wegen seiner echten Demut jenseits unserer Erfahrungsgrenze Kredit. Die Zeitspanne wurde gewährt.

Natürlich hat er das Thema auch humorig variiert. Als das kommunale Oberhaupt von Königsfeld im Schwarzwald, wo Schweitzer nach dem Ersten Weltkrieg wegen Helenes Lungenerkrankung ein Haus hatte bauen lassen, zum 75. Geburtstag mit den Worten gratulierte: „Herr Doktor, Sie gehen jetzt Ihrem Feierabend entgegen“, antwortete er: *Sie irren sich, Herr Bürgermeister, bei mir ist es erst dreiviertel zwei.*

Der anekdotenstiftende, schmunzelhafte Schweitzer ist ebenso typisch wie der ernste, ergebene mit den besonders bezeichnenden Schlußzeilen der Autobiographie von 1931. Da hatte er erst die Mitte der Fünfzig hinter sich und schrieb im Bewußtsein eines materiellen Lebenswerkes, das endgültig etabliert zu sein schien: *Wieviel werde ich von der Arbeit, die ich mir vorgenommen habe, noch fertigbringen? Mein Haar beginnt zu ergrauen. Mein Körper fängt an, die Strapazen, die ich ihm zumutete, und die Jahre zu spüren. Dankbar blicke ich auf die Zeit zurück, in der ich, ohne mit meinen Kräften haushalten zu brauchen, rastlos körperliche und geistige Arbeit leisten durfte. Gefaßt und demütig schaue ich auf die aus, die kommt, damit mich Verzichten, wenn es mir beschieden sein soll, nicht unvorbereitet treffe...* Nicht ohne Ergriffensein projiziert man die Zeilen von 1931 auf die Auskunft aus einem Brief von 1963: *Mit achtundachtzig Jahren darf ich noch in der schönen Arbeit stehen. Wem ist solches verliehen gewesen?*

Freilich, das Verzichten blieb nicht aus. Aber es wurde ihm nicht abgezwungen; er gab alles freiwillig Stück für Stück, mit dem Instinkt und Takt, rechtzeitig aufzuhören, wenn die Zeit gekommen zu sein schien. Er grenzte seine Tätigkeiten und seinen Lebenskreis stetig ein, organisierte seinen Rückzug aus der Welt, respektgebietend, umsichtig, überlegen.

In den fünfziger Jahren wurde als erstes die Medizin zurückgelassen. Genügend Ärzte arbeiteten nun im Wechsel in Lambarene; dem Gründer blieb die Oberaufsicht und die Spitalverwaltung allgemein. Mit seiner Erfahrung blieb er die beruhigende Sicherheitsreserve hinter der medizinischen Hauptkampflinie. 1954 verabschiedete er sich mit einem Konzert in der Straßburger Thomaskirche von Johann Sebastian Bach. In Lambarene diente er dem Thomaskantor weiter auf dem Orgelklavier, bis das berühmte Instrument 1961 nachhause geschickt wurde. Weiterhin begleitete er den abendlichen Choral auf dem Klavier im Speisesaal. Zuweilen überraschte man den Greis bei Fingerübungen auf den vergilbten Tasten.

Inzwischen hatte er 1959 von Europa Abschied genommen – keinen bewußten. Eine neue Reise wurde erwogen und sogar geplant, unterblieb dann aber über den Tagespflichten, vor allem wegen der ständig erforderlichen Bauarbeit aufgrund der wachsenden Patientenzahl. Etliche seiner vierzehn Fahrten nach Lambarene hatten im Spätherbst begonnen. Im Blick auf die bevorstehende Abreise konnte er manchesmal sagen: *Die Schwalben, schon sammeln sie sich für die Reise nach dem Süden. In einigen Wochen komme ich ihnen nach. Dann leben wir wieder miteinander unter dem Kreuz des Südens und unter Palmen.* Das schöne Zugvogelmotiv war nun ebenfalls in der Symphonie seines Lebens verklungen. Auch die Sonntagspredigten im Spital hielten andere; er kam herbei, um zu zuhören. Ein Hund, eine Ziege trottete hinter ihm her.

In eindrucksvoller Rüstigkeit stand er den Trubel seines neunzigsten Geburtstages durch. Doch der Kamera blieb nicht verborgen, daß ein großes Leben sich seinem Ende näherte. Deutlich spricht da der eindrucksvolle Bildband von Paul Swiridoff, dessen Photoserie im April 1965 entstand. Ein Portrait darin vor allem zeigt, wie die Augen, in die Ferne gerichtet, schon Quartier auf der anderen Seite suchen. Dabei reihten die Tage sich äußerlich ohne Rhythmusstörung aneinander. Der Patriarch, der nach einem hübschem Wort des „Spiegel" aussah wie ein naher Verwandter des lieben Gottes, stand täglich Stunden auf dem Bauplatz wie Faust am Meeresufer und dirigierte die Arbeiten seiner Schwarzen: ungeduldig, rüffelnd, scheltend, als wollte er sagen: Macht schnell, ich habe keine Zeit mehr.

Von Mitte Juli an verzichtete er darauf, abends nach der Mahlzeit den Bibeltext zu lesen und auszulegen; Schwester Ali übernahm dieses Amt. Bis zum 20. August begleitete er aber noch den Choral. Zwei Tage zuvor hatte man ihn zum letzten Mal hinter dem Schreibtisch in der Pharmazie gesehen, dort, wo er tagsüber die Briefe schrieb, mitten im Spitaltreiben, im *Spinnennetz*. Nachdem er am 23. August gestürzt war, verordneten ihm die Ärzte, deren Team seit Februar Walter Munz leitete, mehrere Tage Bettruhe. Er erteilte verschiedene Anweisungen für den Todesfall. Dazu gehörte, daß die Tochter Rhena die Verwaltung übernehmen solle.

Am 25. August erschien der Wiedergenesene zum Abendessen. Der letzte Brief von seiner Hand, an einen Bischof, dankte für eine Spende und vermeldete, gesundheitlich gehe es gut. Und tatsächlich war er ja bis an die Daseinsgrenze von Leiden verschont. Die deutsche Hebamme Agnes Bönder, die am 27. August Geburtstag hatte, wurde am Abend mit einer Tischrede geehrt, worin der alte Meister der Heilkunde ihr dankte, daß sie gestern der tausendfünfhundertsten Mutter beigestanden habe. Die Lebensnachbarschaft zwischen Alpha und Omega konnte nicht augenfälliger sein, als daß er an eben diesem Tag mit Schwester Ali vor sein Haus ging und seinen Grabplatz bestimmte. Den Sarg aus gabunesischem Rotholz hatte er vor einem Jahr fertigen lassen, *damit ihr es nicht tun müßt*.

In diesen Tagen ließ Schweitzer sich wiederholt mit dem Jeep durchs Gelände fahren; für kurze Fußwege stieg er aus. Walter Munz, der einzige der weißen Ärzte übrigens, der sich in den beiden Hauptsprachen der Gabunesen verständigen konnte, erzählt: „Der letzte Spaziergang war wunderbar. Der Doktor ging am Stock durch die Obstpflanzung, erkannte einzeln alle Bäume, die er gepflanzt hatte, und lobte ihren Wuchs und ihre Schönheit. Vom Hügel aus schaute er über sein Spital und freute sich. Dann legte er sich erschöpft nieder. Er war nicht eigentlich krank geworden, sondern das Altern verdichtete sich."

Aus anderen Berichten fasse ich zusammen: Am 1. September will er aufstehen und Briefe schreiben, doch die Hand gehorcht nicht mehr. Er verlangt nach einem Buch, und man reicht ihm den kurz zuvor erschienen Sammelband „Begegnung mit Albert Schweitzer", den er in Teilen schon gelesen hatte. Er wendet die Seiten um, aber der Blick reicht nicht mehr hin. Erschöpft kehrt er ins Bett zurück. Bach und Beethoven erklingen von Schallplatten. Die Musik tut dem Sterbenden wohl; er dämmert dahin zwischen klaren Bewußtseinsmomenten und tiefem Schlaf. Das quirlige Spitalleben ist wie erstorben. „Die alten Arbeiter“, so schreibt Mathilde Kottmann kurz darauf, „waren verzweifelt. Wer hätte denn auch denken können, daß der grand Docteur einmal nicht da ist? Die Alten kamen trauernd zu mir. Sie setzten sich still neben mich und weinten.“

Nacheinander nehmen Mitarbeiter und Freunde in diesen Tagen schweigend Abschied. Auch alle Schwarzen kommen, soweit gehfähig, und ziehen ergriffen am Sterbelager des Oganga vorbei. Sein Dasein reicht für jeden von ihnen unmeßbar weit in die Vergangenheit zurück. Eine Gabunesin vom Stamm der Galoa singt: „Großer Doktor, ihr seid gekommen, uns zu pflegen, uns andere zu heilen, kranke und lepröse Afrikaner. Habt Dank, und eure Reise möge still verlaufen.“ Am Samstag, dem 4. September, stellen sich die Patres der Katholischen Mission vom gegenüberliegenden Ufer ein. Das letzte Stück Musik, das zu den Ohren des Musikers dringt, ist das Andante aus der Fünften Symphonie von Beethoven. An diesem 4. September, kurz vor Mitternacht, endet der Lebensweg des Friedfertigen, indes Waffenlärm den indisch-pakistanischen Kriegsschauplatz beherrscht.

Am nächsten Tag bestattet die Lambarene-Gemeinde den Urwalddoktor neben der Dattelpalme, die er einst aus einem Kern gezogen hatte. Zu seiner Nichte Suzanne Oswald hatte der Achtzigjährige vor zehn Jahren gesagt: *Bei ihr will ich liegen; sie ist ein Fremdling in diesem Land, wie ich auch.*

PERSONENREGISTER

EDITORISCHE NOTIZ

Quellennachweise

Das Brückenland	Hierbei handelt es sich um das fortgeschriebene und aktualisierte Eingangskapitel der Biographie „Du aber folge mir nach – Albert Schweitzers Werk und Wirkung“,Bern 1974, gewidmet dem Andenken an Richard Kik.
Der Ruf	Vortrag von 2003 in Berlin und 2004 in Königsfeld/Schwarzwald. Bisher ungedruckt.
Der „gefährliche“ Schweitzer	Diese gesprochene Biographie wurde für den 27. Evangelischen Kirchentag in Leipzig 1997 verfaßt: für den „Liturgischen Tag Albert Schweitzer“ unter der Leitzeile: „Albert Schweitzer – Eine gefährliche Erinnerung“. Die Skizze wurde mit verteilten Sprecherrollen vorgetragen, die Verszeilen gesungen (vertont, mit Instrumentalbegleitung, von Peter Janssen). Das Manuskript – mit manchem Rückgriff auf früher veröffentliche Arbeiten des Verfassers – war bisher ungedruckt.
In der Nachfolge Jesu	Der Essay ist eine Zusammenfassung aus zwei Folgen in den Rundbriefen Nr. 81/1995 und 82/1996 des Freundeskreises Albert Schweitzers.

Leben mit Albert Schweitzer	Erstdruck
„Sittliche Weltvollendung“	Erstdruck
Albert Schweitzer als Schriftsteller	Veröffentlicht in der Reihe „Günsbacher Hefte“, Nr. 4/2002 im Gedenken an Hermann Mai.
„Sonnenscheibe“ und „Möndlein“	Zuerst erschienen im 22. Rundbrief des Frendeskreises Albert Schweitzers, 1963, zum Goldenen Afrika-Jubiläum; nochmals gedruckt als Nr.1 der „Günsbacher Hefte“ 1998.
Abend am Ogowe	Reportage zum 90. Geburtstag Albert Schweitzers, gedruckt 1964 im 25. Rundbrief des Freundeskreises.
„Die Geschichte wird über mich urteilen“	Erstdruck
Letzte Tage	Zuerst veröffentlicht im gleichnamigen Sammelband, herausgegeben von Hans Jürgen Schultz: über den Lebensausgang von neunzehn bedeutenden Persönlichkeiten der Geschichte, Stuttgart 1983.